soweit erinnerl — Biogr

1. Eintritt in den KJV – März 1919.
seitiger Zustand – unpolit.
Ko. Man. – SU Berlin bekannt
2. Wissen ist Macht
Aussein sehr. u. Zugehör. zur KP
Gruppenleiter – Bal. KJV.
3. nach Vereinig. USP–KPD – Nov. 1920
Mitarb. Zentrale – eine Arb'stelle
Aufenthalt in Essen – mehrmals
1922/23 – Moskau EKKI (8 Mon.)
Jug. Kongr.
4. 1923 – Berlin, Verbot nach Hg.
illeg. Apparat – v. Pol. gesucht
5. nach Verbot ins Reichstagsbüro
Aufent. im SU-Partei 1926 – 13 Mon. nach Moskau
mit Wendt Pressearb. / krank
6. 1927 in HV erbeten (Bussisch) er
folge 1931 Wendt nach M–au
Kurierfahrten f. KJ — Studium?
TW – ins Ausland
7. 1935 mit Moskau zurück.
1938 nach Empf. v. Pieck
1941 wieder EKKI

# Einige Worte zuvor

*Lotte Ulbricht.*

Meyers Neues Lexikon in 18 Bänden, Leipzig 1976: kein Eintrag

»DDR: Wer war wer. Ein biographisches Lexikon«, Ch. Links Verlag, Berlin 1992: kein Eintrag

»Meyers Großes Taschenlexikon« in 25 Bänden, Mannheim-Leipzig-Wien-Zürich, 1999: kein Eintrag

Lotte Ulbricht war eine Person der Zeitgeschichte. Auch wenn sie dies selbst vehement bestritt. Als Zeitzeugin hat sie an exponierter Stelle das 20. Jahrhundert erlebt, darunter die 41 Jahre der DDR. Ihr Mann Walter Ulbricht hat diese Republik entscheidend geprägt. An Lotte Ulbricht zu erinnern heißt darum auch, über die DDR zu berichten.

Das kann man auf unterschiedliche Weise tun. Heute ist weit verbreitet, es mit Distanz und Vorurteil zu erledigen. In diese parteiische Sicht geraten zuweilen auch jene, die solche Distanz nicht aufkommen lassen. Die die Geschichte als Geschichte nehmen und ihren Protagonisten Gerechtigkeit widerfahren lassen. Die überhaupt die Frage stellen, warum Menschen damals so gehandelt haben. Und die die Akteure von einst nicht mit dem Wissen von heute ausstatten, wie das mancher gegenwärtige Zeitgenosse zu praktizieren pflegt. Geschichte darf man nicht von ihrem Ende betrachten, sondern muß sie aus ihrem Gang heraus zu erklären versuchen.

Dies dem Buch voranzustellen bedeutet, es in den Augen einiger in ein bestimmtes Fach zu stellen. Denn wer sich Lotte Ulbricht vorurteilsfrei nähert, wird am Ende mehr als nur ein gutes Haar an ihr finden. Und auch die DDR wird dabei vermutlich freundlich wegkommen. Ihr Scheitern bedeutet nämlich nicht, daß der mit ihr verbundene Anspruch sinnlos gewesen sei. Einen Anspruch nicht einzulösen heißt nicht zwangsläufig, daß die, die ihn formulierten, sich irrten.

Gleichwohl ist der Irrtum unser Wegbegleiter. Gegen ihn ist niemand gefeit. Wenn Marx den Zweifel nicht nur an den Beginn jeder wissenschaftlichen Tätigkeit setzte, dann wohl auch aus diesem Grunde. Irren ist eben menschlich. Dies scheinen vor allem jene zu übersehen, deren Urteil über die DDR feststeht. Denen ein paar Schlagworte genügen, um diesen Staat und seine Protagonisten zu charakterisieren. Eine solche Selbstsicherheit macht nicht nur befangen, sondern auch blöd.

Es sind, so scheint es, derzeit zwei Formen der DDR-Betrachtung im Schwange. Die eine verurteilt blind, die andere verurteilt sehend. Denunziatorisch sind beide. Die zweite gibt sich mitunter

»Ich bin mir immer bewußt, daß wir Mitschuld an der jetzigen Lage haben und darum die Folgen mit ausbaden müssen. Schließlich verläßt mich auch nicht die Überzeugung, daß nach uns Menschen kommen werden, die aus unseren Fehlern lernen und einen wirklich demokratischen Sozialismus aufbauen werden.«

Lotte Ulbricht am 8. Juni 1990 in einem Brief an Anni Neumann, Rostock

intellektuell und baut sich einen Pappkameraden auf. »Ich mag keine DDR-Erinnerung, bei der fortwährend so getan wird, als seien wir noch immer Abgesandte aus der Zukunft, die ungerechterweise in eine reaktionäre Gegenwart geraten sind«, erklärte zum Beispiel Ende 2002 eine einmal bedeutende DDR-Kabarettistin in einer Zeitung, auf die Lotte Ulbricht abonniert war. Sie hätte ihr gewiß widersprochen. Die von Lotte Ulbricht gelebte Neugier aufs Leben war beredter Ausdruck eines Blicks nach vorn. Ein derart retrospektiver Blick, wie in jenem Zitat unterstellt, war Lotte Ulbricht mindestens so fremd wie der Mehrheit jener, die die DDR nicht als Unrechtsstaat sehen, sondern als den Versuch einer gesellschaftlichen Alternative zu jenem barbarischen System, das 1945 gescheitert war ... Geschichte ist Geschichte, aus und vorbei. Aber Vergleiche anzustellen und Schlüsse zu ziehen ist nicht nur erlaubt, sondern nötig.

Lotte Ulbricht hat keine Memoiren geschrieben, weil sie sich nicht für bedeutend hielt. Das war keineswegs Koketterie. Sie kam aus einfachen Verhältnissen und hat dies nie vergessen. Es ist nicht viel, was an schriftlichen Zeugnissen auf uns gekommen ist. Dennoch erlauben sie, das Leben einer ungewöhnlichen Frau zu rekonstruieren. Für die vorliegende Publikation wurden ausschließlich Dokumente aus ihrem persönlichen Besitz benutzt, die sie in ihren letzten Lebensmonaten an die Archivarinnen Inge Pardon und Elisabeth Ittershagen aushändigte.

Es wurde aber nicht nur aus Gründen der Exklusivität darauf verzichtet, Unterlagen aus anderen Quellen zu verwenden. Hätte man damit begonnen, wäre alsbald der Vorwurf gekommen, weshalb nicht dieser oder jener Aktenbestand konsultiert worden sei. Der Anspruch einer wissenschaftlichen Arbeit sollte nie erhoben werden. Die Absicht bestand einzig darin, Lotte Ulbricht, die viele kannten, ohne etwas von ihr zu wissen, so zu zeigen, wie sie wirklich war.

Wenn sie dabei als eine interessante, sympathische Persönlichkeit erscheint, muß dies nicht im Gegensatz zur historischen Wahrheit stehen.

Ich selbst bin Lotte Ulbricht nie persönlich begegnet. Ich kenne sie nur aus Filmsequenzen, von offiziellen Bildern und aus Protokollmeldungen. Und eben aus jenen Unterlagen, die Freunde von ihr sicherstellten. Am 18. Dezember 2002 meldete eine Boulevard-Zeitung, die Wohnung in Pankow sei leergeräumt, die Möbel lägen auf dem Müll, die Textilien bei der Kleidersammlung, und das Haus – es gehörte der Oberfinanzdirektion – wäre zum Verkauf ausgeschrieben. Mithin: Das Kapitel Lotte Ulbricht sei abgeschlossen.

Wenn man sich da nicht täuscht.

Ich denke, daß uns eine intensive Beschäftigung mit ihr und ihrem Mann noch bevorsteht. Es muß doch etwas an diesen Personen gewesen sein, wenn Sebastian Haffner 1966 den ersten Mann der DDR in eine Reihe mit Bismarck und Adenauer stellte. Und das in einer Zeit, als der Kalte Krieg tobte und in der westdeutschen Propaganda der Mann nur als sächselnder Spitzbart und Moskaus williger Vollstrecker der Lächerlichkeit preisgegeben wurde. Man vermochte es tatsächlich, den Politiker aus Pankow für die Teilung Deutschlands haftbar zu machen und ihn als Lügner darzustellen. Bis heute. Schließlich hatte er wenige Tage vor dem 13. August 1961 öffentlich erklärt, niemand habe die Absicht, eine Mauer zu errichten.

Inzwischen ist belegt, daß Ulbricht damals seiner ehrlichen Überzeugung Ausdruck gegeben hatte. Werner Eberlein, der die Gespräche Ulbrichts im Kreml dolmetschte, bestätigte später, daß das, was nach der Grenzschließung passierte, in Moskau mit der DDR-Führung nie erörtert worden sei. Allenfalls »sollte mit ein paar Rollen Stacheldraht abgesperrt werden, ein paar Durchlässe würden gemacht«, und jeder anständige Deutsche hätte unbehindert hinüber und herüber verkehren können. Auch die Minenfelder, die dann angelegt wurden, haben »politisch nirgends zur Debatte gestanden«. Dies sei durch sowjetische Militärs angeordnet worden, die Erfahrungen aus dem Zweiten Weltkrieg meinten anwenden zu müssen.* Damit folgten sie dem, was Stalin in seinem vorletzten Gespräch mit Ulbricht am 1. April 1952 gefordert hatte, nämlich einen »starken Grenzschutz« zu installieren. Wörtlich sagte Stalin damals: »Viel zu frei bewegen sich in der Deutschen Demokratischen Republik Agenten westlicher Mächte. Sie können zu äußersten Maßnahmen schreiten und Euch erschlagen oder den Gen. Tschuikow *(Oberkommandierender der sowjetischen Besatzungstruppen in Deutschland – d. Hrsg.)*. Damit muß man rechnen.«**

Der unverstellte Blick auf Lotte Ulbricht und ihren Mann öffnet auch den Blick für die deutsche Geschichte, die eben nicht nur aus Schwarz und Weiß, aus Recht und Unrecht bestand. Zunächst aber helfen die nachfolgend erstmals publizierten Dokumente, ihnen jenen Platz in der Historie zuzuweisen, der ihnen auch zukommt.

* Werner Eberlein (1919-2002) in: »Leben in Berlin – mit und ohne Mauer. Gespräche und Betrachtungen.« Herausgegeben von Joachim Heise und Helmar Kreysig, Berlin 2002

** Sonderdokumente im Archiv des russischen Präsidenten, publiziert in »Stalin wollte ein anderes Europa« von Wladimir L. Wolkow und Harald Neubert, Berlin 2003

18. Mai 1989, letzte Amtshandlung: In Rostock wird das Vollcontainerschiff »Walter Ulbricht« an die Seereederei der DDR feierlich übergeben. Die 86jährige Witwe ist Ehrengast des feierlichen Zeremoniells

Und nebenbei erfährt man auf unterhaltsame, zuweilen vergnügliche Weise, was sie für Menschen waren.

In den Unterlagen von Lotte Ulbricht fand sich auch ein Zeitungsausriß, in dem ein Satz mit Rotstift unterstrichen war. Diese drei Zeilen standen in einem längeren Zitat des irischen Nationaldichters George Bernard Shaw (1856-1950). Der Autor des Stücks »Pygmalion«, das später die Vorlage für das Musical »My fair Lady« lieferte, erklärte dort: »Ich wünsche aufgebraucht zu sein, wenn ich sterbe, denn je mehr ich arbeite, desto mehr habe ich gelebt.«

Lotte Ulbricht hatte nicht nur den Satz aufgehoben, sondern wohl auch, wie auf den folgenden Seiten leicht feststellbar ist, zu ihrer Lebensmaxime gemacht.

*Frank Schumann*
*Berlin, im Januar 2003*

# In meinem 96. Lebensjahr gebe ich zu Protokoll

Dieser Text wurde 1996 begonnen und wiederholt von Lotte Ulbricht überarbeitet. Die letzte Fassung ist aus dem Jahre 1998. Zwei redigierte Exemplare mit dem von ihr diktierten Ursprungstext – eine Fassung vom 30. November und eine vom 30. Dezember 1996 – sind auf Seite 10 und 11 abgebildet. Sie zeigen nicht nur die Hartnäckigkeit, mit der die Autorin an Aussagen feilte, sondern wohl auch den Druck, dem sie sich zeitlebens selbst unterwarf: Die nie abgeschlossene Suche nach der treffendsten Formulierung war nichts anderes als Ausdruck ihres Verantwortungsgefühls gegenüber der Partei

Diese Aufzeichnungen bilden nicht die Grundlage für meine Biographie, um die mich zu Lebzeiten zahlreiche Medien bedrängt haben.

Wenn ich mich jetzt, in meinem 96. Lebensjahr, entschlossen habe, über einige Tatsachen meines Zusammenlebens mit Walter Ulbricht zu berichten, so nur deshalb, weil mir noch heute, 25 Jahre nach dem Tode Walters, sowohl in den bürgerlichen Medien als auch von seiten der Bevölkerung (selbst von vielen Genossen) immer wieder völlig abwegige Darstellungen über uns begegnen, die uns als korrupt und parteischädigend diskreditieren und mich beschuldigen, Walter politisch negativ beeinflußt zu haben. Für die Gegner der PDS sind das heutzutage nützliche Argumente.

Wie sind solche Darstellungen entstanden? Ich selbst habe seit Herbst 1970 gespürt, daß mir von einem Tag zum anderen alle Wege zur politischen Betätigung (Presse, Versammlungen) versperrt worden waren. Von der damaligen SED-Führung hatte niemand mit mir über die Ursachen gesprochen oder mich auf Fehlverhalten hingewiesen. Inzwischen hat sich herausgestellt, daß mich die damalige Parteiführung noch vor dem Rücktritt Walter Ulbrichts bewußt kaltgestellt hat, um mein Eintreten für ihn nach seinem Tode zu verhindern. Die Verleumdungen sind also bewußt durch die Parteiführung in die Welt gesetzt worden und leben bis heute.

Im folgenden möchte ich mich auf zwei Verleumdungen beschränken. Ich hoffe, dadurch der Nachwelt die Verbreitung der Wahrheit zu erleichtern.

Erste Verleumdung: Es wurde und wird seit Herbst 1970 behauptet, ich hätte Walter Ulbricht politisch negativ beeinflußt und müßte daher ausgeschaltet werden. Ich selbst mußte und muß das immer wieder hören. Dafür nur einige Beispiele:

Noch vor kurzem sagte mir eine ehemalige leitende Mitarbeiterin der Berliner SED-Bezirksleitung, sie seien bereits Ende der 60er Jahre vertraulich entsprechend informiert und vor Zusammenarbeit mit mir gewarnt worden. Wer in Unkenntnis der Tatsache, daß ein entsprechender Beschluß der Parteiführung existierte, mit mir

30.11.96

## Einleitung

Wenn ich mich in meinem 94. Lebensjahr entschlossen habe, entgegen meiner früheren Absicht, über einige Tatsachen meines Zusammenlebens mit Walter Ulbricht zu berichten, so deshalb, weil mir nicht nur in der bürgerlichen Presse, sondern auch von seiten der Bevölkerung (auch von Genossen) immer wieder völlig abwegige Darstellungen über uns begegnen, denen heute leider nirgends etwas entgegengebracht wird.

Erst jetzt ist mir völlig klar geworden, daß diese Verleumdungen ihren Ursprung im Hause der ehemaligen Führung der SED haben.
Dafür nur zwei Beispiele:

Vor kurzem erfuhr ich von einer ehemaligen Abteilungsleiterin der Berliner Bezirksleitung der SED, es sei nach 1965 von der Leitung der Bezirksleitung verbreitet worden, daß ich die Politik von Walter Ulbricht negativ beeinflussen würde. Die gleiche Behauptung hatte die Parteiführung vor der Auseinandersetzung mit Walter Ulbricht im Politbüro aufgestellt, was bereits im Herbst 1970 dazu geführt hatte (Näheres dazu später), daß man mich zur Persona non grata erklärt hat.
Zwei Mitglieder des ZK haben mir das vertraulich bestätigt, ~~nachdem ich feststellen mußte~~, daß ein solcher Beschluß des Politbüros existierte.

Ein zweites Beispiel: ~~bis heute~~ wird in weiten Kreisen der Bevölkerung ~~behauptet, mein Wohnsitz sei die Schweiz~~. Mir wurde diese Verleumdung zum ersten Male 1974 bekannt, nachdem sie im Erholungsheim der VVN bei Dresden in einer "vertraulichen "Sitzung mitgeteilt und auf den Protest einiger Genossen geantwortet worden war, daß diese Mitteilung "von Oben" stamme. ~~Diese~~ Behauptung ~~wurde~~ selbst in höchsten Organen ~~der~~ Armee, ~~in~~ Ministerien usw. bis zur "Wende" verbreitet, ~~und~~ sie hält sich hartnäckig, ~~bis heute~~, wenn ~~z.B. bei~~ Reisen durch die Schweiz ~~die~~ Touristen ~~an~~ der "Villa von Lotte Ulbricht" ~~anhalten oder wenn~~ in Veröffentlichungen wie "Wer ist wer?" bei meinem Wohnsitz "Berlin und Schweiz" ~~steht~~.

Tatsache ~~ist~~, daß ich in den dreißiger Jahren zweimal ~~als~~ Kurier in der Schweiz war. Niemals in meinem Leben hatte ich jedoch einen Wohnsitz in der Schweiz.

Ich versuche, einiges aus meinem Zusammenleben mit Walter Ulbricht objektiv zu schildern und hoffe, daß durch meine Darstellung für die Nachwelt Klarheit geschaffen wird.

30.12.96

## Einleitung

Wenn ich mich in meinem 94. Lebensjahr entschlossen habe, entgegen meiner früheren Absicht, über einige Tatsachen meines Zusammenlebens mit Walter Ulbricht zu berichten, so deshalb, weil mir nicht nur in der bürgerlichen Presse, sondern auch von seiten der Bevölkerung (auch von Genossen) immer wieder völlig abwegige Darstellungen über uns begegnen, denen heute leider nirgends etwas entgegengebracht wird.

Erst jetzt ist mir völlig klar geworden, daß diese Verleumdungen ihren Ursprung im Hause der ehemaligen Führung der SED haben.
Dafür nur zwei Beispiele:

Vor kurzem erfuhr ich von einer ehemaligen Abteilungsleiterin der Berliner Bezirksleitung der SED, es sei nach 1965 von der Leitung der Bezirksleitung verbreitet worden, daß ich die Politik von Walter Ulbricht negativ beeinflussen würde. Sie hielt das heute noch für eine Tatsache. Die gleiche Behauptung hätte die Parteiführung vor der Auseinandersetzung mit Walter Ulbricht im Politbüro aufgestellt, was bereits im Herbst 1970 dazu geführt hatte (Näheres dazu später), daß man mich zur Persona non grata erklärt hat.
Zwei Mitglieder des ZK haben mir das vertraulich bestätigt, daß ein solcher Beschluß des Politbüros existierte, als ich den Grund für meine "Kaltstellung" zu erfahren suchte.

Ein zweites Beispiel ist die bis heute in weiten Kreisen der Bevölkerung verbreitete Auffassung, ich hätte nach Walters Tod die DDR in Richtung Schweiz verlassen. Mir wurde diese Verleumdung zum ersten Male 1974 bekannt, nachdem sie im Erholungsheim der VVN bei Dresden in einer "vertraulichen" Sitzung mitgeteilt und auf den Protest einiger Genossen geantwortet worden war, daß diese Mitteilung "von oben" stamme. Tatsache ist, daß diese Behauptung selbst in höchsten Organen von Armee, Ministerien usw. bis zur "Wende" verbreitet wurde und sie hält sich immer noch hartnäckig. So wird bei Reisen durch die Schweiz den Touristen die "Villa von Lotte Ulbricht" gezeigt und in Veröffentlichungen wie "Wer ist wer?" steht bei meinem Wohnsitz "Berlin und Schweiz". Daß dieses Gerücht bewußt von der Parteiführung verbreitet worden war beweist die Tatsache, daß der Kassierer Heinz Wildenhain meinem Mann im Sommer 1973 40 000 DM in verschiedener Valuta anbot, was dieser ablehnte.

Soweit die mir bekannten Tatsachen. Durch meine objektive Darstellung der wichtigsten Probleme unseres Zusammenlebens hoffe ich, für die Nachwelt die Herstellung der Wahrheit zu erleichtern.

in Verbindung trat, wurde von seiner übergeordneten Kreisleitung sehr schmerzhaft zur Rechenschaft gezogen.

Nach dem Tode Walter Ulbrichts haben mir zwei ZK-Mitglieder bestätigt, daß eine solche Weisung der Parteiführung an alle Parteileitungen ergangen war.

Als ich im November 1988 anläßlich der Veranstaltung zum 70. Jahrestag der Gründung der KPD die Gelegenheit benutzte, das Mitglied des Politbüros Schabowski* zu bitten: »Jetzt könntet Ihr eigentlich den Beschluß über meine Kaltstellung aufheben!«, antwortete er mir in einem kränkenden Ton unter Schulterzucken: »Ham wa ja schon!« Er hat also die Tatsache eines entsprechenden Beschlusses bestätigt.

* Günter Schabowski war damals auch 1. Sekretär der Bezirksleitung Berlin der SED

Diese Fehleinschätzung seitens der Parteiführung war der Anlaß dafür, daß mir seit Spätherbst 1970 – also noch während der Tätigkeit Walter Ulbrichts als Erster Sekretär – jedes öffentliche Auftreten unmöglich gemacht wurde. Wie schmerzlich das für eine Kommunistin sein mußte, die seit ihrem 16. Lebensjahr aktiv für die kommunistische Sache gearbeitet hatte, brauche ich wohl nicht zu erläutern.

Die Behauptung des Politbüros bzw. des Sekretariats des ZK, ich hätte die Politik von Walter Ulbricht negativ beeinflußt, beruhte auf völliger Unkenntnis unseres Verhältnisses, über das ich in einem besonderen Kapitel näher berichten werde. Walter Ulbricht hatte nämlich die Angewohnheit, zu Hause über seine Arbeit nicht zu sprechen. Und die hat er bis an sein Lebensende beibehalten. Etwas, das ich gar nicht im Detail kannte – nämlich die täglichen politischen Überlegungen und Entscheidungen meines Mannes –, konnte ich weder politisch negativ noch positiv beeinflussen.

Eine weitere Verleumdung, die sich in breiten Kreisen der Bevölkerung und auch bei Genossen heute noch hartnäckig hält, ist die Behauptung, ich hätte nach Walters Tod die DDR in Richtung Schweiz verlassen.

Mir wurde diese Verleumdung zum ersten Male 1974 bekannt, als mir ein Genosse auf der Gründungsversammlung der Pankower VVN-Leitung mitteilte, daß im Erholungsheim der VVN bei Dresden in einer »vertraulichen« Sitzung mitgeteilt wurde, ich hätte mich in die Schweiz abgesetzt. Auf den Protest einiger Genossen sei geantwortet worden, daß diese Mitteilung über meine angebliche Ausreise in die Schweiz »von oben« stamme. Tatsache ist, daß sie bis zur »Wende« selbst in höchsten Organen von Armee, Ministerien usw. verbreitet wurde. Heute noch wird bei Reisen durch die Schweiz den Touristen die »Villa von Lotte Ulbricht« gezeigt, worüber mir die Genossin Strecker berichtet hat.

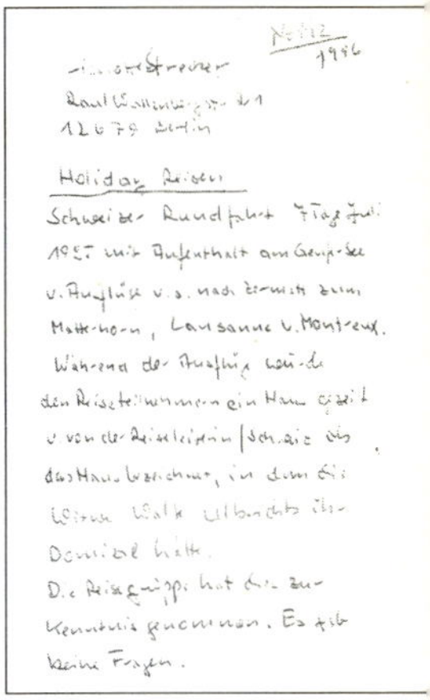
Notiz 1996

[illegible] Strecker
Raoul-Wallenberg-Str. 41
12679 Berlin

Holiday Reisen
Schweizer Rundfahrt 7 Tage Juli 1995 mit Aufenthalt am Genfer See u. Ausflüge u. a. nach Zermatt zum Matterhorn, Lausanne u. Montreux.
Während der Ausflüge wurde den Reiseteilnehmern ein Haus gezeigt u. von der Reiseleiterin / Schweiz als das Haus bezeichnet, in dem die Witwe Walter Ulbrichts ihr Domizil hatte.
Die Reisegruppe hat dies zur Kenntnis genommen. Es gab keine Fragen.

Im Oktober 1995 wird sogar in dem Taschenbuch »Wer war wer in der DDR?« als mein Wohnsitz angegeben »Berlin und in der Schweiz«.*

Bei einem Aufenthalt in Bad Elster im Mai 1997 erfuhr ich, daß neben der Schweiz noch andere »Fluchtorte« im Gespräch waren, z. B. Mallorca und Moskau.

Daß die Verleumdung, ich sei in die Schweiz ausgereist, vom ZK vorbereitet worden war, beweist die Tatsache, daß der Kassierer Heinz Wildenhain** meinem Mann im Sommer 1973, also kurz vor seinem Tode, verschiedene Schecks und Bares in Höhe von 41.000 Dollar angeboten hatte, deren Annahme Walter natürlich ablehnte. Das Gegenteil wurde dann offensichtlich bewußt verbreitet, obgleich dem Politbüro bekannt war, daß ich seit August 1945 ununterbrochen in Pankow gemeldet war.

Um verständlicher zu machen, daß beide Verleumdungen jeglicher Grundlage entbehren, möchte ich einiges darüber ausführen, wie unsere Ehe zustande kam und wie unser Eheleben wirklich war.

* Fischer Taschenbuch Verlag, Frankfurt am Main, 1995, S. 780

** Heinz Wildenhain, bis 1989 Leiter der Abteilung Finanzen im ZK der SED

### *Das Zustandekommen unserer Ehe*

Mein Eheleben mit Walter Ulbricht begann 1935 in Moskau und kam aufgrund eines Zufalls zustande – auf der Eisbahn. Das kam so: Anfang 1935 hielt sich Walter als Kandidat des Exekutivkomitees der Kommunistischen Internationale mehrere Wochen zur Vorbereitung des VII. Weltkongresses der Komintern in Moskau auf und wohnte im »Lux«***, dem Hotel der Komintern. Ich wohnte ebenfalls im »Lux«, da ich seit längerem als Oberreferentin für Deutschland in der Presseabteilung des EKKI beschäftigt war. Manchmal saßen Walter und ich im Speiseraum an einem Tisch. So auch am Samstag, dem 29. Januar 1935, gemeinsam mit einem Genossen, den ich bereits 1922 in der Kommunistischen Jugendinternationale in Moskau kennengelernt hatte. Wir drei verabredeten uns zum Schlittschuhlaufen im Gorkipark am nächsten Vormittag. Als wir am Sonntag früh zusammentrafen, erklärte der Genosse, er habe keine Lust zum Schlittschuhlaufen. (Walter und ich hatten unsere eigenen Schlittschuhe mit.) Also zogen wir zu zweit los.

*** Das Hotel »Lux« in der Gorki-Straße war in den 30er und 40er Jahren das Wohnheim für die Vertreter ausländischer kommunistischer Parteien im Exil

Auf der Eisbahn verliebten wir uns ineinander. Noch heute kann ich mir dieses Wunder nicht erklären! Begonnen hat es wahrscheinlich damit, daß ich mit Walter ohne jede Hemmung umging. (Personenkult kannte ich in der KPD nicht.) Ich zeigte ihm auch handgreiflich, warum seine Haltung beim Bogenfahren falsch war, und was er verändern müsse, so daß wir zum Schluß sehr schön zusammen Holländern konnten. Ich spürte allmählich, daß er sich in mich verliebt hatte. Auf dem Heimweg, wir benutzten die Straßenbahn, gingen wir in den *Gastronom Nr. 1,* und Walter kaufte für unser Abendbrot ein.

Nachdem wir zu Hause gegessen hatten, blieben wir die Nacht zusammen. Die nächsten zwei Tage trafen wir uns abends nach der Arbeit und verbrachten die Nächte zusammen. Am dritten Tag fuhr Walter zurück nach Paris, nachdem ich mich von ihm verabschiedet hatte, um im Auftrage des Genossen Heckert zu einer deutschen Betriebsgruppe zu fahren.

Wie tief die Zuneigung Walters zu mir war, zeigte sein Brief an Wilhelm Pieck vom 5. April 1935, in dem er über die Auseinandersetzungen in Paris berichtete und auch schrieb: »Trotz alledem habe ich wenigstens in der persönlichen Frage letzten Endes doch Glück gehabt ... Du wirst verstehen, daß ich nach Erledigung der Familienangelegenheiten in Paris* viele persönliche Angelegenheiten mit meiner jetzigen Frau, Genossin Lotte Kühn, zu besprechen habe. Es wäre mir lieb, wenn Du ihr behilflich sein könntest, kurz nach hier zu kommen.«**

* Gemeint ist die Trennung von seiner Lebensgefährtin, der französischen Genossin Rosa Michel

** Der Brief ist im dokumentarischen Nachlaß von Walter Ulbricht überliefert

Walters Wunsch, mich so schnell wie möglich näher kennenzulernen, beruhte auf der Tatsache, daß wir uns ja kaum kannten. Wir wußten nur, daß wir beide verantwortliche Parteiarbeiter waren.

Persönlich hatte ich Walter Ulbricht nur ein einziges Mal, 1929, im Karl-Liebknecht-Haus gesprochen. Ich kam zu ihm, dem Bezirkssekretär der KPD von Berlin-Brandenburg, um eine Angelegenheit der Betriebszelle Viehhof vorzutragen, die zu meinem Instrukteurbereich gehörte. Er konnte sich später daran nicht erinnern.

Meinerseits herrschte ziemliche Unklarheit darüber, wie der Charakter des Mannes sein mochte, den ich so unverhofft liebgewonnen hatte, hatte ich doch in vierzehnjähriger Arbeit im ZK-Apparat den Vorsatz gefaßt, keinen führenden Genossen zu heiraten. Und nun war gerade dies passiert.

22. Januar 1933: Naziaufmarsch auf dem Berliner Bülow-Platz vorm Karl-Liebknecht-Haus. Das Gebäude war Ende der 20er Jahre von Mentona Moser, einer Schweizerin, erworben und der KPD geschenkt worden. Im Haus arbeiteten die führenden Parteigremien und die Redaktion der Roten Fahne, dem KPD-Zentralorgan. Seit 1990 ist es Sitz der PDS-Zentrale

Wilhelm Pieck erfüllte Walters Wunsch. Man schickte mich als Kurier nach Prag, wo wir uns nach Monaten wiedersahen. Auch unsere Aufträge in Zürich konnten wir durchführen. Als Walter zum VII. Weltkongreß wieder nach Moskau kam, zogen wir auf sein Drängen im »Lux« zusammen.

Für uns war also der 30. Januar 1935 unser Hochzeitstag, der Beginn unserer Ehe. Daß wir sie im Januar 1950 auch amtlich bestätigen ließen, geschah aus Zweckmäßigkeit, da wir es nach 1945 auch mit vielen Leuten aus bürgerlichen Kreisen zu tun hatten.

Waffen auf dem Bülow-Platz: die fürsorgliche Belagerung des KL-Hauses durch die Polizei

Obgleich wir uns als Unbekannte gefunden hatten, wurde unsere Ehe mit der Zeit immer fester und harmonischer. Das beruhte meines Erachtens vor allem auf unserer gleichartigen sozialen und politischen Entwicklung. Beide waren wir in einem Arbeiterhaushalt aufgewachsen. Während allerdings Walters Eltern bereits der SPD angehörten (die Mutter sogar früher als der Vater), waren meine Eltern politisch völlig neutral und der Einfluß der Schule nationalistisch. Nach der Schulentlassung begann bei uns beiden die politische Tätigkeit in der Jugendorganisation. Beide sind wir sehr jung zur aktiven Parteiarbeit übergegangen. Uns beiden war der Kampf um eine kommunistische Gesellschaft Lebensinhalt, wobei die persönlichen Interessen eine untergeordnete Rolle spielten. Beide waren wir es gewöhnt, die Parteiarbeit mit Initiative und Verantwortungsgefühl zu leisten und unser Wissen ständig zu erweitern. So hatten wir, wenn auch natürlich auf verschiedenen Ebenen, seit 1918 bzw.

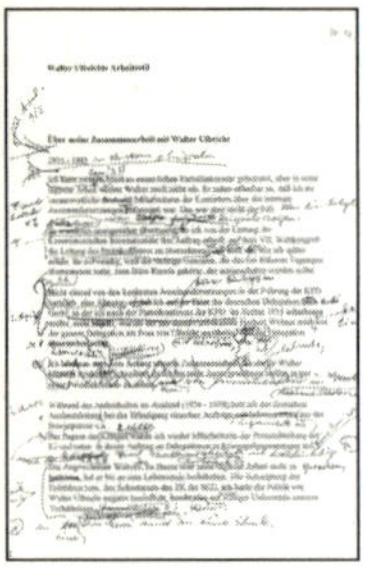

Fassung vom 30. Dezember 1996 in der Überarbeitung

1919 Anteil an der Entwicklung des Spartakusbundes und dann der KPD von einer kleinen Kampfpartei zu einer Massenpartei.

Walter fand also in mir eine Genossin mit bereits geformten Grundsätzen (wenn auch meine theoretische Ausbildung damals noch schwach war). Hinzu kam beiderseitig die Freude an sportlicher Betätigung und kulturellen Erlebnissen, so daß es von Anfang an keine wesentlichen Differenzen gab. Das erklärt die dauerhafte Festigkeit unseres Zusammenlebens.

## *Über meine Zusammenarbeit mit Walter Ulbricht*

Vor der Darstellung der tatsächlichen Vorgänge möchte ich vorausschicken, daß ich mir nach Beobachtung der ersten Regierungen der Länder des späteren Warschauer Paktes (z. B. Ungarn) vorgenommen hatte, nach der Rückkehr nach Deutschland auf keinen Fall in einem Apparat mit meinem Mann zu arbeiten. Ich wußte, daß dies die Atmosphäre im Apparat beeinflussen könnte. Allerdings entwickelte sich das Leben anders, was den komplizierten Verhältnissen in Deutschland geschuldet war.
Nun zu den einzelnen Zeitabschnitten.

### 1935 – 1945

In Moskau kam es zu keiner Zusammenarbeit zwischen mir und Walter. Ich lehnte es von Anfang an ab, für ihn Artikel auch nur abzuschreiben, da ich ihn nicht daran gewöhnen wollte, in mir seine Privatsekretärin zu sehen. In Moskau erfuhr ich allerdings auch nicht, worin Walters konkrete Arbeit bestand.

Ich hatte im Januar 1935 in Moskau einen hohen Parteifunktionär geheiratet, aber in seine tägliche Arbeit weihte Walter mich nicht ein. Andererseits nahm er offenbar an, daß ich als verantwortliche Mitarbeiterin der Komintern über die internen Auseinandersetzungen innerhalb der KI informiert war. Das war aber nicht der Fall. Die Folgen dieser Unkenntnis zeigen zwei Beispiele:

1. Als ich vom Sekretariat der Kommunistischen Internationale den Auftrag erhielt, während des VII. Weltkongresses die Leitung des Protokollbüros zu übernehmen, war ich unangenehm überrascht. Man hielt das, wie ich erst später erfuhr, für notwendig, weil die tüchtige Genossin, die das bei früheren Tagungen erledigt hatte, zum Büro Knorin* gehörte, der ausgeschaltet werden sollte.

* Knorin, Wilhelm Georgiewitsch (1890-1938), in den zwanziger Jahren Leiter der Informationsabteilung des ZK der KPdSU, 1928-1935 Mitglied des EKKI, seit 1932 Direktor des Instituts für Parteigeschichte, ab 1935 Vizechef der Abteilung Agitation und Propaganda des ZK der KPdSU. Opfer der »Tschistka«

2. Nach der Parteikonferenz der KPD (Parteitag) im Herbst 1935 mußte ich an der Reise der deutschen Delegation nach Gorki teilnehmen. Da ich von den konkreten Auseinandersetzungen in der KPD-Führung keine Ahnung hatte, begriff ich beim Eintreffen der Delegation in Gorki nicht, warum der mir damals unbekannte Herbert Wehner* mich vor der ganzen Delegation als Frau von Ulbricht anpöbelte und behauptete, daß ich die Delegation überwachen solle.

Während des Aufenthaltes im Ausland (1936-1938) half ich der deutschen Auslandsleitung der KPD bei der Erledigung einzelner Aufträge, informierte sie aus der Sowjetpresse und ähnliches.

1938 nach Moskau zurückgekehrt, arbeitete ich dreischichtig in einer Druckerei und an einer Schule, da die KI aufgrund meiner früheren Verbindung mit Genossen Erich Wendt** meine Wiederbeschäftigung ablehnte.

Bei Beginn des 2. Weltkrieges wurde ich wieder Mitarbeiterin der Presseabteilung der KI und nahm in ihrem Auftrag an Delegationen in Kriegsgefangenenlager teil, was meiner Arbeit als Oberreferentin für Deutschland zugute kam. Das zu meiner Tätigkeit während des Krieges erforderliche Studium der Nazipresse hat mir eine gründliche Kenntnis von der Wirkung der Nazipropaganda vermittelt, was mir noch heute das Verständnis für die Politik unseres Klassengegners erleichtert.

## 1945 – 1948

Nach meiner Rückkehr aus der Sowjetunion Ende Mai 1945 begann unfreiwillig, gegen meinen Willen, eine direkte Zusammenarbeit mit Walter Ulbricht. Als ich mit der deutschen Gruppe*** in Berlin eintraf, waren die ersten Begrüßungsworte Walters: »Du mußt heute mit zu Shukow.« Auf meinen Protest, daß in seiner Gruppe doch Wolfgang Leonhard sei, antwortete er: »Den will ich nicht.« Ohne jede weitere Erklärung. So wurde ich ungewollt zum Verbindungsglied Ulbrichts zur sowjetischen Besatzungsbehörde.

In einem seiner Bücher hat Wolfgang Leonhard selbst bestätigt, daß er zwar zweimal vor meiner Ankunft zu höheren Sowjetoffizieren gerufen worden sei, sie jedoch in seiner Gegenwart nichts Wesentliches besprochen hätten. Beide haben – getrennt voneinander – die Frage gestellt, ob die Frau von Ulbricht noch in Moskau

* Herbert Wehner (1906-1990) war seit 1927 Mitglied der KPD, 1930/31 Abgeordneter im Sächsischen Landtag und ab 1932 enger Mitarbeiter Thälmanns. Zwischen 1933 und 1935 war er illegal in Deutschland tätig, hielt sich danach in Moskau und im westlichen Ausland auf. 1942 wurde er in Schweden verhaftet und verurteilt. Wegen seiner Gerichtsaussagen wurde er als ZK-Mitglied aus der KPD ausgeschlossen. 1946 kehrte er nach Deutschland zurück und trat der SPD bei. MdB von 1949-1983, seit 1969 Fraktionschef

** Erich Wendt (1902-1965), gebürtiger Leipziger, Mitglied der FSJ und des KJVD in Berlin, Redakteur des KJVD-Organs »Junge Garde«, 1931 Emigration in die UdSSR, dort stellv. Verlagsleiter, Rückkehr 1947, erster Leiter des Aufbau-Verlages, zuletzt Staatssekretär und 1. Stellvertreter des Kulturministers der DDR

*** Zu dieser Gruppe gehörte auch Heinz Keßler. Er erinnert sich an anderer Stelle im Buch an diese Reise

sei und wann sie in Berlin eintreffe. (*Die Revolution entläßt ihre Kinder; Kiepenheuer & Witsch, Köln 1990, S. 455 – d. Hrsg.*) Die telefonische und schriftliche Verbindung mit der sowjetischen Besatzungsbehörde erfolgte in den ersten Monaten nur über mich. Als »Verbindungsstelle« zur Besatzungsmacht habe ich auch eigenhändig schriftliche Mitteilungen verfaßt. Das Außerordentliche, aber damals Notwendige, bestand darin, daß eine Ehefrau »Verbindungsfrau« war, höchst wichtige Befehle entgegennahm und weitergab. Auch die Korrespondenz, z. B. Namenslisten mit Vorschlägen für leitende Posten, erfolgte durch mich. Später haben wir die Durchschläge dieser Aufzeichnungen vernichtet in der Annahme, daß Notizen darüber bei der SMA aufbewahrt würden. Wenn ich mich recht erinnere, mußte ich das letzte Mal in der Besprechung mit der vorgeschlagenen Gewerkschaftsleitung dolmetschen.

Nach den Parteitagen der SPD und der KPD und dem Vereinigungsparteitag (ich war Delegierte des KPD-Parteitages und des Vereinigungsparteitages) habe ich um Versetzung aus dem Apparat des Parteivorstandes in die Presseabteilung gebeten, die auch räumlich vom Parteivorstand getrennt war, um bei den sozialdemokratischen Genossen nicht den Eindruck einer »Familienwirtschaft« zu erwecken.

Inzwischen hatte ich die Genossin Renate Bischoff (später Leuschner) als meine Nachfolgerin gewonnen. Sie setzte meine Zusammenarbeit mit den sowjetischen Behörden fort.

## 1948 – 1953

Eine enge persönliche Zusammenarbeit mit Walter Ulbricht begann im Frühjahr 1948, als er nach Delegierung Heinz Hoffmanns* zur Verwaltung des Inneren ohne persönlichen Mitarbeiter geblieben war. Meinen Vorschlag, als sein »Persönlicher« zu arbeiten, bis für Hoffmann Ersatz gefunden war, nahm er mit Freude an. Ich habe mich in den folgenden Jahren stets bemüht, ihm durch sachliche Arbeit eine wirkliche Hilfe zu sein, ohne unser persönliches Verhältnis herauszustellen oder auszunutzen. Trotzdem war es sicher ein Fehler, daß ich nicht früher um meine Ablösung bemüht war und erst 1953 bat, mich zum Studium ins Institut für Gesellschaftswissenschaften zu delegieren. Denn inzwischen habe ich erfahren, daß man mich schon damals für Entscheidungen Walters verantwortlich machte.

* Heinz Hoffmann (1910-1985), KPD seit 1930, Spanienkämpfer und Soldat in der Roten Armee, später – von 1960 bis 1985 – Verteidigungsminister der DDR. Dem ZK der SED gehörte er seit 1952 an, ab 1973 auch dem Politbüro

Daß auch Walter in der Arbeit keine Rücksicht auf unsere persönliche Beziehung genommen hat, zeigt folgender Vorfall anläßlich eines Telefonats, das ich in seiner Gegenwart führte. Ich hatte die Angewohnheit von Elly Winter, der Tochter und Mitarbeiterin Wilhelm Piecks, übernommen, dem Gesprächspartner ständig nur mit einem abrupten »ja« zu antworten. Trotz der anwesenden Mitarbeiter protestierte Walter sehr scharf gegen diese Art der Behandlung von Anrufern und wies mich zurecht. Er hatte recht.

Im übrigen wurde ich in diesen Jahren wie jeder politische Mitarbeiter des ZK mit verschiedenen Aufträgen innerhalb der Republik betraut, was meiner Arbeit als »Persönlicher« und vor allem meiner Teilnahme an der Pressearbeit zugute kam. Zum Beispiel war die Idee für die Formulierung des Beschlusses des Politbüros über die Bildung von Frauenausschüssen vom 8. Januar 1952 aufgrund meiner Teilnahme an Ulbrichts Besuchen von Betrieben der Industrie und Landwirtschaft entstanden.

Die unmittelbare Zusammenarbeit mit Walter Ulbricht hatte für meine eigene politische Entwicklung große Bedeutung. Ich lernte von ihm die Zielstrebigkeit in der politischen Arbeit, die kameradschaftliche Zusammenarbeit mit Menschen verschiedener Anschauungen und kam zu der Erkenntnis, daß der Aufbau einer neuen Gesellschaft ein sehr komplizierter Prozeß ist.

Diese unmittelbare Zusammenarbeit mit Walter Ulbricht als sein »Persönlicher« wurde mit meinem Ausscheiden aus dem ZK-Apparat und der Vorbereitung zum Direktstudium am Institut für Gesellschaftswissenschaften beim ZK der SED im Sommer 1953 beendet.

Natürlich habe ich Walter stets meine Meinung gesagt, wenn er sie wissen wollte. Einige Beispiele:

Bevor die HO gegründet wurde, fragte er mich, ob die Bezeichnung *Handelsorganisation* oder *Handelsgesellschaft* heißen sollte. Ich war für *Handelsorganisation*, um die Erinnerung an die kapitalistische GmbH zu vermeiden.

Als Genosse Semjonow* Walter vor der Regierungsbildung das Amt als Innenminister vorschlug, riet ich ihm dringend ab, diesen Vorschlag anzunehmen.

Das sind die wichtigsten Ratschläge, an die ich mich erinnere. Zu den Auseinandersetzungen im Politbüro kann ich mich nicht äußern, da ich sie nicht kannte. Als Walter mir aber Ende 1970 eines Tages gestand, daß fast alle Mitglieder des Politbüros gegen

* W. S. Semjonow (1911-1992) war der Politische Berater der Sowjetischen Militäradministration (SMAD). Dieser sprach im August 1949 mit Ulbricht über die Gründung einer DDR, nachdem Ulbricht am 11. August im Präsidium des Deutschen Volksrates noch erklärt hatte: »Die staatspolitischen Fragen stehen gegenwärtig noch nicht so sehr im Vordergrund.«

ihn aufgetreten seien, sagte ich ihm, »dann mußt du dich falsch verhalten, wenn alle gegen dich sind.« (Den Absetzungsbeschluß hat mir Genosse Erich Honecker im Jahr 1973 gezeigt.)

## Nach 1953

Mich also 1970 zu beschuldigen, ich hätte Walter Ulbricht politisch negativ beeinflußt und mich deshalb vor Walters Rücktritt zur *Persona non grata* zu erklären, entbehrte jeder Grundlage: Nie hat mich Walter über seine Auseinandersetzungen im Politbüro informiert. Er kannte auch meine Probleme in der Frauenarbeit nicht und hat meine Artikel, die ich während des Studiums und danach geschrieben habe, nicht gelesen. Die Pressearbeit sowie die Betätigung in der Frauenkommission des Politbüros und die damit verbundenen Versammlungen nahmen nach Beendigung des Direktstudiums am Gesellschaftswissenschaftlichen Institut beim ZK der SED (später Akademie für Gesellschaftswissenschaften beim ZK der SED) im Zusammenhang mit der Bildung der Frauenkommission beim Politbüro meine gesamte Freizeit ein, die mir nach der täglichen Arbeit im Institut für Marxismus-Leninismus blieb.

Ich hatte allerdings die Möglichkeit, durch Teilnahme an der »Ostseewoche«*, die Arbeitsmethode Walters zu beobachten. Durch die Teilnahme an den Aussprachen Ulbrichts mit Vertretern

* Die Ostseewoche, von Ulbricht initiiert, fand seit 1958 alljährlich unter dem Motto »Die Ostsee muß ein Meer des Friedens sein!« im Bezirk Rostock statt. Daran nahmen Vertreter von Ostsee-Anrainerstaaten sowie Norwegens und Islands teil. »Die zahlreichen Veranstaltungen der Repräsentanten von Gewerkschafts-, Frauen- und Jugendorganisationen, Parlamentarier, Kommunalpolitiker, Wissenschaftler und Künstler dienten dem Frieden, der europäischen Sicherheit und der Zusammenarbeit«, hieß es noch in der 1974 erschienenen Ausgabe des Meyer-Lexikons. Die Ostseewoche wurde später von Honecker eingestellt.

Foto: Die Ulbrichts in der »Rollenden Fischküche« von Rudolf Kroboth, die der Fischkoch 1964 von Ulbricht bekam

des Schiffbaus erlebte ich zum Beispiel, wie systematisch der Schiffbau entwickelt wurde.

Die Sitzungen begannen damit, daß zuerst den Vertretern der Betriebe und staatlichen Organe das Wort erteilt wurde. Sie berichteten offen über das Ergebnis des Vorjahres und die neuen Probleme, die gelöst werden müßten. Dann erst zog Ulbricht, der sich wie immer gut vorbereitet hatte, die Schlußfolgerungen aus diesen Berichten und machte Vorschläge für die nächsten Schritte.

Leider wurde diese Praxis nach Ulbrichts Tod nicht fortgesetzt. Bei meinem Besuch* im Herbst 1989 auf der Warnow-Werft aus Anlaß der Ausfahrt des Containerschiffes »Walter Ulbricht« beklagten sich die Genossen bitter, daß seit Walter Ulbrichts Tod niemand von der Berliner Wirtschafts- oder Parteiführung zu ihnen komme, sondern sie immer nach Berlin befohlen werden, ohne Rücksicht auf die Lage im Betrieb.

* Über diesen Besuch wird an anderer Stelle noch berichtet

Übrigens hatte ich auch in meiner Funktion als »Persönlicher« beobachten können, daß Walter Ulbricht vor wichtigen Entscheidungen sich an Ort und Stelle selbst zu überzeugen pflegte, welche Probleme zu lösen waren. So war es z. B. in Sosa, Schwedt, Eisenhüttenstadt, aber auch im 1. Zentralen Pionierlager, in der DHFK Leipzig, in der Friedrich-Schiller-Universität Jena. Überall sprach er nicht nur mit den leitenden Genossen, sondern mit den praktisch in der betreffenden Einrichtung Arbeitenden, erforschte ihre Meinung und bat sie um Vorschläge.

# Der Lebenslauf

Lotte Kühn in den 20er Jahren

Der erste (maschinengeschriebene) Lebenslauf datiert vom 10. Februar 1932:
*Kuehn, Lotte, Sekretaerin in Redisdat, Moskau*
Vater: Hausdiener, tot
Mutter: Naeherin u. verschied. Berufe, jetzt Kleinbaeuerin
Schulbildung: 4 Jahre Volksschule, 4 1/2 Jahre Mittelschule (Stipendium)
Beruf:
*von 1919 bis 1921 (Fruehjahr)* als Kontoristin in 2 buergerlichen Betrieben
*Ab Fruehjahr 1921 bis 1927* in Parteibetrieben (als Stenotypistin und Sekretaerin)
*1921* – Arbeiterbuchhandlung; Parteizentrale; ab Juni Bergbauzentrale in Essen. Nach Aufloesung beim neugegruendeten Bezirk Rheinland-Westfalen Nord, bis August 1922
*1922/23* – als Stenotypistin bei der KIM, Moskau
*1923/25* – Sekretaerin bei der Gewerkschaftsabteilung des Z. K. einschl. des Parteiverbots
*1925/26* – Sekretaerin bei der Reichstagsfraktion
*1926/27* – Stenotypistin, dann Archivarin bei der KIM, Moskau
*1927/31* – Sekretaerin bei der Abt. Kustexport der Handelsvertretung der USSR in Deutschland, Berlin
Gewerkschaftlich organisiert seit 1920 im Z. D. A.
Politische Taetigkeit: politisch organisiert seit Maerz 1919
*Von 1919-1924* organisiert im KJVD (frueher FSJ)
*Seit 1922* in der KPD, mit Ausnahme von 1926/27 in der KPSU
Funktionen:
*1919-1921* im KJVD kleinere Gruppen- u. Kreisfunktionen
*1921-1922* im KJVD Bezirksleiter des Bezirks Rheinland-Westfalen Nord, vorher Gruppenleiter in Berlin-Neukoelln, Mitglied der Kreisleitung Neukoelln und des Berliner Zentr. Vorst.
*1924-1925* in der KPD Zehnerfuehrer
*1927-1930* in der KPD Agitprop und Instrukteur der BZ Schultheiss-Patzenhofer und Mitglied der Agitpropkommission UB Nordost Bln.
*1929-1931* in der KPD Bezirksverordnete im Bezirk Friedrichshain

„Das Berchtesgadener Land"

Дорогой товарищ Кюн!
Дела мои так складываются, что я в эту среду сумею вернуть Вашей группе урок. Хотя я утром и буду в т-стве, но пишу заранее для того, чтоб у Вас было время предупредить Левенгаупта (и Адлер тоже пригласите этот урок) Итак всего хорошего до среды
Ваш А. Гроссман

Gebirgsaufnahmen von Michel Lochner, Berchtesgaden Nr. 146

FEST-SPIELE 1929 MAI-JUNI

An Lotte Kühn
Handelsvertretung der U.d.SSR
Kunstgewerbe Abteilung
Berlin SW 68
Lindenstr. 20-25

Postkarte an Lotte Kühn vom 2. April 1929, die zu jener Zeit an der sowjetischen Handelsvertretung arbeitete

*1930-1931* in der KPD Instrukteur des Betriebs Vieh- und Schlachthof mit den Zellen 501, 504, 551, bis Fruehjahr 1931 außerdem von Schultheiss-Patzenhofer Abt. NO und Loewen-Boehmisch, UB Ost
*seit 1931* in der KPD Referent in Parteizellen
<u>Ergebnis meiner Betriebsarbeit:</u> Gruendung der Zellen Schultheiss-Patzenhofer Abt. I, Abt. NO., Loewen-Boehmisch, Fattinger (Viehhof), Schlachter und verwandte Berufe (Viehhof)

## *Biographie von Kuehn, Lotte (5. April 1944)*

<u>Geboren:</u> 1903 in Berlin.
<u>Eltern:</u> *Vater* – Hausdiener in Handelsfirma, seit 1917 tot
*Mutter* – Naeherin u. a. Berufe, seit 1921 Kleinbaeurin in Schlesien. Jetziger Aufenthalt usw. unbekannt.
Beide Eltern stammen aus armen baeuerlichen Kreisen.
*Bruder:* Kuno Luetzow*, Arbeiter, Mitglied der KPD, gegenwaertig auf Parteiarbeit.
*Schwester:* Margarete Winkler, Hausfrau, Berlin, parteilos.
<u>Familienstand:</u> verheiratet. Mann: Walter Ulbricht, Mitglied des ZK KPD. Keine Kinder
<u>Bildung:</u> 4 Jahre Volksschule, 4 1/2 Jahre Mittelschule (Stipendium), 1 Jahr Institut f. Fremdsprachen in Moskau, Fernsektor
<u>Beruf:</u> Angestellte. Seit Maerz 1919 ununterbrochen beruflich taetig: von 1920-21 in 2 Privatfirmen als Bueroangestellte, von 1921 bis 1927 in verschiedenen Parteibetrieben (Arbeiterbuchhand-

* Parteiname, der richtige Name lautete Bruno Kühn

Lotte Kühn als 29jährige Studentin an der Westuniversität in Moskau, Aufnahme vom 4. Juli 1932

lung, Berlin, ZK der VKPD, Gewerksch.-Abt. Essen, Bezirksleitung Rheinland-Westfalen Nord, KIM Moskau); von 1927-31 Handelsvertretung der UdSSR in Berlin als Kontoristin, 1931-35 Komintern, Moskau, 1935-38 im Ausland beim Sekr. ZK KPD, 1939 als Setzerlehrling und Setzer bei der Druckerei »Iskra Revolizii«, Moskau. 1940-41 Invalid 3. Stufe und Lehrerin der deutschen Sprache in Mittelschule fuer Erwachsene, seit Beginn des Krieges 1941 bei Vertretung KPD, Januar 1942 bis Sommer 1943 bei Komintern, Informsektor.

Politische Taetigkeit: Politisch organisiert seit Maerz 1919: bis 1924 im KJVD (frueher FSJ), seit Januar 1922 in KPD bis 1926, 1926/27 in KPdSU, 1927/32 in KPD, 1932/35 in KPdSU, seit 1935 wieder in KPD.

Politische Schulung: 1. Internationale Schule der KIM in Berlin Januar 1922, 2 Kurse auf der Westuniversitaet in Moskau, Selbstschulung

Politische Funktionen:

*Im KJVD 1919-21:* Gruppen- und Kreisfunktionen, 1921-22 Bezirksleiter des Bezirks Rheinland-Westfalen Nord (Essen); 1923-24 Gruppenleiter in Neukoelln, Mitglied Kreisleitung Neukoelln und Zentralvorstand Berlin.

*In KPD:* 1924-25 Zehnerfuehrer, 1927-30 Agitpropleiter und Instrukteur der Betriebszelle Aschinger. Instrukteur B. Z. Schultheiss-Patzenhofer, Mitglied Agitpropkomm. Unterbezirk Nordost, Berlin. 1929-21 Bezirksverordnete der KPD im Bezirk Friedrichshain; 1930-31 Instrukteur des Betriebs Vieh- und Schlachthof mit den Zellen 501, 504, 551, bis Fruehjahr 1931 ausserdem von Schultheiss-Patzenhofer NO und Loewen-Boehmisch im UB Ost. 1931 Referent in Parteizellen.

*In KPdSU:* (1931-35), 2 Jahre Besuch der Westuniversitaet. Einzelauftraege des Parteikom. (z. B. bei Wahlvorbereitung), Leitung eines Kurses fuer auslaendische Arbeiter im Betrieb bei Moskau.

In der Druckerei (1939/40) Redakteur der MOPR-Wandzeitung, Teilnahme an den Sitzungen der Parteizelle und an den Seminaren. Gegenwaertig besteht meine Parteiarbeit in der Mitarbeit bei der deutschen Redaktion.

Auseinandersetzungen in der Partei: Weder in der KPD noch in der KPdSU habe ich an parteifeindlichen Gruppierungen teilgenommen, sondern aktiv die Linie des ZK vertreten.*

*gez. Kuehn*

* 1939 erhielt Lotte Kühn von der Internationalen Kontrollkommission des EKKI eine Rüge »wegen Abstumpfung der Klassenwachsamkeit«, die im Jahr darauf aufgrund ihres Antrages vom selben Gremium wieder aufgehoben wurde

*Lebenslauf*
(handschriftlicher Vermerk von fremder Hand:
*zur Überprüfung 3. Februar 1951*)

Familiäre Lage: Geboren 19. April 1903 in Berlin-Rixdorf. Vater war Hausdiener-Hilfsarbeiter und ist mit 45 Jahren an galoppierender Schwindsucht gestorben. Mutter, jetzt 77 Jahre alt und Rentnerin, hat seit ihrem 8. Lebensjahr arbeiten müssen und auch während der Ehe ständig durch Hausarbeit etc. mitverdient. Parteilos, hat aber stets kommunistisch gewählt. Mein Bruder Bruno Kühn (Kuno Lützow) wurde als Fallschirmspringer im sowjetischen Partisanengebiet – vermutlich 1941 – von den Faschisten ermordet.* Er war seit 1918 ununterbrochen kommunistisch organisiert und aktiv tätig. Meine Schwester, Margarete Winkler, ist politisch unorganisiert, hat aber stets kommunistisch gewählt und ist außerordentlich zuverlässig. Sie führt unseren Haushalt.
Ich habe mit meinem Mann, Walter Ulbricht, keine Kinder. Wir haben jedoch eine Vollwaise adoptiert, die wir im Alter von 20 Monaten zu uns genommen hatten und die jetzt 7 Jahre alt ist. Sie ist Junger Pionier.
Berufstätigkeit: Seit dem 16. Lebensjahre bin ich berufstätig, seit dem 17. völlig auf mich allein angewiesen. Nachdem ich die Mittelschule, die ich mit Hilfe von Stipendium besuchte, mit der mittleren Reife abgeschlossen hatte, trat ich 1919 in eine Kofferfabrik als Kontoristin ein. Nach anderthalb Jahren kündigte ich, da mich die Betriebsleitung wegen meines Eintretens für die Lehrlinge zur Rechenschaft zog. In einer zweiten Firma blieb ich, bis ich im März 1921 die Aufforderung erhielt, in der Arbeiterbuchhandlung Annenstraße, die dem Zentralkomitee der VKPD unterstand, zu arbeiten. Seitdem bin ich fast ununterbrochen in Partei- und ähnlichen Betrieben beruflich tätig: Buchhandlung, ZK Rosenthaler Straße, ZK Abt. Bergbau in Essen, Bezirksleitung der KPD Rheinland-Westfalen Nord in Essen, KJI Moskau, ZK der KPD Rosenthaler Straße. Sekretariat der Komm. Reichstagsfraktion, KJI Moskau, Handelsvertretung Berlin, Komintern Moskau, ZK der KPD im Ausland, Komintern Moskau, Wissenschaftliches Institut Moskau, seit Mai 1945 beim ZK der KPD, Parteivorstand der SED bzw. ZK der SED. Eine Unterbrechung erfolgte lediglich in den Jahren 1939-41, als ich versuchte, Schriftsetzerin zu werden, meine Lehre auch beendete, dann aber wegen Berufskrankheit aufgeben mußte, ein

* Bruno Kühn wurde tatsächlich 1944 in Brüssel erschossen (siehe S. 54)

Lotte Kühn-Ulbricht im letzten Kriegsjahr 1945, vor ihrer Rückkehr nach Deutschland, inzwischen 42 Jahre alt

Jahr studierte und gleichzeitig an einer Moskauer Abendschule für Erwachsene Deutsch unterrichtete. Meine berufliche Qualifikation stieg mit den Jahren von der einer Kontoristin über die einer Referentin zur heutigen des persönlichen Mitarbeiters bzw. Abteilungsleiters.

Politische Tätigkeit: Durch meinen Bruder kam ich Frühjahr 1919 mit knapp 16 Jahren kurz vor der Schulentlassung mit der Freien Sozialistischen Jugend (dem späteren KJV) in Verbindung, dem ich sofort beitrat. Seitdem habe ich stets aktiv in der kommunistischen Bewegung gearbeitet. Zuerst waren es Einzelaufträge (Flugblätter verteilen, Zirkel etc.) Ein Jahr später wurde ich Leiter der FSJ-Gruppe Neukölln. Dort führten wir heftige Diskussionen um die Umbenennung in KJV bzw. die Unterordnung unter die KPD. Nach meiner Übersiedlung nach Essen wurde ich im Herbst 1921 mit der Gründung des Parteibezirks Rheinland-Westfalen Nord Leiter der Jugend-Bezirksleitung. In dieser Funktion trat ich Ende 1921 in die KPD Essen ein. Nach meiner Rückkehr aus der Sowjetunion war ich wieder im KJV tätig (UB Neukölln und Mitglied des Zentralvorstandes). Mit dem Verbot der Partei, in deren Apparat ich arbeitete, schied ich aus der aktiven Jugendarbeit aus. Nach Wiederzulassung der Partei hatte ich kleine Funktionen im Wohngebiet. Nach meiner Rückkehr aus Moskau war ich Beauftragter der Unterbezirksleitung Neukölln. Anfang 1928 zog ich um und wurde zuerst Agitpropleiter in der Betriebszelle Aschinger, dann Instrukteur der UBL Nordost für Aschinger und einige andere Betriebszellen. Nach dem VI. Weltkongreß traten im UB Nordost nicht nur die Versöhnler* auf, sondern auch die Rechten unter Führung von Trude Brandler. Am Kampf gegen beide Gruppierungen nahm ich aktiven Anteil. Bei den Gemeindewahlen 1929 wurde ich für den UB Friedrichshain (in dem ich inzwischen wohnte) als Bezirksverordnete gewählt. Infolgedessen nahm ich meine Parteiarbeit im UB Friedrichshain auf. Hier war ich neben der Bezirksverordnetentätigkeit wieder Instrukteur, erhielt von der UBL aber auch Einzelaufträge. Zuerst hatte ich das ganze Gebiet um den Vieh- und Schlachthof mit mehreren Betriebs- und Wohnzellen, dann nur den Vieh- und Schlachthof mit allen Nebenbetrieben zu bearbeiten. Auf dem Vieh- und Schlachthof hatten die Versöhnler die führenden Positionen. Ich half, ihren Einfluß zu liquidieren und hatte andererseits den Kampf gegen die Bildung von Splittergewerkschaften zu unterstützen. 1931 verließ ich Deutschland, um eine Arbeit in der Komintern auf-

* Bei der Stalinisierung der KPD kam es zu Auseinandersetzungen zwischen der »harten« Thälmann-Linie gegen die SPD und der »weichen« durch Brandler, Thalheimer und andere

zunehmen, kehrte aber erst 1945 wieder zurück. In der Sowjetunion wurde ich wieder (das erste Mal 1926/27) in die KPdSU (B) überführt, der ich bis zu meiner Abreise aus der SU 1935 angehörte. Auch in der KPdSU (B) habe ich aktive Parteiarbeit geleistet, die hauptsächlich in der Durchführung bestimmter Parteiaufträge bestand.

Nach meiner Rückkehr aus der Sowjetunion 1945 habe ich keine bestimmte Parteiarbeit mehr durchgeführt, da ich infolge meiner besonderen beruflichen Lage nicht dazu imstande bin. Trotzdem bemühe ich mich, der Partei über meine tägliche Arbeit hinaus zu dienen, wie das nur möglich ist, und vor allem stets einen engen Kontakt mit der Parteimitgliedschaft zu halten. Deshalb habe ich auch in den letzten Jahren versucht, über meine organisatorischen Fähigkeiten hinaus (in denen immer meine Stärke lag), mir auch gewisse rednerische bzw. propagandistische Fähigkeiten anzueignen. Diese ständig weiterzuentwickeln stelle ich mir zur Hauptaufgabe.

Parteischulung: Ich habe bisher keine Parteischule besucht. Doch habe ich eine gewisse Schulung erhalten. Im Januar 1922 wurde ich zur ersten Internationalen Schule der KJI delegiert, die 4 Wochen dauerte und in Berlin stattfand. Sie hatte zwar außerordentliche Mängel, doch ich profitierte von ihr. In Moskau besuchte ich bei meinem dritten Aufenthalt die Abendschule der KUMNS (Westuniversität), an der ich die Zwischenprüfungen zwar mit »sehr gut« bestand, die ich aber nach 2 Jahren abbrechen mußte, da ich wegen häufiger Auslandsreisen nicht mehr regelmäßig teilnehmen konnte. (Vorher hatte ich versucht, am Fernunterricht der Parteihochschule der KPdSU teilzunehmen, zu dem ich auch aufgenommen wurde. Da aber meine Arbeiten erst ins Russische übersetzt werden mußten, trat ich dann in die Westuniversität ein.) Außerdem habe ich an einer Reihe von Zirkeln teilgenommen, ohne daß je einer zu Ende geführt worden wäre.

Im gegenwärtigen Parteischuljahr hatte ich mich für das kontrollierte Selbststudium gemeldet. Leider war es der Propaganda nicht möglich, die notwendige Anleitung zu geben. Daher beschränkt sich mein Studium der Klassiker des Marxismus-Leninismus gegenwärtig auf die Probleme, die ich für Reden und Referate von Walter Ulbricht durcharbeiten muß. Von einem planmäßigen Studium kann keine Rede sein.

Parteistrafen: Von meiner Jugend an habe ich stets die Linie der Partei vertreten. In der Jugend setzte ich mich entschieden für die

Moskau, 1926.
Lotte Kühn beim Studium

Umbenennung der FSJ in KJV und die Unterordnung des KJV unter die Partei ein. Als Gruppenleiter des KJV leitete ich 1921 die Diskussion gegen Levi*. 1923 stand ich im KJV gegen die Politik der Rechten in der Frage der Arbeiterregierung. Das will nicht besagen, daß ich alle Fragen völlig verstanden hätte, aber von Jugend auf war jeder, der die Partei durch seine zersetzende Kritik oder Fraktionsarbeit bedrohte, mein Gegner. Beim Offenen Brief des EKKI stimmte ich nicht nur freudig zu, sondern nahm auch gegen die Ultralinken in unserer Neuköllner Parteiorganisation Stellung. Während meines Aufenthaltes in Moskau, wo wir in einem Zirkel die Beschlüsse des XIV. Parteitages der KPdSU (B) durcharbeiteten, gab ich meinem Bruder nach Berlin Hinweise für den Kampf gegen die Trotzkisten-«Leninisten«. Auch während der Wittorf-Affäre ** bezog ich von Anfang an die Position Thälmanns und habe in allen übrigen Auseinandersetzungen gegen die rechten und versöhnlerischen Parteifeinde stets aktiv den Kampf auf Seiten Ernst Thälmanns geführt. Weder während meiner Tätigkeit in der KPD noch in der KPdSU (B) habe ich mir eine Parteistrafe zugezogen.

Die Rüge der Internationalen Kontrollkommission des EKKI, von der im Fragebogen die Rede ist, bedarf daher einer Erklärung.

Während meines Aufenthaltes im Ausland wurde in Moskau mein früherer Mann *** *(Wendt – d. Hrsg.)* verhaftet. Als ich davon erfuhr, beantragte ich sofort bei der IKK ein Verfahren gegen mich, das erst im Jahre 1939 erfolgte und mit einer Rüge wegen Abstumpfung der Klassenwachsamkeit endete. (Meinem früheren Mann wurden trotzkistische Verbindungen zum Vorwurf gemacht.) Inzwischen hatte sich aber herausgestellt, daß der Genosse bereits nach einjähriger Haft entlassen worden war und in der Stadt Engels als Übersetzer arbeitete. Ich beantragte daher Aufhebung der Rüge, umso mehr, als die Beschuldigung der trotzkistischen Verbindungen sich als haltlos erwiesen hatte. 1940 wurde die Rüge wieder aufgehoben und mir vom ZK mitgeteilt, daß ich mich als unbestraft betrachten solle. Trotzdem habe ich die Tatsache im Fragebogen erwähnt.

* Paul Levi (1883-1930), Rechtsanwalt und Mitbegründer der KPD und 1919-21 deren Vorsitzender. Reichstagsabgeordneter seit 1920. 1921 aus der KPD wegen »parteifeindlichen Verhaltens« ausgeschlossen. 1922 Eintritt in die SPD und dort auf dem linken Flügel aktiv

** Thälmanns Schwager Wittorf hatte in Hamburg Parteigelder veruntreut, was vom Parteivorsitzenden gedeckelt wurde. Das nahm die KPD-Spitze zum Anlaß, den Parteivorsitzenden, der in Moskau beim VI. Weltkongreß der Komintern weilte, in Abwesenheit von seiner Funktion zu entbinden. Thälmann wurde durch Moskau wieder eingesetzt

*** Erich Wendt und Lotte Kühn waren in den zwanziger Jahren in Berlin in Lebensgemeinschaft miteinander verbunden

*Sozialistische Einheitspartei Deutschlands – Fragebogen für Mitglieder (2. Juli 1951)*

Lotte Ulbricht im Januar 1951, 47 Jahre alt

1. Name: Kühn-Ulbricht (Ulbricht, geb. Kühn)
2. Vorname: Lotte (Charlotte)
3. Geburtsdatum, Ort, Kreis, Nationalität, Staatsbürgerschaft: 19.4.1903 in Berlin-Rixdorf, Nation. u. Bürgerschaft: deutsch
4. Seit wann Mitglied der Partei, wo eingetreten, von welcher Grundorganisation aufgenommen?: Seit Vereinigung April 1946, keine Grundorganisation
5. Welche Schulbildung? a) Allgemeine, b) Spezialbildung, c) Politische

a) 4 Jahre Volksschule, 4 1/2 Jahre Mittelschule (Stipendium)
b) keine (begonnen Fernunterricht Fremdsprachen – 1 Jahr)
c) 1. Int. Schule der K. J. I. (1 Monat) 1922
2 Jahre (vorzeitig abgebr.) an der Abendschule der Westuni Moskau
im Parteilehrjahr – Selbststudium

6. Welche selbständige wissenschaftl. Arbeit bisher geleistet, mit welchen Ergebnissen? Keine
An welcher wissenschaftl. Forschung gegenwärtig beteiligt? Keine
Welchen wissenschaftl. Grad oder Titel? Keiner
7. Welche Fremdsprachen werden beherrscht? Bis zu welchem Grad? Russisch – ziemlich vollst. in Wort und Schrift. Franz. – lesen, Engl. – etwas
8. Erlernter Beruf, Dauer der Lehrzeit? Ohne Lehrzeit – Angestellte
9. Sozialer Stand (...) zum Zeitpunkt des Eintritts in die Partei? Angestellte
Welche Tätigkeit wurde ausgeübt? Parteiangestellte
10. Jetziger sozialer Stand? Angestellte
11. Welche Auszeichnungen erhalten und wann? Nach Beendigung d. Gr. Vaterl. Krieges sowj. Medaille »Für ehrenhafte Arbeit«
12. Wo beschäftigt? Zentralkomitee der SED
13. Name und sozialer Stand der Eltern:
Albert Kühn – Hilfsarbeiter (seit 1917 tot)
Elisabeth Sucker – Rentnerin (77 J.)
14. In welcher Partei und in welcher Organisation sind die Eltern Mitglied? Mutter parteilos, im DFD, Schwester parteilos, im DFD
15. In welcher Partei und in welcher Organisation ist der Ehemann Mitglied, und seit wann? SED – seit Gründung

16. In welcher Partei und in welcher Organisation sind die Kinder Mitglied, und seit wann? Junge Pioniere
17. Mitglied welcher Arbeiterpartei? Bis 1945 (während dieser Zeit aus der Partei ausgetreten oder ausgeschlossen?) Nach 1945
Ende 1921 in KPD – bis 1945, mit Ausn. 1926/27 u. 1932/35, da Mitglied der KPdSU (B), nach 1945 – KPD
18. War Kandidat der SED, wo eingetreten, von welcher Grundorganisation aufgenommen? Gestrichen
19. Gehörte einer Jugendorganisation an und welcher? Vor 1945, Nach 1945
1919-1924 Freie Sozialistische Jugend (später KJV)
20. Teilnahme an wählbaren Parteileitungen, Leitungen der Massenorganisationen? In welchen parlamentarischen und Staatsorganen? Bis 1933, Von 1933 bis 1945, Von 1945
In KPD Agitpropleiter, Instrukteur der Kreisleitung, Referent
1929-1931: Bezirksverordnete in Friedrichshain
seit 1945 keine gewählte Parteifunktion, Mitglied der Redaktionskommission »Einheit«*
21. Mitglied welcher Massenorganisation? FDGB, DFD, Deutsch-Sowjetische Gesellschaft, Kulturbund
22. An welcher illegalen antifaschistischen Arbeit nach 1933 teilgenommen? Im illegalen Apparat des ZK der KPD im Ausland
23. An welcher der antifaschistischen internationalen Widerstandsbewegungen teilgenommen und wo (Von/bis): keine
24. Welche Parteistrafen erhalten? Von wem und wann wurde die Parteistrafe verhängt? Von wem und wann wurde die Parteistrafe aufgehoben? Mai 1939 von der IKK der Komintern eine Rüge wegen »Abstumpfung der Parteiwachsamkeit«, 1940 wieder aufgehoben, ebenfalls von der IKK
25a. An welchen oppositionellen Gruppen teilgenommen? Wann, wo? An keiner
25b. Welcher anderen Partei angehört? Vor 1933, nach 1945? Keiner
26. Welchen Verhaftungen und gerichtlichen Verfolgungen ausgesetzt? Bzw. Familienangehörige? Untersuchung 1923 wegen Unterzeichnung Flugblatt des KJVD eingestellt, Bruder: Bruno Kühn (Kuno Lützow) als Fallschirmspringer ermordet (wahrscheinlich 1941)
27. In Emigration? Wo? Von/bis: 1931 nach Moskau zur Arbeit in Komintern

* »Einheit«: Zeitschrift für Theorie und Praxis des wissenschaftlichen Sozialismus, herausgegeben vom ZK der SED, erschien monatlich von 1946 bis 1989 in Berlin. Letzter Chefredakteur war Manfred Banaschak (siehe auch Korrespondenzen Seiten 207 und 210)

1935 von dort mit Ulbricht in Emigration (Prag, Paris, Moskau) bis Anfang Mai 1945

28. Zum Militär einberufen, welcher Truppenteil, welcher Dienstgrad? Nein

29. Zum Arbeitsdienst oder zur Organisation Todt* einberufen, welchen Dienstgrad? Nein

30. In welchen Ländern als Soldat, Arbeits- oder OT-Mann? In welcher Zeit und in welcher Funktion? Welche Auszeichnungen erhalten und wofür? Nein

31. In Kriegsgefangenschaft, von/bis und wo, in welchen Lagern, und welche Tätigkeit ausgeübt? An welchen Lagerkursen oder Schulen teilgenommen? Nein

32. Mitglied der NSDAP oder einer ihrer Gliederungen? Von/bis und welche Funktion? Nein

33. Aufenthalt im Ausland? Bzw. Familienangehörige? Wo, zu welcher Zeit? Welche Tätigkeit wurde ausgeübt?

1922/23, 1926/27, 1931/35 in Moskau bei KJI u. Komintern als Stenotypistin, dann Archivarin, Referentin etc.

34. Angaben über die nächsten Angehörigen

*Ulbricht, Walter*, 58 J., Ehemann, Generalsekretär der SED

*Ulbricht, Beate*, 7 J., Tochter, Schulkind

*Sucker, Elisabeth*, 77 J., Mutter, Rentnerin

*Winkler, Margarete*, 50 J., Schwester, Haushalt, sämtl. im Hause

Angaben über die hauptsächlichsten Arbeitsstellen seit Beendigung der Schulzeit:

Berlin, 2 Privatbetriebe, Kontoristin, 1919-1921

Berlin-Essen-Moskau, Apparat ZK d. KPD und KJI, Stenotypistin, 1921-1927

Berlin, Handelsvertretung der UdSSR, Kontoristin, 1927-1931

Moskau, Komintern, Gehilfe Abt. Ltr., Referent, 1931-1935

Ausland, Sekretariat d. ZK KPD, Mitarbeiter v. Ulbricht, 1935-1938

Moskau, Druckerei und Schule Komintern, Maschinensetzer (1939-1940), Lehrerin (1940-1941), Hauptreferentin (1941-1945)

Berlin, ZK der KPD, SED, Parteiarbeiter Allg. Abt. (1945-1946), Red. Presse-Mitt. (1946-1947), Mitarbeiter W. U. (1947 – )

Jetzige Wohnadresse: Niederschönhausen, Majakowski Ring 28.

Die gemachten Angaben können bestätigen:

Luise Schälike, N'sch. Majakowski Ring

Sepp Schwab, Pankow, Lindengasse 20

* Die von Fritz Todt (1891-1942) gegründete OT war eine technische Spezialtruppe für das militärische Bauwesen im Hitlerreich. Todt war ab 1933 Generalinspekteur für das deutsche Straßenwesen, leitete den Bau der Reichsautobahnen, ab 1938 des sogenannten Westwalls. An 1940 war er Reichsminister für Bewaffnung und Munition. Starb bei einem Flugzeugunglück in der Nähe von Hitlers »Wolfsschanze« bei Rastenburg

*Lotte Ulbricht: Kurze Daten über die politische Tätigkeit seit 1919 (15. Dezember 1958)*

Lotte Ulbricht Anfang der 50

*Politisch organisiert seit März 1919* (knapp 16 Jahre alt). Seitdem ununterbrochen aktiv in der kommunistischen Bewegung tätig.
*1919/20* – in der Freien Sozialistischen Jugend Berlin-Steglitz (Vorläufer des KJVD) unter Leitung von Mitglieder des Spartakusbundes sämtliche übertragenen Parteiarbeiten ausgeführt (Flugblattverteilung, org. Aufgaben, Demonstrationen, später Wahlarbeit). An den Auseinandersetzungen über die Umwandlung der FSJ in KJV aktiv teilgenommen.
*1920/21* – Nach Kapp-Putsch Überführung nach Neukölln, dort Gruppenleiter der FSJ- bzw. KJV-Gruppe (nach Umbenennung). Mitglied des UB-Vorstandes des KJV (oder wie sich die Kreisleitung damals nannte).
*1921/22* – Aus dem Apparat des ZK der VKPD (in dem ich infolge meiner aktiven Jugendarbeit als techn. Kraft angestellt war) in die Abt. Bergbau nach Essen delegiert. Nach deren Auflösung in Bezirksleitung Rheinland-Westfalen (ebenfalls techn. Kraft). Nach Bildung des Bez. Rheinland-Westfalen Nord (Herbst 1921) Mitglied der Bezirksleitung des KJV und praktisch Bezirksleiter (ehrenamtlich).
*Ende 1921* – Eintritt in die KPD in Essen.
*Januar 1922* von KJV-Zentrale auf 1. Intern. KJI-Kursus in Berlin delegiert (1 Monat).
*1922/23* – Als Stenotypistin in die Komm. Jugendinternationale delegiert (8 Monate). Dort im Namen des KJV aufgetreten (Int. Jugendtag, 4. Komintern-Kongreß – Eröffnung in Petrograd, an Komsomol-Veranstaltungen teilgenommen.
*1923/24* – Wieder Gruppenleiter des KJV Neukölln, Mitglied der Kreisleitung und des Berliner Zentralvorstandes des KJV (alles ehrenamtlich). An allen Aktionen Partei und Jugend teilgenommen, auch an Auseinandersetzungen gegen Rechte. Wieder im ZK der KPD (Gewerkschaftsabt. tätig. Dort u. a. Kassierung für M-Vorbereitung bis Herbst 1923. Während Parteiverbot im illegalen Parteiapparat.
*1924/25* – Im Zusammenhang mit Parteiverbot Ausscheiden aus Jugendarbeit. Dann in Partei Zehnerführer. Sekretär der Reichstagsfraktion. Auseinandersetzung mit Vertretern Ruth Fischer* u. Ultralinken.

* Ruth Fischer (1895-1961), eigentlich Elfriede Golke. Die gebürtige Leipzigerin, Schwester von Hanns und Gerhart Eisler, übernahm als Repräsentant des »ultralinken« Flügels der KPD zusammen mit Arkadi Maslow 1924 die KPD-Führung. Als Präsidiumsmitglied des EKKI fiel sie in Ungnade, weil sie für die Gegner Stalins Partei ergriff. Auf dessen Betreiben wurde sie 1926 aus der KPD ausgeschlossen. 1925/26 Hausarrest in Moskau, Flucht nach Deutschland, Nach 1933 Exil in Paris und New York

*1926/27* – Mitarbeiter der Komm. Jugendinternationale (Archivar), durch Überführung Mitglied der KPdSU, dort aktive Mitarbeit.
*1927/29* – Nach Rückkehr aus Moskau Instrukteur der UB-Leitung der KPD Neukölln für Jugendfragen (ehrenamtlich), dann nach Übersiedlung Agitpropleiter und Instrukteur des UB Nordost für die Betriebszellen Aschinger (Schaffung zentr. BZ Aschinger), Schultheiss-Patzenhofer; Mitglied der Agitpropkommission UB Nordost. Aktive Teilnahme an den Auseinandersetzungen mit Brandleristen, auch Versöhnlern. (Brandler wohnte im UB Nordost.)
*1929/31* – Bezirksverordnete der KPD im Bez. Friedrichshain (UB Ost); Instrukteur der UB-Leitung für Betr. Zellen Vieh- und Schlachthof und 3 Wohnzellen; Gründung und Instrukteurtätigkeit in Betr.-Zellen Schultheiss-Patzenhofer, Loewen-Boehmisch, Fattinger u. a., 1931 auch Referent in Parteizellen. Im UB Ost aktiv an Auseinandersetzungen mit Versöhnlern und Sektierern (Gewerkschaftsfrage) teilgenommen.
*1931/35* – Verantwortlicher Mitarbeiter im Komintern-Apparat in Moskau. Mitglied der KPdSU (Überführung), Durchführung von Parteiaufträgen, Teilnahme an Parteireinigung*, Wahlvorbereitung, Arbeit unter ausländ. Arbeitern etc.
*1935/39* – Im Auslandsapparat des ZK der KPD (ohne Bezahlung).
*1939/41* – Betriebsarbeit in Moskau. Dort aktive Mitarbeit an Parteitätigkeit, trotz Mitgliedschaft KPD.
*1941/45* – Als politischer Mitarbeiter der Komintern bzw. eines Instituts in Moskau.
*1945/53* – verschiedene verantwortliche Funktionen im Parteiapparat des ZK (zuerst KPD, dann SED).
*Ab 1954* – Aspirant am Institut für Gesellschaftswissenschaften des ZK.

Nie an Fraktionstätigkeit teilgenommen.
Keine Parteistrafen.

Später ergänzt:
*1948/53* – Mitglied der Redaktionskommission »Einheit«
1954/59 – Aspirant am Institut für Gesellschaftswissenschaften des ZK. Diplom als Gesellschaftswissenschaftler (Geschichte der deutschen Arbeiterbewegung).
*Ab Nov. 1959* – Wiss. Mitarbeiter am Institut für Marxismus-Leninismus.

* Eine in unregelmäßigen Abständen wiederholte Form der politischen Säuberung (»Tschistka«) in der UdSSR. Die »Große Tschistka« (1935-39) begann nach der Ermordung Kirows am 1.12.1934, die vermutlich von Stalin selbst veranlaßt worden war. Ihr fielen unzählige Kommunisten, auch deutsche, zum Opfer; zwischen 1936 und 1938 befanden sich etwa 5 Prozent der Sowjetbevölkerung in Haft und in Lagern. Ideologisch begründete Stalin den Terror mit der These von der »Verschärfung des Klassenkampfes bei fortschreitendem Aufbau des Sozialismus«

Mitglied der Frauenkommission des Politbüros des ZK der SED (seit Gründung 1960)
Delegierte zum XV. Parteitag der KPD, Gründungsparteitag der SED (bei beiden in der Wahlkommission), III. Parteitag der SED.

Lotte Kühn mit etwa fünf Jahren

*Sozialistische Einheitspartei Deutschlands – Fragebogen für Mitglieder zum Umtausch der Parteidokumente (26. Juni 1970)*

Name: Ulbricht
Geburtsname: Kühn
Geburtsdatum: 19. April 1903
Geburtsort: Berlin-Rixdorf
Parteimitglied seit: 1921
Nationalität: deutsch
Staatsbürgerschaft: Deutsch *(durchgestrichen und ersetzt durch DDR – d. Hrsg.)*
Soziale Herkunft: Vater Hilfsarbeiter, parteilos
Mutter: Heimarbeiterin, parteilos
Berufe (in zeitlicher Folge): Büroangestellte, Dipl.-Gesellschaftswissenschaftler
Gegenwärtige Tätigkeit: Wissenschaftlicher Mitarbeiter im IML *(mit Bleistift ergänzt: beim ZK der SED – d. Hrsg.)*
Berufliche Tätigkeit bei der Aufnahme in die Partei: Büroangestellte *(gestrichen und mit Bleistift korrigiert: Stenotypistin – d. Hrsg.)*
Von welcher Grundorganisation aufgenommen: Essen, Bezirksltg. Rheinland-Westfalen Nord
Mitglied in Massenorganisationen (Zutreffendes ankreuzen): FDGB, DFD, DSF, KB, vor 1945: KJVD, ZdA
Gegenwärtige Wahlfunktionen in der Partei, in staatlichen Organen, Massenorganisationen u. a. gesellschaftlichen Organisationen: SED Politbüro d. ZK, Mitgl. Frauenkomm. Seit 1960
Bisherige Wahlfunktionen:
KJVD Ortsgruppe, Leiter, 2 Jahre
KJVD Bezirksleitung, Sekretär (1 Jahr), Mitglied (1 Jahr)
KPD Wohngruppe Zehnerführer (1 Jahr), Unterbezirk Instrukteur (4 Jahre)
Sowjetische Gewerkschaft Institut, Mitglied (3 Jahre)
SED Politbüro, Mitglied Red.-Komm. »Einheit« (5 Jahre)

Auszeichnungen: Karl-Marx-Orden; VVO Silber, Gold, Ehrenspange; Banner der Arbeit. Medaillen: Clara Zetkin; Für Teilnahme an den Kämpfen 1918-23; Kämpfer gegen den Faschismus; Verdienstmedaille der DDR; Ernst-Moritz-Arndt; Fritz Heckert; Artur Becker (Gold); *sowjetische:* Für heldenmütige Arbeit im Großen Vaterländischen Krieg; Zum 25. Jahrestag des Sieges im Großen Vaterländischen Krieg; Zum 100. Geburtstag von W. I. Lenin
Besuch von Parteischulen (ab 3 Monate): Akademie für Marxismus-Leninismus in Moskau (Fernstudium) 1932-33; KUMS Moskau (Abendstudium) 1933-35; Institut für Gesellschaftswissenschaften beim ZK der SED 1954-59
Besuch von Schulen der Massenorganisation: keine
Besuch von Schulen der bewaffneten Organe: keine
Besuch von Weiterbildungslehrgängen: keine
Schulbildung: Realschule
Meisterausbildung: keine
Fachschulausbildung: keine
Hochschulausbildung: Institut für Gesellschaftswissenschaften beim ZK der SED, Fachrichtung Geschichte der deutschen Arbeiterbewegung, Abschlußjahr 1959
Akademischer Grad: Diplom-Gesellschaftswissenschaftler
Fremdsprachenkenntnisse: *Russisch* perfekt in Wort und Schrift
*Französisch:* Gute Lesekenntnisse
*Englisch:* Schulkenntnisse
Hauptamtliche Tätigkeit im Parteiapparat und in den Massenorganisationen:
Politischer Mitarbeiter Komintern 1931-35, 1941-45
Politischer Mitarbeiter ZK KPD/SED 1945-53
Wissenschaftlicher Mitarbeiter ZK SED-IML ab 1959
Tätigkeit im Ausland nach 1945: keine
Tätigkeit in Westdeutschland bzw. Westberlin nach 1945: keine
Zugehörigkeit zu den bewaffneten Organen der DDR: keine
Teilnahme am antifaschistischen Widerstand: 1933-45 in Moskau und Ausland; Bruder Bruno Kühn: Spanienkämpfer 1936-38, Sowjetunion (Partisan) 1941 – von Faschisten ermordet.
Ehemalige Mitgliedschaft in befreundeten Parteien: keine
Parteistrafen: keine
Gerichtliche Strafen: keine
Ehemalige Zugehörigkeit zur NSDAP und zu ihren Gliederungen: keine

Ehemalige Zugehörigkeit zur Reichswehr, faschistischen Wehrmacht, Organisation Todt, Reichsarbeitsdienst, Bundeswehr, Fremdenlegion: keine
Kriegsgefangenenschaft im 2. Weltkrieg – auch Internierung: keine
Wohnadressen:
*Berlin,* verschiedene Anschriften 1903-21
*Essen,* verschiedene Anschriften 1921-22
*Moskau,* Hotel Lux, Gorki-Straße 1922-23
*Berlin,* verschiedene Anschriften, 1923-26
*Moskau,* Hotel Lux, Gorki-Straße, 1926-27
*Berlin,* verschiedene Anschriften, 1927-31
*Moskau,* Hotel Lux, Gorki-Straße, 1931-35
*Ausland,* verschiedene Anschriften, 1939-45
*Moskau,* Hotel Lux, Gorki-Straße, 1939-45
*Berlin-Pankow,* Majakowski-Ring 28, ab 1945

Familienangehörige:
*Ehepartner Ulbricht, Walter,* Geburtsjahr: 1893, Tätigkeit: 1. Sekretär SED, Vors. Staatsrat, Berlin, Zugehörigkeit zu Parteien und Massenorganisationen: SPD/KPD/SED, Gewerkschaft
*Adoptivtocher Polkownikowa, Beate,* 1944, Student, Leningrad, FDJ
*Vater Kühn, Albert,* 1872, Hilfsarbeiter, verstorben, keine
*Mutter Sucker, Elisabeth,* 1874, Heimarbeiter, verstorben, keine
*Schwester Winkler, Margarete,* 1900, Rentner, Berlin, keine
*Bruder Kühn, Bruno,* 1901, Metallarbeiter, ermordet, Spartakusbund, KPD, KJVD

Arbeitsstellen:
*Berlin,* Fa. Prager & Söhne, Stenotypistin, 1919-20
*Berlin,* Fa. Weiß & Co. Stenotypistin, 1920-21*
*Berlin,* ZK der VKPD, Stenotypistin, 1921
*Essen,* ZK der VKPD – Abt. Bergbau, Stenotypistin, 1921
*Essen,* Bez. Ltg. VKPD Rheinland-Westfalen Nord, 1921-22
*Moskau,* Komm. Jugendinternationale, Stenotypistin, 1922-23
*Berlin,* ZK der KPD, Sekretärin, 1923-24
*Berlin,* Reichstagsfraktion der KPD, Sekretärin, 1924-26
*Moskau,* Komm. Jugendinternationale, Archivar, 1926-27
*Berlin,* Handelsvertretung d. UdSSR, Sekretärin, 1927-31
*Moskau,* Komm. Internationale, Oberreferent, 1931-35

* Erstmals in einem Fragebogen gibt Lotte Ulbricht die beiden Firmen an, in denen sie nach der Schule zu arbeiten begann. Prager & Söhne war ein Kofferfabrikant

*Ausland,* Politbüro KPD, ehrenamtliche Mitarbeit, 1935-38
*Moskau,* Druckerei f. ausl. Literatur, Setzer, 1939-41
*Moskau,* Komintern u. Institut 105, Oberreferent, 1941-45
*Berlin,* ZK der KPD, Abt.-Leiter, 1945-46
*Berlin,* ZK der SED, Abt. Leiter, 1946, Hauptreferent 1946-48, Pers. Mitarbeiter 1948-53
*Berlin,* Institut für Gesellschaftswissenschaften, Studium, 1954-59
*Berlin,* Institut für Marxismus-Leninismus, Wissenschaftliche Mitarbeiterin, seit 1959

Dokumentennummer: 0.001.531

Berlin, 16.7.1972
Liebe Oda*!
Was die »Veränderungen« in meinem Parteileben betrifft, war meine Auskunft doch nicht genau. Ich habe noch einmal nachgesehen und festgestellt, daß ich im Jahre 1971 folgendes erhalten habe:
- Ehrennadel für 50 Jahre Zugehörigkeit zur Partei der Arbeiterklasse
- Urkunde für 25 Jahre Zugehörigkeit zum FDGB
- Dankschreiben und Prämie für mehr als 25 Jahre Arbeit im Parteiapparat.
- 1972 habe ich die Urkunde für 25 Jahre Zugehörigkeit zum DFD erhalten.

Notiere bitte, was Du für notwendig hältst.
Herzlichen Gruß

* Oda Schulze, Mitarbeiterin der »Arbeitsgruppe Ulbricht« im IML beim ZK der SED, die bis zum Tode Ulbrichts im Sommer 1973 bestand

# Lotte Ulbricht als ...

An Lotte Ulbricht schieden sich bereits zu Lebzeiten die Geister. Die einen mochten diese knapp anderthalb Meter geballte Energie nicht. Die Frau war ihnen zu dominant, zu herrisch, zu selbstsicher, zu suspekt. Die anderen hingegen sahen hinter der angeblich eisernen Maske einen neugierigen, aufgeschlossenen Menschen mit einem starken Mutterinstinkt. Dieser war mit einer kräftigen kommunistischen Überzeugung gepaart, sich für alles und jeden verantwortlich fühlen zu müssen. Es gab kein fremdes Leid. Manchem nahm solche Zuneigung die Luft, auch wenn sie von Herzen kam und ohne Arg war. Wer sich Lotte Ulbricht vorurteilsfrei näherte, entdeckte eine sympathische, bescheidene, aber starke Persönlichkeit, die weder ihre Herkunft vergessen noch die Bodenhaftung verloren hatte. Sie war, bei aller Schlichtheit, eine intelligente, emanzipierte Frau und in dieser Hinsicht vermutlich moderner als die meisten Frauen ihrer Generation. Wahrscheinlich hat Lotte Ulbricht allein durch ihr Auftreten für die Frauen in Deutschland mehr bewegt als andere, die dafür heute gerühmt werden.

Gleichwohl nahm ihr das manche Geschlechtsgenossin übel. Wilhelmine Schirmer-Pröscher (1889-1992), wie Lotte Emigrantin in der UdSSR, Mitbegründerin der Liberalen in der sowjetischen Besatzungszone und langjährige Alterspräsidentin der DDR-Volkskammer, im »Städtchen«* Nachbarin der Ulbrichts und der Grotewohls, soll beim Blick aus dem Fenster einer Vertrauten einmal gestanden haben: Die Politik haben doch Lotte und Johanna gemacht und nicht ihre Männer. Und auf Nachfrage habe sie gemeint, die Losung »Überholen ohne einzuholen« beispielsweise hätte sich Lotte auf dem Sofa ausgedacht und Walter sie prompt am nächsten Tag ins Politbüro getragen.**

Selbst wenn es sich so verhielte, läßt sich nichts Schlimmes daran entdecken. Sie seien ein gutes Gespann gewesen, schrieb Lotte Ulbricht in den 90er Jahren ihrer Nichte Annelie in Texas. Sie und der Walter. Und daß in einer guten Partnerschaft eine Idee sich kollektiv entwickelt, sollte schon sein, anderenfalls handelte es sich nicht um eine sinnvolle Verbindung. Eine gute Ehe muß auch immer eine produktive sein, bei der jede Seite profitiert. Allzuoft sind es Frauen, die an anderen kritisieren, wenn sie angeblich die Hosen tra-

* Die führenden politischen Persönlichkeiten der DDR lebten im Berliner Stadtteil Pankow, weshalb die Bonner Propaganda immer von den »Pankower Machthabern« sprach. Nach den Ereignissen in Ungarn 1956 ordnete Moskau die Verlegung der SED-Spitze nach Wandlitz an. Die dortige Waldsiedlung befand sich in unmittelbarer Nähe sowjetischer Truppenstützpunkte

** Die – verkürzt wiedergegebene – Losung geht auf Prof. Peter A. Thiessen zurück, der sie als Vorsitzender des Wissenschaftsrates der DDR der Geometrie entlehnte: Die kürzere Verbindung der Punkte A und B auf einer Kreislinie erfolge durch eine Sekante. Thiessen unterhielt zu beiden Ulbrichts ein gutes Verhältnis

Lotte Ulbricht und Wilhelmine Schirmer-Pröscher an deren 75. Geburtstag, Berlin-Niederschönhausen am 7. September 1964. Im Hintergrund Volkskammerpräsident Johannes Dieckmann (LDPD)

gen, was offenkundig in ihren Augen als unstatthaft gilt. Erstaunlich, wie langlebig manch tradierte Kleiderordnung ist.

Natürlich haben alle schriftlichen Mitteilungen, auch die von Lotte Ulbricht, die Eigenart, eine subjektive Sicht, eine persönliche Auffassung wiederzugeben.

Diese muß sich nicht mit anderen Darstellungen decken. Damit aber ist sie nicht zwangsläufig falsch.

Trotzdem können auch andere recht haben. Daher sollten alle folgenden Meinungsäußerungen sowohl kritisch als auch als glaubhaft genommen werden. Das heißt, die Notate sind vielleicht Quelle für eine wissenschaftliche Geschichtsschreibung, aber selbst sind sie das nicht: wissenschaftlich überprüft und wahr.

Den Umstand, daß Lotte Ulbricht alles mit Durchschlag zu Papier* brachte, kann man z.B. so interpretieren, als habe sie für die Nachwelt gearbeitet. Vielleicht aber lag es nur daran, daß sie es als Sekretärin gewohnt war, stets eine Kopie zu fertigen.

Diese Vermutung muß als wahrscheinlich angenommen werden. Wer beispielsweise ein Tagebuch führt, welches sich bei näherer Betrachtung allenfalls als lose Sammlung wenig bedeutsamer, nicht einmal politischer Mitteilungen erweist, die auch höchst sporadisch notiert wurden, denkt nicht daran, mit schriftlichen Zeugnissen ein Bild von sich zu erschaffen.

* Als Kopierpapier benutzte Lotte Ulbricht alles, selbst handgeschöpftes Bütten mit Wasserzeichen, das einst der Staatsratsvorsitzende verwandt hatte und nach seinem Sturz nicht mehr brauchte. Sie benutzte die Rückseiten der Kopfbögen des Stellvertretenden Ministerpräsidenten Ulbricht und auch die eigenen, als sich ihre Anschrift änderte. Weggeworfen wurde nichts. Selbst das Butterbrotpapier wurde nach seiner Benutzung glattgestrichen und neuerlich zum Einwickeln der »Bemmen« von W. U. eingesetzt

## *Die Ehefrau*

Lotte Kühn sah sich seit Januar 1935 als Frau Ulbricht. Nach einem Sonntag auf dem Eis im Moskauer Gorkipark ging die 31jährige mit dem 41jährigen ins Bett. Die Ehe wurde am 25. Januar 1950 offiziell vom Standesamt in Berlin-Pankow attestiert. Nicht, weil man sich sonst zu verlieren glaubte, sondern weil es die Umwelt so verlangte. Anders als die bürgerliche Moral, die ja einen doppelten Boden hat, nahm man es namentlich in der Partei mit ihr sehr genau. In jenen Jahren bekam es ein verheirateter Genosse mit der Partei zu tun, wenn er eine fremde Frau küßte. In den 50er Jahren entstanden folgerichtig die *Zehn Gebote der sozialistischen Moral*, die – wie anderenorts die Kruzifixe – in jedem Klassenzimmer hingen. Und nicht von ungefähr begann jedes Gebot gleichfalls mit dem kategorischen Imperativ »Du sollst ...«

Die Verbindung der beiden währte mehr als 38 Jahre. Davor lag eine kurze Partnerschaft mit Erich Wendt, die von ihr nur einmal in einem Fragebogen erwähnt wurde, als es zu begründen galt, weshalb sie 1939 eine Parteistrafe erhalten hatte. Sie bezichtigte sich selbst, weil Wendt – »trotzkistischer Verbindungen« beschuldigt – in Moskau verhaftet worden war. Diese Haltung ist nicht rational

Lotte und Walter Ulbricht kehren am 28. Dezember 1949 aus Moskau von den Feierlichkeiten anläßlich des 70. Geburtstages von Stalin zurück. Rechts außen Semjonow, Vizechef der Sowjetischen Kontrollkommission. Vier Wochen später wurde geheiratet. Ein Hochzeitsbild gibt es nicht

und nur aus der Zeit heraus zu begreifen. Überall witterte Stalin und mit ihm die Führungsgremien der von ihm diktierten Parteien Verrat und Intrige. Kein Rauch ohne Feuer: Natürlich versuchte der Imperialismus Sowjetrußland von der Landkarte zu tilgen – die Interventionskriege zur Rückeroberung der Erdölfelder am Kaspischen Meer und der Kornkammern in der Ukraine und der Weinberge auf der Krim waren ja keine Erfindung der Sowjetpropaganda gewesen. Ebenso wenig die Handelsembargos und -boykotte. Allerdings war es Unsinn und ein Verbrechen, den Hauptfeind im eigenen Lande zu wähnen und Kommunisten, die dieses Land und seine Idee mit ihrem Herzblut verteidigten, als des internationalen Großkapitals Fünfte Kolonne zu betrachten und viele auch so zu behandeln.

Walter Ulbricht hingegen war kein unbeschriebenes Blatt. Er hatte zu Beginn der 20er Jahre in Leipzig geheiratet; aus der kurzen Verbindung war eine Tochter hervorgegangen.* Formell wurde diese Verbindung erst kurz vor der Eheschließung 1950 aufgelöst.

Im französischen Exil lebte er mit einer Journalistin** zusammen. Auch sie bekam eine Tochter von ihm. Mutter, Tochter und deren zwei Kinder wurden ohne Mühe in die Familie Ulbricht integriert. Die Verbindung, so scheint es, riß erst zu Beginn der 90er Jahre ab.

Die Gemeinschaft von Lotte und Walter Ulbricht als reine Vernunftehe zu bezeichnen, als ein Zweckbündnis von zwei ambitionierten Menschen, geht vermutlich an der Realität vorbei. Als sie zusammenfanden, lag die Jugend längst hinter ihnen. Und auf der politischen Bühne spielten sie die ihnen zugewiesenen Rollen. Jedoch: Betrachtet man Fotos, die etwa während des Urlaubs in der Sowjetunion entstanden und wenn keine Offiziellen in der Nähe waren, so scheinen sie beide aus ihren festen Rollen zu fallen. Sie sucht seinen Arm, er legt ihr die Hand auf die Schulter, man hält Zwiesprache und versenkt die Blicke ineinander. Da schien es zuzutreffen, was sie in vertrauter Runde später einmal gestand: Walter sei ihre große Liebe gewesen. Sobald jedoch das Protokoll beginnt, die Scheinwerfer leuchten und die Kameras surren, ist der Umgang miteinander anders. Da weiß jeder, was von ihnen erwartet wird. Auch in dieser Hinsicht, so läßt sich vermuten, waren sie bereits im Medienzeitalter angekommen, obgleich dieses noch gar nicht angebrochen war.

* Die Ehe mit Martha Schmellinsky, Tochter eines Klavierbauers, wurde am 7. Februar 1920 geschlossen. Am 18. Mai kam Tochter Hildegard Dora zur Welt

** Rosa Michel (1900-1990) lebte von MItte der 20er Jahre bis 1934 mit Ulbricht zusammen, ihre gemeinsame Tochter Rose Michel, genannt Mimi, wurde am 18. Juni 1931 geboren. Rosa Michel war in der französischen Resistance und nach dem Krieg Korrespondentin der »l'Humanité« in der DDR

Urlaub auf der Krim in den 60er Jahren

Sie litt mit unter der öffentlichen Demontage Ulbrichts, die Ende 1970 begann. Und das war nicht nur Selbstmitleid, weil sie gleich ihrem Mann quasi aus dem öffentlichen Verkehr gezogen und über beide Quarantäne verhängt wurde. Im Februar 1970, zwischen dem 14. und 16. Plenum, auf welchem Ulbricht abgesetzt wurde, schlug ihr das alles derart auf den Magen, daß sie mit einer schweren Gastritis das Bett hüten mußte. Und dies, obgleich doch beide bereits zur Kur weilten.

Die ADN-Meldung, mit der Honecker den Rücktritt des Ersten Sekretärs des ZK der SED von dieser Funktion bekanntgeben wollte, nahmen beide zur Kenntnis. Dann legte Lotte Ulbricht Hand an den Text und versuchte, die denunziatorischen Kanten ein wenig zu glätten. Sie tippte eine neue Fassung und schickte diese zurück ins Große Haus. Es scheint, als habe die Redaktion keine Beachtung erfahren.

Zum Kaffee im Garten der Womackas auf der Insel Usedom

Auch nach dem Tode ihres Mannes, sprichwörtlich bis zum letzten Atemzug, kämpfte sie um seine Rehabilitierung und damit auch um ihre eigene. Nach außen ließ sie jedoch nichts dringen. Es gibt keine öffentliche Erklärung und kein Interview, in welchem sie sich kritisch zum Nachfolger und dessen Politik äußerte. Auch in dieser Hinsicht übte sie Parteidisziplin. Sie war loyal bis zur Selbstverleugnung. Erst in den 90er Jahren, und auch da nur in den Aufzeichnungen daheim, die sie sich als Stichworte notierte, kündigte sie sich das selbstverordnete Schweigeverbot auf.

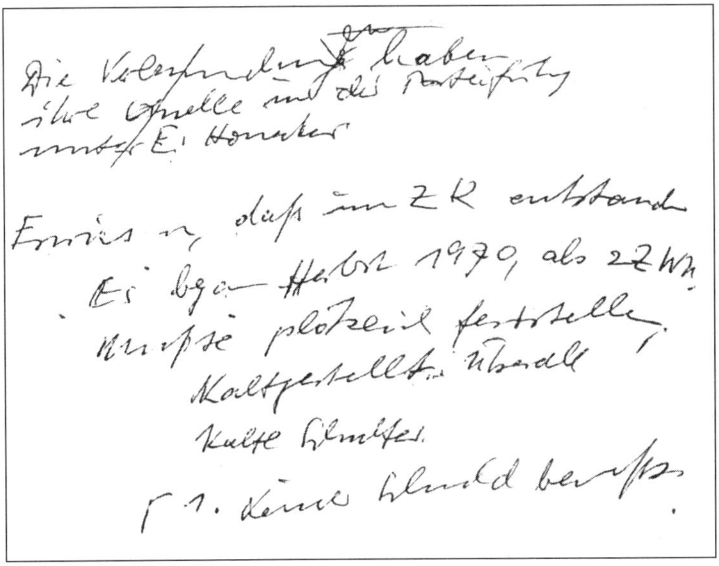
Die Verleumdungen haben
ihre Quelle in der Parteiführung
unter E. Honecker

Erwiesen, daß im ZK entstand
Es begann Herbst 1970, als WU
mußte plötzlich feststellen,
kaltgestellt überall
kalte Schulter.
1. keiner Schuld bewußt.

Faksimile einer handschriftlichen-Notiz Lotte Ulbrichts: »Die Verleumdungen haben ihre Quelle in der Parteiführung unter E. Honecker Erwiesen, daß im ZK entstanden Es begann Herbst 1970, als (…) WU mußte plötzlich feststellen, kaltgestellt überall kalte Schulter. 1. keiner Schuld bewußt«

## *Die Tochter*

Die Mutter von Lotte Kühn kam im schlesischen Wronke, Kreis Samter, am 2. Juli 1874 zur Welt. Sie wurde auf den Namen *Elisabeth Marie Hedwig Bressel* getauft. Später ging sie nach Berlin, heiratete dort den zugewanderten Hilfsarbeiter Albert Kühn. Dieser starb während des Ersten Weltkriegs. In der Weimarer Zeit ehelichte die Witwe Kühn den Witwer Sucker, der sechs Kinder mit in die Beziehung einbrachte.

Lotte Ulbricht schrieb anläßlich des Internationalen Frauentages 1964 einen sehr persönlichen, sehr berührenden Beitrag »Was ich meiner Mutter verdanke«. Der Text der damals 62jährigen erschien in der Frauenzeitschrift »für dich« 10/1964 und verrät mehr

Elisabeth und Albert Kühn mit ihren Kindern Margarethe, Bruno und Lotte, um 1908

über die Autorin denn über die Porträtierte. »(...) Zu den Ausgezeichneten gehört sie nicht. Wie sollte sie auch, die 1945 bereits die Siebzig überschritten hatte und heute kurz vor der Vollendung des 90. Lebensjahres steht.

Das schwere Leben voller Sorgen und Mühen hat ihren Rücken gebeugt. Ihre Hände sind geschwollen und tragen die unverwischbaren Spuren harter Arbeit. Die Daumen sind vom jahrzehntelangen Melken buchstäblich verbogen. Auch wollen die Füße den immer schwächer werdenden Körper nicht mehr tragen. Aber die Gebrechen des Alters haben ihren Lebensmut nicht gebrochen. Trotz des schweren Lebens, das ihr wenig Freude, dafür aber zweimaliges Witwentum, jahrelange Ungewißheit über das Schicksal ihrer Kinder, Flüchtlingselend und die Trauer um ihren einzigen

Jungen beschert hat, ist ihr Geist noch frisch und für das Neue unserer Zeit stets aufnahmebereit.

Ich weiß, das ist bei uns nichts Besonderes. Viele Zehntausende, wenn nicht Hunderttausende solcher alten Omis haben wir, die bis ins hohe Alter hinein unermüdlich die Hände rühren und so im verborgenen mithelfen, unsere neue Zeit zu gestalten. Ihnen allen wollen wir danken, indem wir auch ihnen den Internationalen Frauentag zu einem wirklichen Festtag werden lassen.

Vor längerer Zeit stellte mir eine Zeitschrift die Frage: Welchen Einfluß hatte Ihr Elternhaus auf Ihre Entwicklung? Voreilig, wie wir Menschen manchmal sind, sagte ich: gar keinen. Über Politik oder gar vom Sozialismus wurde bei uns zu Hause nicht gesprochen, nur von den immer steigenden Preisen, vom Immer-mehr-sparen-Müssen, auch mal von Bankenkrachs und später – während des Krieges – von den Siegen und dann von den Verwundeten und Gefallenen. Im übrigen hatte ich seit meinem 16. Lebensjahr – nachdem meine Mutter aufs Land gezogen war* – auf eigenen Füßen gestanden. Welchen Einfluß konnte also das Elternhaus auf meine Entwicklung, unter der ich vor allem die politische verstand, genommen haben?

* In ein Dorf nahe der polnischen Grenze, das vermutlich Kreutz-Schwenten hieß. Dort hatte Sucker, dessen Vornamen wir nicht wissen, einen kleinen Bauernhof

Die Frage ließ mich jedoch nicht los, sie zwang mich zum Nachdenken. Und ich kam zu der Erkenntnis, daß ich die Dinge zu einfach gesehen hatte. Je mehr ich über meine eigene Entwicklung nachdachte, desto mehr gelangte ich zu der Erkenntnis, daß gerade meine Entwicklung ein Beweis dafür ist, wie sehr die Eltern durch ihr eigenes Verhalten die Charaktereigenschaften ihrer Kinder von frühester Jugend beeinflussen. *(Diese wie auch die nachfolgenden Unterstreichungen – mit Rotstift – erfolgten später durch die Autorin in ihrem Belegexemplar – d. Hrsg.)*

Wir waren drei Geschwister. In Temperament, Auffassungsgabe und sonstigen Eigenarten waren wir, wie das allgemein der Fall ist, verschieden. Aber einige Eigenschaften waren uns allen gemeinsam, die wir unseren Eltern, vor allem unserer Mutter, verdanken. Was waren das für Eigenschaften, die sie uns in den Kinderjahren anerzog?

In erster Linie – die Liebe zur Arbeit als etwas Lebensnotwendigem. Daß Vater arbeiten ging, das lag in der Ordnung der Dinge; er war ja der Ernährer der Familie, der »Haushaltsvorstand«. Aber auch unsere Mutter sahen wir von unserer frühesten Kindheit an stets arbeiten. Tag für Tag bis in den späten Abend hinein stopfte

Arbeit als etwas Lebensnotwendiges. Die 52jährige Mutter am Waschzuber, 1926

sie zuerst Stoffpuppen oder Nadelkissen aus. Dann holte sie sich Näharbeit ins Haus, später sogar Mäntel. Kurz vor dem Kriege versuchte sie es mit einem kleinen Seifenladen und war schließlich während des Krieges Briefträgerin. So wurde auch uns Kindern das Arbeiten als eine selbstverständliche Voraussetzung zum Leben.

Da Mutter arbeitete, mußten wir Kinder einen großen Teil der Hausarbeit erledigen. Natürlich hätte ich oft lieber auf der Straße gespielt, aber unsere Mutter war unerbittlich: erst die Schularbeiten, dann die Hauswirtschaft und dann das Spielen. Wehe, wenn das Geschirr nicht richtig abgewaschen, die Stube nachlässig gewischt oder die Schuhe schlecht geputzt waren. Da hieß es eben: noch einmal machen. Und da unsere Mutter uns viele kleine ›Kniffe‹ beibrachte, wie es besser und schneller ging, lernten wir mit der Zeit, alles nicht nur gründlich, sondern auch schnell zu tun.

Noch etwas verdanken wir unserer Mutter – das ist die Liebe zum Lernen. Obwohl unsere Mutter nur eine vierklassige Kleinstadtschule besucht hatte, las sie für ihr Leben gern. Sie hatte weder Zeit noch Geld, irgendwelche Kurse zu besuchen (abgesehen von

Witwe Kühn, inzwischen Sucker, Anfang der 30er Jahre

einem Zuschneidekursus, für den sie lange sparen mußte), doch sie lernte aus allem – aus Büchern, Zeitschriften und von anderen. So eignete sie sich große Kenntnisse im Kochen und Schneidern an, so daß sie für fremde Haushalte kochen und sich noch im Alter von 85 Jahren einen Mantel schneidern konnte.

Unsere Mutter konnte eigentlich alles. Wenn es nicht gleich gelang, tüftelte und knobelte sie so lange, bis es ihr gelang. So lernten wir von ihr, daß es sich lohnte, seinen Kopf anzustrengen, immer mehr wissen zu wollen und auch vor Neuem keine Angst zu haben. Das Lernen wurde uns Kindern – ohne daß wir es merkten – zu einem Lebensbedürfnis. Jeder von uns könnte das an seinem eigenen Leben beweisen (...)

Viele Frauen, mit denen ich bisher zusammentraf, wissen, daß ich immer wieder sage: Ihr müßt dranbleiben – in der Ehe und bei der Erziehung der Kinder, aber auch beim Lernen und beim Durchsetzen eurer Rechte. Auch diese Hartnäckigkeit verdanke ich meiner Mutter. Sie hat uns durch eigenes Beispiel eingeprägt, daß man jede angefangene Sache zu Ende führen muß, daß man nicht auf

Elisabeth Sucker, 1945

halbem Wege stehen bleiben darf. Sie duldete keine halbe Arbeit und auch kein halbes Lernen. Als Kinder haben wir das oft nicht begriffen und aufbegehrt – heute sind wir ihr dankbar dafür.

Wie ich schon anfangs bemerkte, hatte meine Mutter ein schweres Leben. Trotzdem sahen wir sie nie mutlos, auch nicht während der langjährigen schweren Krankheit unseres Vaters. Für sie gab es keine ausweglose Lage. Sie liebte die Geselligkeit, und sei es auch nur die eines einfachen Waldlokals, wo man für wenige Pfennige seinen mitgebrachten Kaffee aufbrühen konnte. So hat sie in uns Kindern den Keim zu einem unverwüstlichen Lebensoptimismus gelegt, der uns nie verlassen hat und auch meinem Bruder bis zum letzten Tag seines Lebens eigen war.

Eigentlich ist an meiner Mutter nichts Besonderes. Wie Millionen Arbeiterfrauen hat sie das Leben gemeistert und alles getan, was in ihren Kräften stand, um ihre Kinder mit dem nötigen charakterlichen Rüstzeug zu versehen. Dafür ihr und allen Müttern unserer Republik an diesem Internationalen Frauentag unser besonderer Dank. (...)«

Elisabeth Sucker lebte im Haus der Ulbrichts und verschied dort, im Majakowskiring 28. Im Nachlaß Lotte Ulbrichts fanden sich

Lotte Ulbricht mit ihrer Mutter im Februar 1968

Der 89. Geburtstag. Mit Betreuerinnen im Veteranenheim Wendenschloß in Berlin, 2. Juli 1963. Dort hielt sich Elisabeth Sucker zeitweise auf, wenn Lotte und Walter Ulbricht im Urlaub waren

zwei handschriftliche Mitteilungen. Am 26. Juli 1968 dankte sie »Meinen lieben Kindern« für ein nicht näher bezeichnetes Geburtstagsgeschenk (»sie ist sehr gut u. hübsch und paßt auch, ich habe das doch gar nicht verdient«).

Das Schreiben ging an zwei Urlauber – »Ich freue mich, daß Ihr dort schönes Wetter habt, bei uns bleibt viel zu wünschen übrig«. Der kurze Brief endet schließlich mit einem gereimten Gruß: »Noch einem Kuß zum Schluß – Eure Mutter.«

»Für Lotte und Walter« steht auf dem zweiten Blatt, das nicht datiert ist und ausschaut, als habe man es aus einem Schulheft getrennt. »Meine lieben Kinder! Ich sage Euch Lebewohl auf Papier, es kann ja vorkommen, daß keiner hier ist, wenn ich mal die Augen zumachen sollte.

Bleibt gesund und alles Gute für die Zukunft und ein gutes Gelingen. Noch einen herzlichen und letzten Gruß. Mutter

Vielen vielen Dank für alles Gute, was mir von Euch zuteil wurde.«

Elisabeth Sucker starb am 26. November 1968 im 95. Lebensjahr.

Darauf kam Lotte Ulbricht am 9. August 1992 in einem Schreiben an Annelie Thompson* noch einmal zurück: »Unsere Mutter ist am 26.11.1968 im Haus 28 gestorben. Sie hat nicht gelegen, war nur die letzte Zeit so gebückt, daß sie nur noch im Haus gelebt hat

* Nichte Lotte Ulbrichts – Tochter ihrer Halbschwester Emmi Sucker, lebt seit 1969 in Texas

* Margarethe Winkler (1900-1986), Schwester von Lotte Ulbricht

(mit Grete* zusammen). Eines Nachts ist sie ruhig eingeschlafen. Ich habe immer ihre geistige Beweglichkeit bis zuletzt bewundert. Sie hat sich für alles interessiert, was in der Welt vor sich geht und war durch Rundfunk und Zeitung stets gut informiert.«

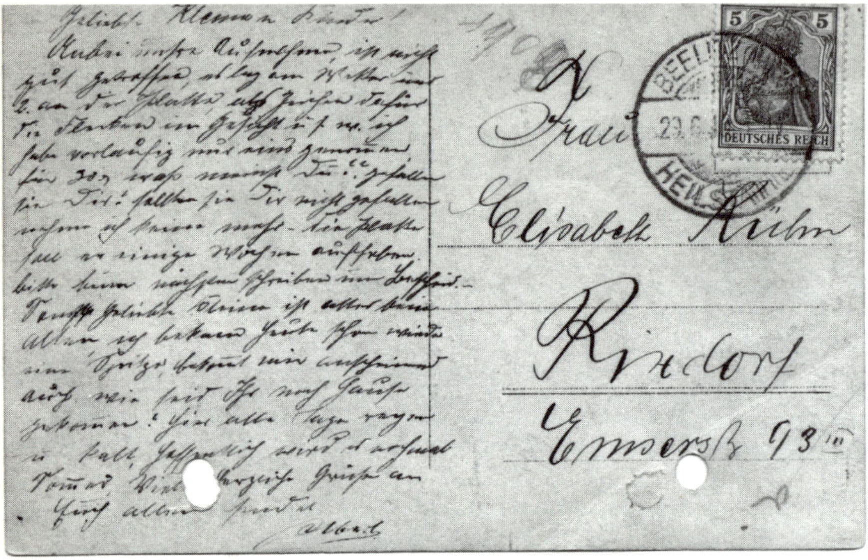


Postkarte des Vaters aus den Beelitzer Heilstätten, 1908

Über Albert Kühn, den Vater, ist wenig bekannt. Er wurde keine 45 Jahre alt und war oft krank. Die Postkarte vom späten Frühjahr 1908 schickte er aus den Heilstätten in Beelitz. Er litt wohl unter der Krankheit der armen Leute: Tuberkulose.

Das Verhältnis der Eltern zueinander muß sehr innig gewesen sein. »Geliebte Kleine« redete er seine Frau darauf an und berichtete ihr von der Spritze, die er heute noch bekommen würde.

Sparsam war auch er. Umseitig ist nämlich ein Foto zu sehen, das die ganze Familie zeigt (S. 42). Kühn schien mit der Aufnahme nicht zufrieden, denn er hatte, wie er schrieb, vorläufig nur einen Abzug genommen, nämlich diesen. Falls aber die Familie anderer Auffassung sei, würde er auch einen zweiten ordern, »bitte beim nächsten Schreiben um Bescheid«.

Der 1917 verstorbene Vater wie auch Stiefvater Sucker wurden später allenfalls noch in den Fragebögen erwähnt, die Lotte Kühn-Ulbricht in regelmäßigen Abständen ausfüllen mußte. Sie haben offenkundig in ihrem Leben allenfalls eine marginale Rolle gespielt und wenig Spuren hinterlassen.

*Die Schwester*

Lotte war das jüngste Kind der Kühns. Margarethe, nur Grete genannt, wurde am 4. Oktober 1900 in Rixdorf geboren. Ihr folgte am 17. Dezember 1901 Bruno.

Über Margarethe ist wenig bekannt. Sie heiratete und hieß dann Winkler. Kinder sind aus der Verbindung offenkundig nicht hervorgegangen, und wann diese endete, ist auch nicht mehr feststellbar. Nach dem Krieg war sie die »gute Seele« im Hause Ulbricht.

1992 schrieb Lotte Ulbricht an Annelie Thompson in Texas: »Grete ist am 26.8.86 kurz vor ihrem Geburtstag gestorben, an Herzschwäche. Sie war nur einen Tag im Krankenhaus. Ihren 85. Geburtstag haben wir noch groß gefeiert. An ihrem Tod hat Beate* ein gerüttelt Maß Schuld, weil sie ihr so viel Ärger gemacht hat. Grete war 1973 (soweit ich mich erinnere) nach Lichtenberg in eine schöne 1-Zimmerwohnung umgezogen, wohin auch Beate nach ihrer Rückkehr aus Leningrad gezogen war, d.h., sie wohnten Haus an Haus, und Grete hat sich sehr um die Kinder gekümmert – obgleich Beate kein Verständnis dafür hatte. Das Mädel *(Patricia, genannt Patzi, geboren am 3. Februar 1965 – d. Hrsg.)* ist bereits verheiratet, hat ein Mädchen *(Nicole, geboren am 8. September 1988 – d. Hrsg.)*, und der Junge *(André, geboren am 13. Januar 1969 in Leningrad – d. Hrsg.)* ist Brückenbauer bei der Eisenbahn. Beide haben noch Arbeit.«

* Adoptivtochter Beate, für die Grete besonders sorgte, worauf an anderer Stelle noch eingegangen wird

»Lottes Einsegnung« – Familienfeier im Hause Kühn 1917. In der Mitte die Konfirmandin, links von ihr die Mutter, und neben dieser Schwester Grete. Links außen Bruder Bruno

Die Mutter war zu Sucker aufs Land gezogen, in ein abgelegenes Dorf nahe der polnischen Grenze, wo dieser einen kleinen Bauernhof unterhielt. Grete war im Sommer oft dort. Aufnahmen aus den Jahren 1932 (oben), 1937 und zweimal 1935

Bruder Bruno war vermutlich der Mensch, der Lotte am nächsten stand. Er war »der große Bruder«, zu dem jüngere Schwestern immer stolz aufblicken. Zeitlebens hat Lotte Ulbricht sich dafür engagiert, daß sein Name nicht vergessen wurde. Gemeinsam mit Schwester Grete veranlaßte sie, das eine Broschüre* erschien. Pionierhäuser und NVA-Einheiten trugen seinen Namen. Sie hielt den Kontakt zu diesen Einrichtungen, reiste durchs Land und wurde nicht müde, auf den Beitrag ihres Bruders in der kommunistischen Kinder- und Jugendbewegung zu verweisen.

* »Er war Pionierleiter. Leben und Kampf des Berliner Arbeiterjungen Bruno Kühn«, Berlin 1961

Bruno hatte seine kleine Schwester mit 16 »an die Politik« herangeführt: Damals, kurz nach dem Krieg, schloß sie sich der Freien Sozialistischen Jugend an und las erstmals das Kommunistische Manifest. Bruno hatte bereits mit 13 als Bote Geld für die Familie verdienen müssen, er wurde Hilfsarbeiter bei Scherl, dem Zeitungsverlag. Dann Spartakist, 1921 Ziegeleiarbeiter in Zehdenick und schließlich Funktionär im Kommunistischen Jugendverband. Er arbeitete in der Vertriebsabteilung des Malik-Verlages und nebenbei als Pionierleiter. Er organisierte Ausflüge und Sommerlager für 500 Berliner und Brandenburger Kinder (»Klim Woroschilow« in Hammelspring, 1928). In jenem Jahr reiste er auch erstmals in die Sowjetunion und besuchte mit einer Delegation das Pionierlager »Artek« auf der Krim. Im Sommer 1929 war er zum zweiten Male dort. 1933 verhafteten ihn die Nazis, er kam aber wieder frei und flüchtete in die Sowjetunion. Von dort ging er nach Spanien, wo seit 1936 Internationale Brigaden an der Seite der Republikanischen Armee sich gegen die spanischen, deutschen und italienischen Faschisten zur Wehr setzten.

Bruno Kühn kämpfte, wie es in den DDR-Publikationen hieß, zunächst in der 13. Internationalen Brigade, und dann »bei den Partisanen«. Aus den Schilderungen läßt sich unschwer erkennen, was er gemeinsam mit wenigen Vertrauten tat. Er arbeitete im Rücken des Feindes, jagte Munitionslager in die Luft und kappte Telefonverbindungen, sprengte Brücken und malte Hammer und Sichel an Häuserwände. Und er kundschaftete die Verbindungswege des Gegners aus, seine Bewaffnung und die personelle Stärke.

1938 kehrte er in die Sowjetunion zurück. Er trat der Roten Armee bei. Und dann verloren sich Lotte und Bruno Kühn aus den Augen. Es gibt sehr unterschiedliche Aussagen. Einmal notierte Lotte Ulbricht, er sei 1938 erschossen worden, was den Verdacht nährte, er sei Opfer der »Tschistka« geworden. Viele Interbrigadisten

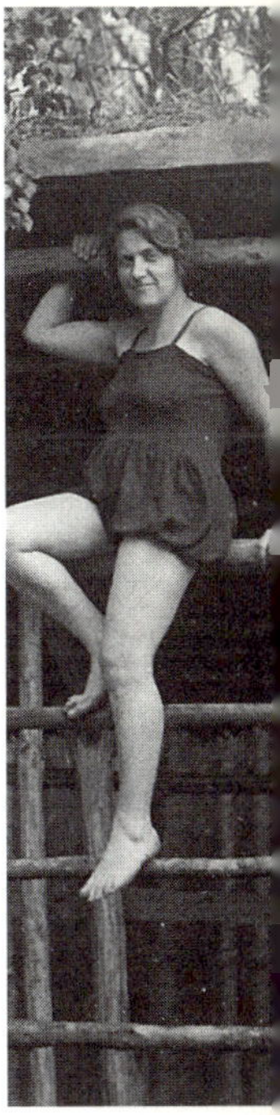

Schwester Margarethe, Mai 1932

Sommer 1928, im Pionierlager »Klim Woroschilow«. Im weißen Hemd: Max Hoelz (1889-1933), kommandierte 1920/21 bewaffnete Arbeitereinheiten im Vogtland und im Mansfeldischen, 1921 zu lebenslanger Haft verurteilt, 1928 freigekämpft und in die UdSSR übergesiedelt. Rechts neben ihm: Bruno Kühn

Die Entdeckung, wo und unter welchen Umständen ihr Bruder gestorben war, schien ihr so wichtig, daß sie dem ersten Mann im Staate sofort Mitteilung machte. Denn immerhin: Bruno Kühn spielte im antifaschistischen Selbstverständnis der DDR und bei der identitätsstiftenden Erbepflege eine beachtliche Rolle. Umso enttäuschender also das Schweigen Honekkers auf diese Nachricht. Es wird die Distanz zwischen beiden nur noch vergrößert haben.
Es gibt jedenfalls keine Solidaritätserklärung zu Erich Honecker nach 1990 von Lotte Ulbricht.

waren nach ihrer Rückkehr nicht sonderlich gelitten. Manch einer endete im GULag oder wurde erschossen. In anderen Fragebögen gab sie andere Jahreszahlen an. »Als Fallschirmspringer ermordet (wahrsch. 1941)« (1951); »Sowjetunion (Partisan) 1941 – v. Fasch. ermordet« (1970); »ermordet 1941« (1971). Die Angaben legten, auch wenn sie variierten, den Verdacht nahe, daß der Rotarmist Bruno Kühn im ersten Jahr des Überfalls auf die Sowjetunion gefallen war. Entweder an der Front oder hinter ihr, als Partisan. Die Wahrscheinlichkeit, daß er seinen internationalistischen Einsatz anschließend mit dem Tode bezahlen mußte, war also gering.

Lotte Ulbrichts »Erbepflege« beschränkte sich jedoch nicht nur auf die üblichen Tätigkeiten. Sie recherchierte weiter. Schließlich bekam sie dann doch heraus, wo ihr Bruder gefallen und beigesetzt worden war. Es ist nicht feststellbar, woher sie das erfuhr, was sie in einem Schreiben an Erich Honecker am 21. Juni 1989 mitteilte. »(…) Am 21.6.42 ist Bruno von einem englischen Flugzeug mit einem Funkgerät über holländischem Gebiet abgesprungen. Im Mai 1943 wurde er unter dem Decknamen ›Felix Müller‹ in Amsterdam von der Gestapo verhaftet und am 6. Juli 44 – gemeinsam mit dem Gen. Anton Winterink – auf dem ›Tir National‹ in Brüssel (Boulevard Auguste Reyers) erschossen und dort von der faschistischen Ortskommandantur beigesetzt.«

Diese Entdeckung war eine Sensation in mehrfacher Hinsicht. Sie wußte nunmehr, wie und wo ihr Bruder sein tragisches Ende gefunden hatte. Zum anderen aber verriet dieser Vorgang, daß im Kampf gegen Hitler selbst die sowjetischen und die britischen Geheimdienste kooperierten – denn wie sonst kam ein deutsch-sowjetischer Kundschafter mit einem britischen Flugzeug nach Holland? Im Kalten Krieg sprach man darüber nicht. Auch das wird wohl die Recherche von Lotte Ulbricht erschwert haben. Sie bat nun Honecker, den DDR-Botschafter in Belgien zu beauftragen, mit den dortigen Behörden (Adresse lieferte sie mit) Schritte zu unternehmen, »damit auf dem Grab 311 die Tafel ›Inconnu‹ *(unbekannt – d. Hrsg.)* ersetzt wird durch eine Tafel ›Bruno Kühn‹.« Sie schloß: »Lieber Erich! Ich wäre Dir sehr dankbar, wenn Du das Notwendige veranlassen würdest, und hoffe auf einen positiven Bescheid.«

Im Nachlaß fand sich keine Antwort von E. H.

Selbst wenn man in Rechnung stellt, daß er im Frühsommer 1989 gesundheitlich (und auch politisch) bereits schwer angeschlagen war: Das erklärt und entschuldigt diese Reaktion nicht.

*Lotte und Bruno Kühn. Er wurde postum am 2. Dezember 1988 als Kundschafter mit dem Orden »Roter Stern« ausgezeichnet*

*Die Mutter*

Lotte Kühn-Ulbricht konnte keine Kinder bekommen. Als sie in jenem Alter war, in dem Frauen ihre Kinder zur Welt bringen, arbeitete sie angestrengt und an exponierter Stelle. Zudem hatte sie verschiedene schwere Krankheiten erlitten, die nicht folgenlos geblieben waren. 1926 beispielsweise war sie in Moskau an Bauchtyphus erkrankt.

Gleichwohl wollte sie Mutter sein. So bemühte sie sich um ein Adoptivkind. Mit Hilfe des sächsischen Jugendamtes bekam sie es.

Beate kam am 6. Mai 1944 in Leipzig als Maria Pestunova zur Welt, bei der Mutter handelte es sich wahrscheinlich um eine russische Zwangsarbeiterin, die in Leipzig bei einem Bombenangriff ums Leben gekommen war. Das Schreiben an Frau Pietsch von der Sozialfürsorge in Dresden vom 20. März 1947 sagt viel aus: über das Kind und über das Verhältnis der Mutter zu ihm.

Spätes Mutterglück: mit Adoptivtochter Beate im August 1948

»Liebes Fräulein Pietsch!

Ich hatte Ihnen zwar in meinem Brief von Mitte Januar, mit dem ich Ihnen den Empfang der Dokumente bestätigt hatte, versprochen, ›recht bald‹ ausführlicher zu schreiben, habe aber mein Wort nicht gehalten. Seien Sie mir bitte deswegen nicht böse, ich habe sehr viel zu tun.

Nun zu der Kleinen. Ich glaube, Fräulein Pietsch, wenn Sie sie sehen würden, Sie würden sie nicht erkennen, oder höchstens an dem lebhaften Mienenspiel und den schönen braunen Augen. Doch werde ich versuchen, der Reihe nach zu berichten.

Gesundheitszustand:

Beate (wie sie bei uns heißt) ist von Geburt her offenbar ein kräftiger Schlag. Sie hat etwas derb Bäuerliches an sich, ißt alles, was die Kelle gibt, und besonders gern Brot, Kartoffeln, Fleisch und dergleichen. Sie ist in dem einen Jahr sehr stark gewachsen, um mindestens dreißig Zentimeter. Jetzt ist sie 89 cm lang. Ihr Gewicht beträgt jetzt 29 Pfund. Der aufgetriebene Leib ist ganz verschwunden, die Beinchen sind ganz gerade, nur das eine ist ganz wenig x-beinig. Aber das wird sich sicher auch noch geben. Auch eine gewisse Skorfulose, die sich ganz selten an den Augen bemerkbar macht, wird in diesem Sommer bestimmt endgültig vergehen. Das Aussehen der Kleinen ist gegenwärtig ausgezeichnet, sie hat runde Pausbacken und immer Farbe (während sie im vorigen Sommer immer bleich war). Wie gesund sie ist, beweist am besten die Tatsache, daß sie – kaum die Augen aufgemacht – anfängt zu singen, plaudern und vor allem zu spielen. Selbst der Bettzipfel reicht ihr zum Zeitvertreib.

An Krankheiten hat sie eigentlich wenig durchgemacht. Im Sommer hatte sie einen leichten Keuchhusten, im Winter eine leichte Erkältung. Ausgesprochene Sorgen machte uns monatelang nur der Darm. Durch die dauernd flüssige und einförmige Ernährung (ich erinnere Sie daran, daß sie mit 1 3/4 Jahren nicht wußte, was beißen und kauen ist) war der Darm in völliger Unordnung. Erst seit dem Spätherbst ist er in Ordnung. (Diese Tatsache scheint darauf hinzudeuten, daß die früheren Pflegeeltern es hauptsächlich auf die Kinderkarte abgesehen hatten.) Die falsche Ernährung hatte übrigens auch zur Folge, daß sie im Sommer, nachdem sie begonnen hatte, tüchtig herumzulaufen, zu hinken anfing. Die Röntgenaufnahmen ergaben ›Schattierungen der Weichteile im rechten Hüftgelenk‹, hervorgerufen durch Ernährungsstörungen. Mit Hilfe von

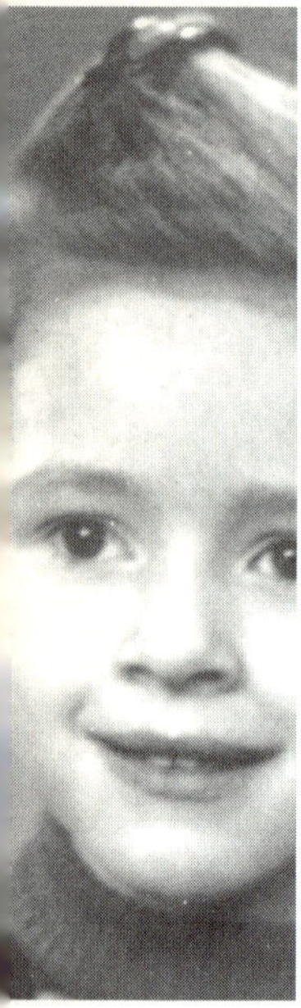
Beate, März 1950

reinem Lebertran, frischem Obst und Gemüse und möglichster Schonung des Beines konnten wir auch diesen Schaden beheben. Wir sind überzeugt, daß diesen Sommer Sonne und frische Luft, die sie im Garten den ganzen Tag genießen kann, alle irgendwie vorhandenen Reste des früheren Zustandes verschwinden lassen werden, darunter auch die von Nervosität, die offenbar auf durchlebte Bombennächte zurückzuführen war.

Der Appetit ist übrigens ausgezeichnet und unverändert groß. Die Gier ist allerdings verschwunden, aber wenn sie Hunger hat, muß sie essen. Dafür weiß sie auch, wann sie satt ist und ißt nicht zwischen den Mahlzeiten. Mengenmäßig ißt sie oft mehr als ich, z. B. ist es mir unmöglich, vier Stullen hintereinander zu essen, wie sie es tut. Auch beim Essen macht sie einem Freude: Sie ißt hintereinander weg und läßt sich nicht ablenken. (Allerdings haben wir sie von Anfang an daran gewöhnt, ihr Tischchen vor dem Essen abzuräumen und keinerlei Spielzeug während des Essens bei sich zu haben.)

Charakter

Beate ist ein außerordentlich liebenswertes Kind. Sie ist immer freundlich, dabei temperamentvoll und energisch, phantasiebegabt und sehr intelligent – nach meinem Dafürhalten sogar überdurchschnittlich. Was man ihr einmal gesagt oder gezeigt hat, behält sie und erinnert sich daran. Sie hat eine große Hochachtung vor der Arbeit (da bei uns außer meiner Schwester, die sie betreut, und meiner 73jährigen Mutter alle arbeiten). Sie selbst scheuert und putzt, wo sie kann, hilft mir beim Umziehen, wenn ich abends nach Hause komme, bürstet meinen Mantel, hebt – ohne daß man sie dazu auffordert – auf, was zur Erde fällt (von ihren eigenen Sachen gar nicht zu reden). Mit Vorliebe führt sie kleine Bestellungen aus. Wenn jemandem von uns etwas weh tut, zeigt sie echtes Mitgefühl, tut sie jemanden aus Versehen oder in temperamentvollem Schwung etwas weh – was selten vorkommt –, so streichelt sie die Stelle und liebkost sie und fragt noch am nächsten Tag, ob es auch wirklich nicht mehr weh tut. Sie telefoniert gern und macht sich schon gut verständlich. Anderen gegenüber ist sie zutraulich und freundlich.

Sie war natürlich auch in ihrer geistigen Entwicklung um mindestens ein Jahr zurück, hat jedoch in diesem einen Jahr fast alles nachgeholt. Daher spricht sie zwar alles, aber noch mit vielen Fehlern, und wir quälen sie nicht. Wenn sie aber ein Wort richtig aussprechen gelernt hat, ist sie sehr stolz.

Juli 1952 – Beate mit 8, Lotte Ulbricht mit 49 Jahren

Da sie fast nur mit Erwachsenen zusammen ist, macht sie natürlich alles nach, was diese tun. Altklug ist sie jedoch nicht. Mit drei Jahren kommt sie außerdem in einen ausgezeichneten Kindergarten (Fröbel-Kindergarten), auf den sie sich schon sehr freut, ohne jemals in einem gewesen zu sein. Außerdem sympathisch an der Kleinen ist, daß sie immer und mit allem spielt. Sie hat nur das notwendigste Spielzeug, begnügt sich aber mit dem einfachsten Band und spielt alles nach, ohne überhaupt etwas in der Hand zu haben. Trotz dieses starken Spieltriebs sieht und hört sie allerdings alles, was um sie herum vorgeht (sogar wenn etwas überkocht). Dieses unnatürliche Aufmerksamkeit ist anscheinend auf die durchlebten

Als Junger Pionier mit der Mutter auf dem Eis, vermutlich 1953/54

Bombennächte zurückzuführen und gibt sich vielleicht durch den Aufenthalt im Kindergarten. Ich muß übrigens noch darauf hinweisen, daß Beate in bezug auf Temperament, Beweglichkeit und Handwerklichkeit ausgesprochene Jungenzüge aufweist.

Hiermit, liebes Fräulein Pietsch, dürfte ich Ihnen die wichtigsten Vorzüge unserer kleinen Tochter aufgezählt haben. Da sie der Familie herzlich zugetan ist und jeden von uns auf ihre Weise gern hat, herrscht in unserem Haus ungetrübte Freude. Sie wird von ständig gleichbleibender Liebe umgeben, ohne verzogen oder verwöhnt zu werden. (Als Beweis dafür diene Ihnen die Tatsache, daß schon eine saubere Schürze oder sauberer Strumpf ihr helles Entzücken auslösen oder daß sie gewöhnt ist, ein Stück Zucker, das sie – aufgrund des bis in den Winter hineindauernden Angewöhnens eines regelmäßigen Stuhlganges – beim Großmachen erhält, eingewickelt in der Hand zu halten, ohne es aufzuessen, bevor sie fertig ist.)

Da meine Schwester geprüfte Fröbelkindergärtnerin mit langjähriger Praxis ist, wird sie vernünftig erzogen. Wir versuchen alle guten Eigenschaften sorgfältig zu pflegen und alle Ansätze von Rücksichtslosigkeit, Selbstsucht und Eigensinn, wie sie ja allen Kindern eigen sind, zu dämmen – ohne zu schurigeln. Und so bin ich überzeugt, daß wir ein Menschlein heranziehen, das einmal ein wertvolles Glied unseres neuen Deutschland sein wird, nämlich ein Mensch, der mit beiden Beinen, aber auch mit fröhlichem, mitfühlendem Herzen im Leben seinen Mann steht.

Hiermit hoffe ich Sie zufriedengestellt zu haben, Fräulein Pietsch. Wenn Sie noch weitere Einzelheiten aus dem Vorleben der Kleinen bis zur Übergabe an uns feststellen, teilen Sie es mir bitte mit. Im übrigen hoffe ich recht sehr, daß Sie noch einmal Gelegenheit haben werden, sich persönlich von der ausgezeichneten Entwicklung, die die Kleine durchgemacht hat, zu überzeugen. Falls ich für die spätere Adoption von ihnen noch Unterlagen benötige, bitte ich mir diese gelegentlich zuzusenden.

Mit vielen Grüßen und unvergeßlichem Dank für Ihre seinerzeitige Hilfe

Ihre

Lotte Ulbricht

PS: Ich bekam in diesen Tagen folgenden Brief von der Bezirksverwaltung III der Stadt Dresden, Zeichen B/III/52, unterschrieben von Oehmigen, der folgendermaßen lautet (vom 13.3.):

Wir bitten Sie, uns mitzuteilen, ob sich das Kind Maria Pestunova bei Ihnen in Adoptionspflege befindet.

Für ihre baldige Antwort etc.

Mir ist nicht klar, warum plötzlich eine Bezirksverwaltung die Frage stellt, und wäre Ihnen sehr dankbar, wenn Sie beiliegende Antwort weitervermitteln würden, falls Sie es für notwendig halten. Noch einmal

Beste Grüße

Ihre Lotte Ulbricht

Anlage

Rat der Stadt Dresden / Bezirksverwaltung III

Soziale Fürsorge/ Jugendamt

Dresden A. 29 / Lübeckerstr. 12

August 1955: im Tierpark Berlin-Friedrichsfelde

Wie sich zeigte, stand zwei Jahre nach Kriegsende der deutsche Amtsschimmel bereits wieder gut im Futter und beschäftigte die Mitmenschen

Betr. B III/52/Pestunova

In der Beantwortung Ihres Schreibens vom 13.3.47 bestätige ich Ihnen, daß sich das Kind Maria Pestunova (gen. Beate Ulbricht) bei mir in Adoptionspflege befindet.

Hochachtungsvoll

Lotte Ulbricht

Beate »wuchs mit den Vor- und Nachteilen einer Funktionärsfamilie auf«, sagte Ursula Benjamin am Grabe von Lotte Ulbricht. »Das prägte ihr Leben und endete letztlich tragisch und wirkte auch nachhaltig für ihre Kinder Patricia und André.«

Früher sagte der Volksmund: »Pastors Kinder, Müllers Vieh – gedeihen selten oder nie.« Damit meinte man wohl, daß ein Übermaß nicht guttue, egal, ob es sich um Zuwendung oder Futter handelte. Im Realsozialismus, als Parteifunktionäre die modernen Seelsorger geworden waren oder sich für solche hielten, hatten sie auch dieses Los übernommen: Sie versuchten durch ein Übermaß an Zuwendung aus ihrem Nachwuchs die Besten zu machen. Dies artete mitunter in eine fürsorgliche Belagerung aus. Bei Beate – immerhin war sie die Tochter des ersten Mannes im Staate – schien das wohl so gewesen sein. Es durfte nichts schiefgehen. Auch ohne *Yellow Press* gab es ein öffentliches Interesse. Deshalb mußte Beate eine gute Schülerin, ein guter Pionier, eine gute Studentin sein.

Sommer 1954, im Garten des Hauses in Pankow

Bei Tante Emmi Dölling, Lotte Ulbrichts Freundin, zu Besuch im Garten. 1953

Damit, so ist zu vermuten, kam Beate nicht klar. Sie war permanent überfordert. Und sie versuchte auszubrechen. Das gelang. Total. Sie brach am Ende gleich mit der ganzen Zivilisation …

Nach dem Besuch der Russisch-Spezialschule in der Pankower Kissingenstraße ging Beate zunächst zum Studium nach Leningrad, heiratete den italienischen Kommilitonen namens Matteoli, die Ehe ging in die Brüche und wurde 1966 geschieden.* Die zweite – im Mai 1968 mit Polkownikow, einem Russen, geschlossen – war auch nicht sehr glücklich. Am Ende verfiel sie völlig dem Alkohol. In der Nacht vom 5. auf den 6. Dezember 1991 wurde sie in ihrer verwahrlosten Wohnung in Berlin-Lichtenberg erschlagen und drei Tage vor Heiligabend bestattet. Den oder die Mörder fand man nicht.**

Lotte Ulbricht litt seit Jahrzehnten sehr darunter, daß sie es offenkundig nicht vermocht hatte, Beate hinlänglich auf das Leben vorzubereiten, an dem sie dann scheiterte. Sie blieb auch der Beisetzung fern. Gleichwohl hielt »Bea«, wie Lotte Ulbricht sie liebevoll bis zuletzt nannte, Kontakt zur Mutter. Am 31. Dezember 1988 schickte sie eine Karte: »Liebe Mutti! Alles erdenkliche Gute, stete Gesundheit und viel Freude im neuen Jahr wünscht Dir Deine Beate nebst Cindy (mein Wauwau).« Zum Internationalen Frauentag, am 8. März 1989, »gratuliert Dir, liebe Mutti, Deine Beate. Möge dieser Tag Dir Freude bringen«.

Am 19. April 1989 traf eine Glückwunschkarte ein: »Alles erdenkliche Gute zu Deinem Geburtstag. Mögest Du noch recht lange gesund bleiben und noch viel Freude haben. Dies wünscht Dir Deine Beate.«

* Beate studierte Geschichte und Russisch und heiratete den Sohn eines italienischen KP-Funktionärs. Die Verbindung war nicht gewünscht und Lotte Ulbricht hätte es gern gesehen, wenn aus dieser Beziehung kein Kind hervorgegangen wäre.

** Kurz vorher hatte sie für ein fürstliches Honorar einer Illustrierten ein Interview gegeben, das sich gegen Lotte Ulbricht richtete. Offenkundig ging die Auseinandersetzung mit Todesfolge unter den Trinkern um eben jenes Geld

Im Juli 1963 besucht Beate (Mitte) gemeinsam mit Tante Grete (mit Sonnenbrille) die Hermannshöhle bei Rübeland im Harz

Die kurzen Floskeln verraten wenig über das Seelenleben und den Zustand der Mittvierzigerin, deren Handschrift man zwar als ausgeschrieben, aber auch als kindlich bezeichnen kann. Aufschlußreicher ist ein Schreiben an Lotte Ulbricht vom 27. Januar 1989, in welchem die offenkundig mit der Betreuung der Adoptivtochter beauftragte Freundin Erna Zschorn über die aktuelle Lage berichtete: »Liebe Lotte! Telefonieren oder schreiben, das war jetzt für mich die Frage. Ich habe mich für das Zweite entschieden. Sicher wartest Du auch auf eine kleine Information.

Ich mußte mit Beate meine Ärztin aufsuchen. Beate hatte bis in die Oberschenkel eine Wasseransammlung, sie konnte kaum gehen. Auch die Finger waren ganz dick. Wir hatten dann bei Genn. Dr. Böhm eine Konsultation von über 2 Stunden. Durch Medikamente ist es jetzt wesentlich besser geworden. Am Dienstag, dem 31., ist sie wieder bestellt. Eine umfangreiche Laboruntersuchung fand ebenfalls statt.

Gemeinsamer Urlaub auf der Krim und Ausfahrt auf dem Schwarzen Meer, 1963

31. März 1968: Hochzeit in Leningrad mit Polkownikow. Er kam nicht mit in die DDR. Beate schloß das Studium nicht ab, begann bei ADN zu arbeiten, wechselte dann in die Schuhproduktion (VEB Goldpunkt) und wurde schließlich Gelegenheitsarbeiterin

Da die Ärztin die Weiterbehandlung von einer Versicherung abhängig gemacht hat, waren wir auch bei der Staatlichen Versicherung. Die Versicherung, die die ärztliche Betreuung ermöglicht, ist jetzt abgeschlossen.

Genn. Dr. Böhm hat mit ihr sehr ernsthaft über das Grundproblem ihrer Lage gesprochen. Beate war erstaunt, wie sie nur darauf kommen würde.

Nun ja, ich bin erst mal froh, daß wir beim Arzt waren und auch ein Versicherungsschutz besteht.

Das leidige Kohlenproblem hat mich sogar mit dem ABV* zusammengebracht. Die Nachbarin hatte ihn eingeschaltet, weil sie sich im Recht glaubt, über den Keller von Beate verfügen zu dürfen. Aber das nur nebenbei, geklärt ist die Sache noch nicht.

Gestern hat Beate, auf dem Weg zur Arbeit – noch bei der Post** – mich angerufen. Sicher wird sie bei Dir in den nächsten Tagen auch anrufen.

Liebe Lotte, manchmal drängt sich mir die Frage auf, wo und wie ist sie eigentlich glücklicher, in geordneten Verhältnissen, oder so, wie sie jetzt lebt? Wenn ich mir sie so betrachte, mit ihr über verschiedene Probleme rede, dann habe ich bald den Eindruck, sie fühlt sich so wohl.

Nun will ich für heute schließen.

Mit vielen lieben Grüßen verbleibt Deine Erna«

* Abschnittsbevollmächtiger der Volkspolizei, heute Kontaktbereichsbeamter

** Im Hauptpostamt am Ostbahnhof wurden nachts von Stundenkräften Pakete sortiert. Dort arbeiteten ohne Festanstellung und Sozialversicherung, worauf auch der Hinweis im Brief hindeutet, meist sogenannte Asoziale für ein paar Mark

Ende der 60er Jahre: Opa Walter mit Tochter Beate und Enkelin Patricia

*Die Oma*

Leningrad, 29. Mai 1968: Polkownikow und Patricia

Von Patricia, genannt Patzi, finden sich viele Briefe, Karten und Kinderzeichnungen im Nachlaß. Die Tochter von Beate Matteoli schrieb vornehmlich in den 70er und 80er Jahren oft und gern an »die kleine Omi«. Sie berichtete aus dem Pionierlager, von der Schule und der Berufsschule und aus dem Internat, in das sie und ihr drei Jahre jüngerer Bruder eingewiesen worden waren, weil der Mutter das Sorgerecht genommen wurde. Das Verhältnis zur Mutter war keines. Am 14. Juli 1984 hieß es im Postskriptum: »Im übrigen, die Frau Matteoli ist jetzt aus ihrem ›Miststall‹ in der Elli-Voigt-Straße 8 ausgezogen und wohnt jetzt in der Straße nicht weit von Andrès Heim. Sie wohnt dort, wo ich früher in der Tagesstätte gearbeitet habe.«

Die Omi überwies ihr monatlich 100 Mark und unterstützte sie bei größeren Anschaffungen. Sie besorgte ihr eine kleine Wohnung, damit sie aus dem Internat ausziehen konnte.

Wenn publik wurde, daß sie aus einer bekannten Familie kam, gab es unterschiedliche Reaktionen. Angenehm waren ihr alle nicht. Am 24. August 1983 berichtete die 18jährige, daß sie seit gestern in einem neuen Internat sei. »Es ist für mich eine sehr große Umstellung. Heute bin ich gegen 10 Uhr aufgestanden und bin gleich in Ausgang gegangen. Ich bin im Moment wieder in Depression verfallen, aber ich hoffe, das wird sich wieder legen.« Dann schrieb sie, daß sie am Vortag von einem Jungen gefragt worden sei, »ob es stimmt, daß ich die Enkelin von Walter Ulbricht bin. In dem

»Für meine kleine Omi Lotte«, Zeichnung von Enkelin Patricia zum Weihnachtsfest 1978

Moment wurde ich so verlegen und sagte auch, daß es stimmt. Nun kannst Du Dir ja vorstellen, daß das gleich weitergetratscht wird und die meisten aus Neugierde zu mir kommen werden. Das macht mich schon wieder ganz fertig.«

Der letzte aufgefundene Brief datiert vom 25. April 1989. Der Anlaß für die harsche Reaktion ist nachvollziehbar. Lotte Ulbricht nahm ihre Enkelin von ihrem fortgesetzten Bemühen nicht aus, die Umwelt aufzuklären. Sie wollte helfen und meinte, dies geschehe am besten, wenn man Wissen vermittelte. Schließlich las sie selbst unablässig nicht nur Literatur und Tageszeitungen, sondern auch Ratgeber. Das Leben war für Lotte Ulbricht eine unablässige Entdeckungstour. (Man studiere nur ihr »Gesund Altwerden. Weg-

Patricia, September 1981

weiser für die zweite Lebenshälfte«, erschienen 1971, und ihre intensiven roten Unterstreichungen im Kapitel »Geistige Aktivität«).

Und da Lotte Ulbricht von dem Grundsatz ausging, daß das, was sie als hilfreich empfand, auch von anderen so gesehen werden würde, pflegte sie diese auch daran teilhaben zu lassen. Das stieß nicht immer auf ungeteilte Zustimmung. »Deine Zeitungsausschnitte machen mich noch verrückt«, schrieb also am 25. April 1989 die empörte junge Mutter und Enkelin Patzi, vor allem die Unterstreichungen mit rot. »Ich glaube, ich weiß genau, wie ich mein Kind erziehe. Denn gerade ich habe von meiner Kindheit nicht viel erlebt und es war für mich auch keine schöne Vergangenheit. Deswegen versuche ich es ja, es meinem Kind besser zu machen.«

Opa Walter mit Enkelin Patricia und Tochter Beate, 1967

Oma Lotte Ulbricht mit den Enkeln André und Patricia zu Besuch bei Emmi Dölling, 1983

Dieser Konflikt scheint nicht atypisch zwischen jungen Müttern und reiferen Frauen zu sein. Aber immerhin: Patzi begehrte auf und wehrte sich gegen die Unterstellung, keine gute Mutter zu sein. Vermutlich wollte sie der »kleinen Oma« nur die Sorge nehmen, sie würde auf den gleichen Weg geraten wie ihre Mutter.

Beates zweites Kind wurde am 13. Januar 1969 in Leningrad geboren. André korrespondierte gleichfalls mit der Oma. Es gibt Kinderzeichnungen, Briefe und Karten, auch vom NVA-Soldaten. Er besuchte Lotte Ulbricht bis ins hohe Alter.

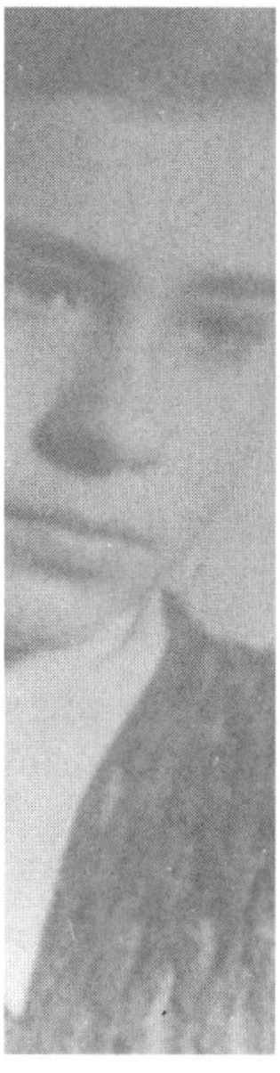

Rose Michel, die Tochter Walter Ulbrichts in Frankreich, Ende 1947

Und dann gab es noch die französischen Enkel Alain (1952) und Dominique (1955), die Kinder von Rose, genannt Mimi, der Tochter von Walter Ulbricht und Rosa Michel.

Rosa und Rose wie auch die beiden leiblichen Enkel waren im Hause Ulbricht immer präsent. Im Nachlaß fanden sich sehr viele Briefe und Fotos. Die meisten Briefe wurden in der DDR versandt, wenn die Journalistin Rosa Michel dienstlich oder zur Kur in der zweiten Republik weilte. Meldete sie sich aus Paris, geschah dies nur kurz und in französischer Sprache.

Das Bemerkenswerte an der Korrespondenz ist die Unbefangenheit, mit der Lotte Ulbricht und Rosa Michel, die Nachfolgerin und die Vorgängerin, miteinander umgingen. »Chère amie«, titulierte Rosa Michel. Die Verbindung reichte weit über den Tod des Ex-Mannes hinaus.

Man ließ sich wechselseitig am Glück (oder Unglück) der Kinder teilhaben, schickte sich gegenseitig Bilder und Urlaubsgrüße:

5. September 1955: »Lieber Walter, herzlichen Dank für Deine

Die Enkel Alain und Dominique in den Ferien, 1963

Zeilen aus Deinen Ferien (...) Ich habe heute früh einen Brief von Mimi erhalten, die sich über Eure Grüße gefreut und mir die Absicht mitgeteilt hat, Euch zu schreiben. Anbei einige schnell zusammengesuchte Fotos als Vorschuß (...)«

Ulbrichts Schwiegersohn Etienne Picard verunglückte 1960 am Montblanc mit fünf weiteren Bergsteigern tödlich. Darüber erfuhr man in der DDR nichts. Wie eben auch kaum bekannt war, daß der Staatsratsvorsitzende in Frankreich eine Tochter und zwei Enkel hatte

Im Sommer 1960 verunglückte Mimis Mann, Ulbrichts Schwiegersohn, tödlich. Eine Lawine reißt ihn und fünf weitere Bergsteiger 250 Meter in die Tiefe. »Etienne liegt nun in Chamonix, am Fuß des Mont Blanc, begraben«, schrieb die betroffene Schwiegermutter am 21. August 1960 nach Berlin. »Nun bleibt Mimi mit zwei Kindern (7 1/2 und 5) zurück, einen Haufen Diplome (denn sie hat in den Jahren sehr viel gearbeitet), aber keine Stellung und kein Erwerb. Augenblicklich hat sie sich im Süden bei Bekannten bis zum 1. September zurückgezogen. Die Kinder, die noch nichts wissen, sind bei Freunden. In den nächsten Wochen muß Mimi ein Examen vorbereiten und sich als Lehrerin in einem Gymnasium bewerben. Vielleicht als Russischlehrerin. Der Verdienst wird sicherlich sehr mager sein (...) Ich melde mich bei Lotte, sobald ich wieder in Berlin bin (gegen den 12. September). Mit besten Grüßen an Euch beide, Rosa.« 1964 erlitt Rosa Michel einen Herzinfarkt, den sie aber gut überstand.

Am 10. April 1966 dankte sie in einem sechsseitigen Brief für den Mantel, den Lotte und Walter Ulbricht der inzwischen 35jährigen Mimi geschenkt hatten. Diese arbeitete nun als Lehrerin und zuweilen als Dolmetscherin, wenn der russische Staatszirkus oder andere Abordnungen durchs Land zogen. Offenkundig hatten die Ulbrichts wiederholt eine Einladung ausgesprochen, denn Rosa versuchte zu moderieren: Mimi habe Terminprobleme. »Wenn ich sie richtig verstanden habe, so kommt es ihr vor allem darauf an, für einige Tage mit Euch zusammen zu sein, Euer Leben zu teilen usw. …

Was die Kinder betrifft, die ich Euch seit Jahren so gerne vorgestellt hätte, habe ich mit Mimi nichts Konkretes besprochen. Einige ›formelle‹ Schwierigkeiten tauchen auf. Doch vielleicht läßt sich ihre Reise später mit einer Gruppe von französischen Kindern organisieren. (…) Mit besten Grüßen und für alles recht herzlich dankend, Eure Rosa.«

Rosa Michel war im August 1973, als Ulbricht starb, in Altenhof am Werbellinsee. In einem berührenden Brief bedankte sie sich bei Lotte Ulbricht für ein Foto des Verstorbenen, es sei »das schönste«, das sie kenne, weil es »seine Gesichtszüge und sein ganzes Wesen so treu« wiedergebe. Und an anderer Stelle bekannte sie: »Ich schätze mich sehr glücklich, diesem hervorragenden Menschen einige Jahre zur Seite gestanden zu haben.«

Nach einem schweren Autounfall 1981 weilte Rosa Michel wieder einmal in Bad Liebenstein zur Kur und berichtet der »lieben Lotte«, daß Enkelin Dominique ihr Architekturstudium zwar mit

Rosa Michel mit ihrer Tochter Rose bei deren Hochzeit 1951

einer hervorragenden Diplomarbeit abeschlossen habe, nun aber ohne Arbeit sei. Dafür mache ihre dreijährige Tochter im Kindergarten große Fortschritte, worüber sie sich als Uroma sehr freue.

Am 13. April 1983 – offenkundig hatte Lotte Ulbricht ihrer französischen Tochter etwas versprochen – schrieb Rosa Michel: »(...) Zur Regelung der Frage ›Erbschaft‹. Wie Du Dich sicherlich erinnerst, lautete Mimis Vorschlag, die betreffende Summe von Mark der Deutschen Notenbank in Rubel zu tauschen und auf einem Konto in Leningrad auf Mimis Namen einzutragen. Da Mimi fast jedes Jahr aufgrund eines Abkommens zwischen sowjetischen und französischen Behörden zur Pflege der französischen und russischen Sprache dorthin fährt, könnte das Geld auf diese Weise ihr zugute kommen – ohne im kapitalistischen Ausland verwendet zu werden (...)« Lotte Ulbricht war zu jener Zeit fast 80, Tochter Mimi bald 52 und »nähert sich dem Rentenalter«, wie Mutter Rosa Michel amüsiert feststellte.

Die Verbindung endete erst mit dem Tod von Rosa Michel im Jahre 1990, sie wurde zunächst in Berlin-Friedrichsfelde beigesetzt. Ende der 90er Jahre ihre Urne nach Paris übergeführt.

Mimi lebt in Frankreich. Sie kam am 18. Juni 1931 in Paris zur Welt, heiratete 1951 Etienne Picard, bekam zwei Kinder und wurde mit 29 Jahren Witwe. Auch sie unterhielt eine rege Korrespondenz mit Berlin. Allerdings schrieb sie, die Russischlehrerin, ausschließ-

Rose Michel mit Alain und Dominique beim Postkartenkauf, 1963

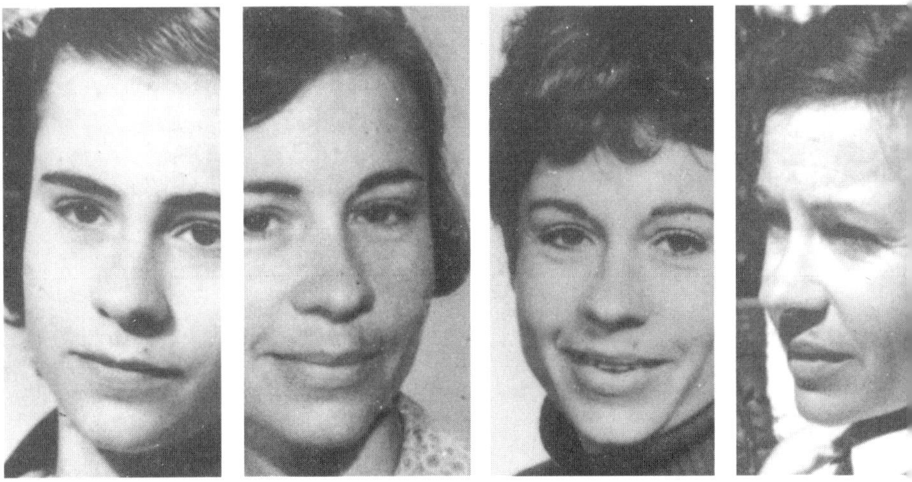

Rose in verschiednen Phasen und stets mit Widmung: »von Mimi an Mama«.
Mit 17, 1948; mit 30, 1961: mit 38, 1969; mit 48, 1979

lich russisch. Obgleich die Briefe – wie etwa jener vom Oktober 1960 – mit »Dorogije Papa i Lota« (»Lieber Papa und Lotte«) begannen, war nur Lotte Ulbricht in der Lage, sie zu lesen. Ulbricht fielen Fremdsprachen schwer. Selbst russisch. In Paris besuchte er 1935 die Berlitz School, um Französisch zu erlernen. Jedoch ... Auf seinen Reisen in die Sowjetunion begleitete ihn Lotte darum nicht nur als Ehefrau, sondern auch als Dolmetscherin.

In jenem Brief bedankte sich Mimi, nunmehr verwitwete Madame Picard, für die mitfühlenden Worte. Für sie beginne nun ein schweres Jahr: ohne Mann, aber mit zwei Kindern. Aber sie hoffe, mit »Eurer Hilfe« diese Aufgabe zu schaffen.

In späteren Briefen berichtete sie über ihre Arbeit und natürlich über ihre Kinder, Ulbrichts Enkel. Alain, so informierte sie im August 1974 die »Dorogaja Lotta«, arbeite jetzt in einer Bank als Elektrotechniker, Dominique studiere Architektur und habe gerade Ferien. Alles sei in Ordnung.

Im Sommer darauf leitete Rosa Michel den russischen Brief aus Paris weiter nach Berlin. »Liebe Lotte! Aus dem Süden Frankreichs, wo sich Mimi augenblicklich befindet, schickte sie mir diesen Brief für Dich. Ich selbst komme nach Berlin am 29. Juli (Regierungskrankenhaus) und werde am 13. August nach Bad Liebenstein fahren. Ich hoffe, daß wir uns in dieser Zeit treffen können. Ich grüße Dich herzlich, Rosa.«

## *Die Stiefmutter*

Walter Ulbricht hatte auch eine Tochter in Sachsen. Weder er noch Lotte Ulbricht hatten jedoch irgendeine Verbindung zu der am 18. Mai 1920 in Leipzig geborenen Hildegard Dora.

Deren Mutter, Martha Schmellinsky, Tochter eines Klavierbauers, hatte ein Vierteljahr zuvor den Tischlergesellen Walter Ulbricht geheiratet. Zwangsweise und wohl auch irrtümlich: Sie glaubte einen einheimischen Tischler geehelicht zu haben und bekam einen politischen Funktionär, den es in die Welt zog. Die Ehe wurde offiziell erst drei Jahrzehnte später geschieden, damit die Heirat mit Lotte Kühn juristisch korrekt geschlossen werden konnte. Emma Schmellinsky, Jahrgang 1892, lebte bis zu ihrem Tode 1974 in Leipzig und wurde dort auch bestattet.

Tochter Dora heiratete 1947 in Lübeck den Ingenieur Otto-Jürgen H. und bekam zwei Söhne. Sie lebt heute in Schleswig-Holstein in einem Seniorenheim. »In der Familie war mein Vater kein Thema«, erklärte sie im April 2002 gegenüber einer Boulevard-Zeitung, die Ulbrichts Tochter aufgespürt hatte.

Die Feststellung der Stieftochter traf auch in der Umkehrung zu.

## *Die Tante*

Anfang Juni 1992 bekam Lotte Ulbricht Post aus Arlington in Massachusetts/USA. Als Autorin des vierseitigen Briefes, der in steiler Schrift geschrieben war, zeichnete eine Luise Flavin.

»Liebe Frau Lotte, wir kennen uns nicht, Ihr Mann ist mir aber bekannt, und ich hoffe, Sie entschuldigen die vertraute Anrede.«

So fingen viele Briefe an, die Lotte Ulbricht in jener Zeit bekam, und sie war schon geneigt, die Post in die Ablage zu legen, las dann aber doch weiter.

»Vor etwa drei Monaten erhielt ich von meiner Schwester in Deutschland einen kurzen Zeitungsartikel über Sie. Die Zeilen erzählten von Ihrem zurückgezogenem Leben *(Unterstreichungen und Fragezeichen am Rand von Lotte Ulbricht – d. Hrsg.)* und stimmten mich sehr traurig. Sie gehören einer Generation an, die enormen Einfluß auf mein Leben gehabt hat und auf die Welt überhaupt. Ihr verstorbener Mann war der Bruder meiner Mutter Hildegard *(Diese und alle nachfolgenden Unterstreichungen von Lotte Ulbricht – d. Hrsg.)*, die ich sehr geliebt und verehrt habe

Im Mai 1992 hatte eine Berliner Boulevard-Zeitung über die vermeintliche Vereinsamung Lotte Ulbrichts berichtet. Daraufhin meldeten sich gleich zwei unbekannte Nichten aus den USA

und die nicht lange nach ihm auch gestorben ist. Ihr jahrelanger Wunsch, den Bruder nach über fünfzig Jahren noch einmal zu sehen, ist damals noch in Erfüllung gegangen, und der Besuch in Berlin hat sie zutiefst ergriffen. Sie hat nie über Einzelheiten gesprochen.

Für mich war Onkel Walter der Mann, den ich nicht kannte, dessen Namen ich aber oft hörte. Ich bin 1932 in Königs Wusterhausen geboren worden, und mein Vater ging, wie auch Sie, im folgenden Jahr ins Ausland. Ich bin dann mehrere Jahre bei meinen Großeltern Ulbricht in Leipzig gewesen, wo ich auch zuerst von Onkel Walter hörte. Meine Kinder- und Jugendjahre verbrachte ich mit meiner Mutter in Norddeutschland, ruhig und unpolitisch, aber mit ›Weltblick‹. Mein Vater kehrte 1946 zurück und widmete sich dem Wiederaufbau der Gewerkschaften und sozialistischen Partei. Er lebte nicht mit uns, sprach aber oft von seinen Reisen in den damaligen Osten, Berufsmöglichkeiten für Arbeiterkinder, soziale Möglichkeiten und West-Ost-Politik.

Ich wurde Kindergärtnerin und ging 1951 nach England. 1953 arbeitete ich dann für Amerikaner in Paris, die Gewerkschaftsverbindungen in Amerika hatten, und so landete ich hier 1956 als Dolmetscherin. Mein Mann ist Lehrer an der hiesigen Oberschule, und wir haben drei Kinder: Teresa, 32, Christopher, 29, und Gregory, 26. Ich bin weiterhin in meinem Beruf tätig und beaufsichtige 12 Kindergärten mit über 200 Kindern aus minderbemittelten Familien. Die Kinder und ich haben über die Jahre hin mehrere Reisen nach Deutschland gemacht und sind in Verbindung mit Verwandten im Osten. Meine Tochter und ich waren vor zwei Jahren in Berlin, und ich bedauere, daß Sie uns damals nicht bekannt waren. Da meine Tochter Kunsterzieherin ist, besuchten wir auch viele künstlerisch interessante Orte im Osten Berlins, und wir waren beide von dem Schönen begeistert.

Ich weiß nicht, ob dieser Brief Sie erreichen wird, da ich keine vollständige Adresse habe. Sollte er doch in Ihre Hände kommen, hoffe ich, daß ich Ihnen mit meinen Zeilen eine kleine Freunde bereitet habe. Mit sehr herzlichen Grüßen und besten Wünschen verbleibe ich Ihre Luise Flavin, geb. Miendorf«

Lotte Ulbricht war von dieser rührenden Geste einer unbekannten Frau, die meinte, ihre angebliche Einsamkeit ein wenig zerstreuen zu müssen, sehr angetan. Am 7. Oktober 1992 schrieb sie ihr:

Post aus Amerika traf seit 1992 regelmäßig im Majakowskiring ein

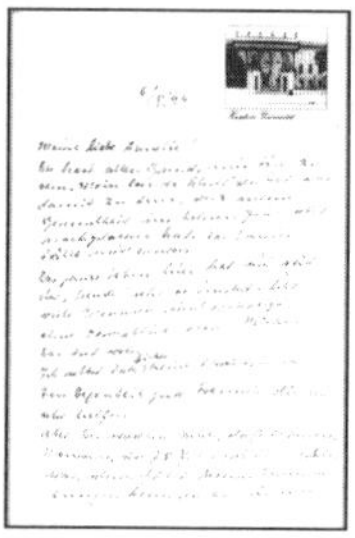

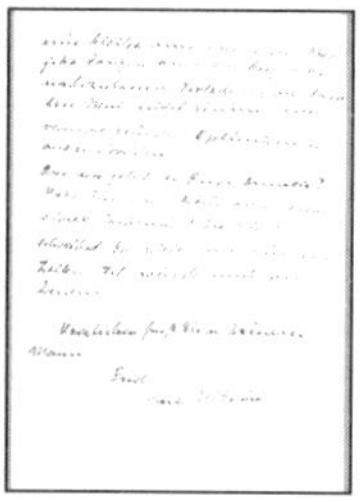

Ein Brief von Lotte Ulbricht: eine erstaunliche Handschrift mit 91 Jahren

»Meine liebe Nichte Luise!

Ich hoffe sehr, daß Du mit dieser Anrede einverstanden bist, denn es war für mich eine große Freunde zu erfahren, daß es eine nahe Verwandte meines Mannes gibt. Natürlich betrachte ich Sie auch als meine Verwandte. Ist es Dir recht?

Sei mir bitte nicht böse, daß ich auf Deinen Brief vom Mai erst jetzt antworte. Ich habe inzwischen eine Reise an Rhein und Mosel gemacht und außerdem eine Kur durchgeführt. (Ich habe eine schwere Arthrose an beiden Schultergelenken.)

Dein ausführlicher Brief hat mich sehr gefreut. Ich entnehme daraus, daß Du einen schönen Beruf hast, mit beiden Beinen im Leben stehst und gleichzeitig einer großen Familie ›vorstehst‹.

Nun einiges aus meinem Leben. Meinetwegen brauchst Du nicht traurig zu sein. Trotz meiner 89 Jahre interessiere ich mich für alles, was bei uns und in der Welt vor sich geht. Wenn Boulevardblätter (die ich nicht lese) behaupten, ich lebe ›zurückgezogen‹, so ist das wie alle anderen ›Tatsachen‹ reine Erfindung, und die Folge der Wahrheit, daß ich seit der ›Wende‹ alle Journalisten – gleich welcher Couleur – abweise, ohne ihre Fragen zu beantworten. Keiner hat seit 1989 meine Schwelle übertreten. In Wirklichkeit bewohne ich ruhig das Häuschen, in das ich nach dem Tod Deines Onkels eingewiesen wurde und zahle die Miete an die Bonner Regierung (lt. Vertrag). Ich habe auch viele Freunde, mehr als ich zeitlich befriedigen kann, gehe in Veranstaltungen und in die Öffentlichkeit und treffe in meinem Kietz auf viel Freundlichkeit. Auch im Haus habe ich freundschaftliche Hilfe von 2 Freundinnen.

Der Besuch Deiner Mutter hat mich seinerzeit sehr angerührt. Ich hatte das Gefühl, daß es einer ihrer letzten Wünsche war, ihren Bruder wiederzusehen. Sie hat sich viel angesehen, war auch zu einer Opernpremiere.

Dein Lob über unsere künstlerischen Sehenswürdigkeiten hat mir gutgetan. Leider würdest Du jetzt so manches nicht wiederfinden. Vieles auf künstlerischem und wissenschaftlichem Gebiet wird bei uns im Osten Berlins ›abgewickelt‹, d. h. liquidiert. Ostdeutschland wird ein entindustrialisiertes Land werden, in dem auch künstlerische und wissenschaftliche Kreativität verlorengehen.

Leider muß ich jetzt Schluß machen. Das Schreiben, selbst auf der Schreibmaschine, strengt meine Arme an. Mit der Hand kann ich noch weniger schreiben, weshalb ich zu verzeihen bitte, daß ich die Maschine benutzt habe.

Falls Du wieder einmal nach Berlin kommst, würde ich mich über Deinen Besuch sehr freuen.

Dir und Deiner Familie alles Gute und herzlichen Gruß

Lotte Ulbricht

PS. Meine genaue Adresse s. am Kopf d. Briefes«

Ob es eine und wenn, welche, Reaktion auf dieses Schreiben gab, war nicht mehr feststellbar.

Im gleichen Jahr meldete sich noch eine Nichte aus Amerika, auch aus Arlington – aber einem in Texas. Anneliese, Jahrgang 1943, Tochter von Lotte Ulbrichts (angeheirateter) Halbschwester Emmi Kempke, geborene Sucker: Der zweite Mann von Lottes Mutter hatte sechs Kinder mit in die Ehe eingebracht – Emmi war eines davon.

Anneliese hatte in den frühen 50er Jahren noch mit Beate gespielt, später einen Amerikaner geheiratet und war mit diesem 1969 in die Vereinigten Staaten gegangen. Im Mai 1992 war sie nach Berlin gekommen und hatte »Tante Lotte« gesucht.* Nach ihrer Rückkehr nach Texas schrieb sie am 22. Mai 1992 an Lotte Ulbricht: »(...) Schade, daß ich nur für 14 Tage in Berlin war. Hätte mich gerne mit Dir unterhalten. Bin die Anneliese von Emmi Kempke, geb. Sucker. Schicke Dir ein Bild mit von Oma und Grete. Hatte keine Adressen, nur konnte ich mich immer an Majakowski Ring 28 erinnern. Oma wollte damals, daß meine Mutti ihre Pflichten in Eurem Haus übernimmt, denn sie war ja schon alt. Grete wohnte unten mit ihrem Mann, oben hattest Du ein grün gekacheltes Bad, im ersten Flur *(erste Etage – d. Hrsg.)* roten & blauen Salon, lange Terrasse mit Treppen zum Garten raus, wo Ihr Paradiesäpfel *(Tomaten – d. Hrsg.)* hattet. Da hatte ich Dich aber mal gesehen. Wir waren auch 1x verreist, glaube ich, es hieß ›Seehausen‹, weiß aber da nicht genau, ob Du mit warst. Weiß nur, Dein Mann hatte mir eine Büchse aufgemacht. Du sagtest, Du könntest Dich nicht an mich erinnern. War ein Jahr älter als Beate.

* Über diese erste Begegnung, der 1997 und 1999 zwei weitere folgen sollten, berichtet sie selbst an anderer Stelle im Buch

Hatte jeden gefragt, ob man wußte, wo Du und Beate sind. Aber keiner konnte mir was schreiben, seitdem die Mauer offen ist. Jemand sagte, Du solltest wohl <u>in der Schweiz</u> sein. *(Unterstreichung und Fragezeichen am Rand von Lotte Ulbricht – d. Hrsg.)*

Lebe seit 1969 in den Staaten, bin glücklich verheiratet, mit einem guten Mann (Lee), keine Kinder, uns geht es gut. Mit anderen Worten: sind froh und glücklich.

Dieses Jahr hatte mir meine Freundin aus Berlin einen Ausschnitt aus der B. Z. über Beate geschickt. War ja sehr erschüttert. Man muß ja ehrlich sein: Habe paarmal wegen Beate Dresche bekommen *(Fragezeichen von Lotte Ulbricht am Rand – d. Hrsg.)* und sie beneidet. (...)

Als ich nun wieder nach 10 Jahren nach Berlin kam und alles offen war, nahm ich mir vor, Dich zu finden. Du siehst, es hat geklappt. Bin erstaunt und froh, daß Du gesund und rüstig bist. Nun weißt Du, wie es zu allem kam.

Meine Mutti starb 1961, kurz nachdem die Mauer gebaut wurde, und von da an hatte ich keinen Kontakt mit niemandem. Habe auch keine Adressen, denn wir waren die einzigen im Westen, und meine Mutti war geschieden und hat mich alleine großgezogen. Bis zu meinem 14. Lebensjahr hatten wir Oma immer gesehen und später dann getroffen, wo die große Oper ist, die ich auch diesmal angeguckt habe. Das war so ein Trip in die Kindheit. Dann kam ich nur alle 10 Jahre, weil ich ja keine Verwandtschaft (Vater ist auch tot) habe, nur eine Freundin seit 30 Jahren, die mich hier alle 2 Jahre besucht.

Ich mag mein Leben hier.

Hoffe ja sehr, daß Du mir mal schreibst. Bin froh gewesen, daß Du aufgemacht hast. Denn ich verstehe, daß Du bestimmt oft belästigt wirst. Hatte meine Videokamera im Taxi gelassen, weil ich

Annelie und Lee Thompson, die Nichte und ihr Mann aus Amerika

fürchtete, Du denkst, ich bin ein Reporter, obwohl ich Dich gern aufgenommen hätte.

Schreibe mir doch mal über Dein Leben und was Du so machst oder gemacht hast.

Würde mich freuen, von Dir zu hören.

War komisch, daß ich Dich erkannt hatte am Fenster, habe noch ein Bild von Dir, wo Du immer die Hübsche warst. Wann ist denn Grete und Oma gestorben? Bitte schreibe mal.

Wünsche Dir alles Liebe, vor allem Gesundheit, in der Hoffnung mal von Dir zu hören,

Deine Annelie

Meine Adresse: Annelie Thompson

2401 Wimbledon Dr.

Arlington, Texas 76017

U.S.A.

Entschuldige Schrift, mit dem Deutsch haperts manchmal auch schon.«

Annelie Thompson, Juni 1995

Auf diesen Brief reagierte Lotte Ulbricht am 9. August 1992.*

»Meine Liebe Anneliese!

Über Deinen ausführlichen Brief habe ich mich sehr gefreut, besonders über die Fotos. Plötzlich taucht da eine Nicht auf, von der du keine Ahnung hattest. Du kannst meine Freude sicherlich verstehen. Sei bitte nicht böse, daß meine Anwort so lange hat auf sich warten lassen: mit der Hand kann ich höchstens eine Karte schreiben, mit der Maschine geht es leichter. (Ich bin ja immerhin 89!)

Ich staune, an was Du Dich noch alles erinnerst. Ich habe vieles vergessen. Durch die Funktion meines Mannes und meine eigene politische Tätigkeit habe ich so viele Menschen kennengelernt, und jetzt passiert jeden Tag bei uns was Neues, daß die ›grauen Zellen‹ einfach nicht alles aufnehmen können.

Über mich kann ich Dir nicht viel schreiben, da reichen der Platz und die Kraft nicht. Ich habe mein ganzes Leben politisch gearbeitet und dabei ständig gelernt. Mein Mann und ich waren ein gutes Gespann und unser Zusammenleben sehr harmonisch. Natürlich hat in den letzten 2 Jahren eine Unzahl von Journalisten sich mit mir unterhalten wollen. Ich habe von Anfang an jedes Interview, jedes Gespräch abgelehnt und bin damit gut gefahren. Es war gescheit, daß Du das Videogerät nicht mithattest, ich hätte keinen Satz mit Dir gesprochen. Wenn wir uns vielleicht noch einmal sehen, werde ich Dir Näheres erzählen. In der Bevölkerung habe

* Den Brief von Nichte Luise Flavin hatte sie am 9. Juni erhalten (geschrieben am 25. Mai) – den von Annelie Thompson (geschrieben am 22. Mai) am 2. Juni. Mit keiner Silbe erwähnte Lotte Ulbricht weder in dem einen noch in dem anderen Antwortschreiben, daß es in den USA noch eine zweite Nichte gab, die sich auf den in Berlin erschienenen Zeitungsbeitrag berufen hatte

ich hier eine gute Aufnahme (auf dem Markt, in der Kaufhalle), sodaß ich sehr ruhig lebe. Ich glaube, das erklärt sich daraus, daß ich mein ganzes Leben nicht vergessen habe, wo ich hergekommen bin und mich nie als ›first lady‹ aufgeführt habe. Das mit der ›Schweiz‹ ist Schwindel, kursiert aber schon seit 1974.

Nun muß ich aber Schluß machen – meine Arme tun schon weh. Ich wünsche Dir und Deinem Mann, daß Ihr weiter so glücklich seid wie bisher, daß Ihr gesund bleibt. Über Eure Post werde ich mich immer freuen.

Ich grüße Euch herzlich,

Eure Lotte Ulbricht.

Meine genaue Adresse:

L. U.

Majakowski-Ring 12

O-1110 Berlin

Germany«

In der Folgezeit entwickelte sich eine rege Korrespondenz. Man telefoniert auch gelegentlich über den Großen Teich. 1997 und 1999 kam Annelie erneut zu Besuch nach Berlin. Zuweilen kam ein Brief Lotte Ulbrichts zurück, weil die Anschrift nicht korrekt war. So der vom 6. August 1994:

»Meine liebe Annelie!

Du hast allen Grund, mir böse zu sein. Mein langes Schweigen hat aber damit zu tun, daß meine Gesundheit im letzten Jahr sehr nachgelassen hat. Das Laufen fällt mir schwer.

Das ganze Leben hier hat sich seit der ›Wende‹ sehr verändert. Sehr viele Menschen sind erniedrigt, ohne Perspektive, ohne Mittel. Das tut weh.

Ich selbst habe bisher keine Schwierigkeiten. Im Gegenteil: gute Freunde, die mir sehr helfen.

Aber Du verstehst sicher, daß es einem Menschen, der 75 Jahre politisch aktiv war, schwerfällt, kaum Veranstaltungen besuchen zu können, mir bleibt nur das Lesen. Aber jetzt fangen auch die Augen an nachzulassen. Trotzdem: ich lasse den Mut nicht sinken und versuche ständig, Optimismus auszustrahlen.

Aber wie geht es Euch, Annelie? Habt Ihr noch Arbeit und eine sichere Zukunft? Vielleicht schreibst Du wieder mal ein paar Zeilen. Ich würde mich sehr freuen.

Herzlichen Gruß Dir u. Deinem Mann.

Eure Lotte Ulbricht«

Winter 1966

Annelie Thompson und ihr Mann verzogen dann nach Mansfield, auf halbem Wege zwischen Dallas und Fort Worth gelegen. Obgleich er in seiner Firma, die allerdings nie genannt wurde, 30 Jahre beschäftigt sei, bekäme er nur 15 Tage Urlaub, wie Annelie einmal schrieb. Kurzreisen nach Hawaii oder Mexico, von denen dann Kartengrüße kamen, waren meist dienstlicher Natur. Zeitweise lebten drei Hunde im Haus, der Ehemann Lee ging auf die Jagd, Annelie hatte mit der Verarbeitung des Wildbrets zu tun. Dann machten beide einen Antiquitätenhandel auf und hatten, wie sie schrieb, nun auch am Wochenende auf Auktionen und Hausauflösungen zu tun. Es trafen regelmäßig Grüße und Wünsche zu Geburtstagen und Jahreswechsel in Berlin ein.

Beim dritten und letzten Besuch in Berlin, im Garten hinterm Haus, März 1999

Die vermutlich letzte Karte von Annelie Thompson datiert vom 14. Februar 2002, der Anlaß schien eine Reise zu sein, die ihr Mann als Auszeichnung von seiner Firma bekommen hatte: »Meine liebe Tante, ein paar kurze Zeilen. Daß ich an Dich denke und Dir die liebsten Grüße sende. Trotz aller Arbeit gehen wir wieder auf Schiffsreise, Panama, Kolumbien, Antillen. Weil Lee auf Arbeit besser wie exzellent gemacht hat. Schreibe Dir wieder. Umarme Dich, Deine Annelie und Lee.«

Regelmäßig lieferte Annelie Thompson Fotos aus ihrem Haus – hier mit den Hunden Xena und Molly-Pu, Juli 1998

## *Die Pflichtbewußte*

Lotte Ulbricht war die Inkarnation der Parteidisziplin. Dasein hieß politische Arbeit. Sie litt, als ihre Physis sich verschlechterte, weniger unter der Tatsache, daß die Schultern schmerzten, die Beine ihren Dienst versagten und sie immer schlechter sah. Das eigentliche Ärgernis war der Umstand, daß sie nicht mehr an Versammlungen teilnehmen und Einladungen zu Veranstaltungen wahrnehmen, also »politische Arbeit« leisten konnte.

Mindestens einmal im Jahr gab sie selbst noch als 80jährige einen Jahresbericht über die geleistete »politische Arbeit«

Bis ins hohe Alter absolvierte sie ein bemerkenswertes Pensum, worüber sie »der Parteileitung« – vermutlich der SED-Wohngebietsparteiorganisation (WPO) – regelmäßig berichtete.

Am 12. Februar 1977 teilte sie – im Vorfeld der Wahlversammlung am 28. März – schriftlich mit: »Auf der Jahreshauptversammlung der DFD-Gruppe 12/19 in den Gruppenvorstand gewählt, habe ich regelmäßig an den Sitzungen des GV *(Gruppenvorstand – d. Hrsg.)* teilgenommen und alle mir vom GV übertragenen Arbeiten erledigt. An der Kreisdelegiertenkonferenz des DFD Pankow im Jahre 1974 habe ich als Delegierte teilgenommen und werde auch für die diesjährige Kreisdelegierten-Konferenz vorgeschlagen. (...)

Über meine Verbindung mit Schulen:

Mit 2 Bruno-Kühn-Oberschulen habe ich ständig persönliche Verbindung, mit anderen briefliche.

L. U.«

Am 14. Oktober 1978 meldete sie »an die Parteileitung«:

»Meine Arbeit außerhalb der WPO erfolgt vor allem im Vorstand der DFD-Gruppe 12/19 wie in der Mithilfe bei der Bekanntmachung des Lebens des Genossen Bruno Kühn, des von den Faschisten ermordeten ehemaligen Pionierleiters, Spanienkämpfers und sowjetischen Kundschafters. (...) Was die Mithilfe bei der Bekanntmachung des Lebens von Genossen Bruno Kühn betrifft, so erfolgt diese durch persönliche bzw. schriftliche Verbindungen mit einigen Bruno-Kühn-Oberschulen, Besprechungen mit früheren Pionierleitern u. a.«

Am 10. Januar 1980 berichtete »Genn. Lotte Kühn über ihre gesellsch. Arbeit außerhalb der WPO (1978/79):

Nach wie vor gehöre ich dem Gruppenvorstand der DFD-Gruppe 12/19 an, nehme regelmäßig an seinen Sitzungen bzw. seiner Arbeit teil. Von einem Rücktritt aus Altersgründen, den ich anläßlich der Neuwahl des Vorstandes (Februar 1980) geplant hatte, habe ich auf Bitten der übrigen Mitglieder des Vorstandes Abstand genommen.

Nach wie vor helfe ich auch mit bei der Bekanntmachung des Lebens meines Bruders Bruno Kühn (ehem. Pionierleiter, Parteifunktionär, sowjetischer Kundschafter). Das geschieht durch pers. Verbindung mit Bruno-Kühn-Oberschulen in Strausberg, Rangsdorf, Belzig, Dambeck, Teilnahme an Erfahrungsaustauschen zwischen oben genannten OS *(Oberschulen – d. Hrsg.)*, Besprechungen mit ehemaligen Pionierleitern sowie schriftlichen Verbindungen mit den OS. Insgesamt ist diese Tätigkeit für mich unbefriedigend, da zu sporadisch.

Außer diesen bereits bekannten Tätigkeiten habe ich Anf. 1979 über meine Touristenreise nach Kuba nicht nur vor der WPO, sondern auch vor je einer Klasse bzw. Seminargruppe der Kommunalen Berufsschule und der Ingenieurschule für Bekleidungstechnik (beide in Lichtenberg) berichtet.«

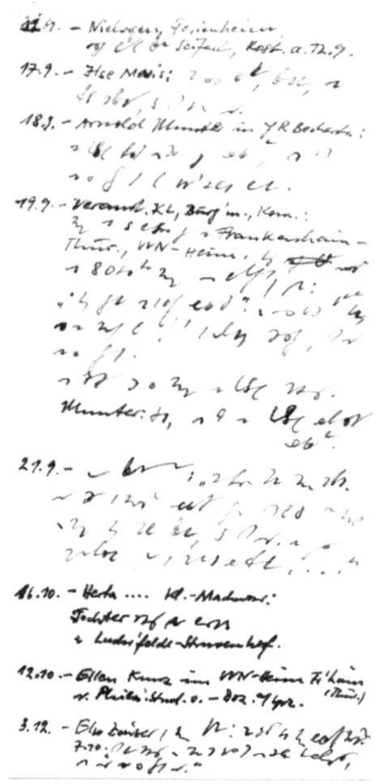

Im Haus fanden sich unzählige Zettel wie diese, auf denen Lotto Ulbricht, meist in Steno, Wichtiges notierte. Meist handelte es sich um Vorbereitungen (oder Nachbereitungen) von Gesprächen, Auftritten oder Telefonaten. Zufällige Begegnungen oder gar Besuche waren ihr ein Greuel – sie konnte sich darauf nicht vorbereiten. Ihren Unmut ließ sie den unangekündigten Besucher deutlich spüren

Es fällt auf, daß bis dahin nicht einmal der Name Walter Ulbricht fiel, d. h. der Umstand, daß sie die Witwe des Honecker-Vorgängers war, lieferte offensichtlich nicht den Grund, sie als Gast einzuladen. Erstmals in ihrem Report für die WPO über die Jahre 1980/81 ändert sich das: »1. Nach wie vor

1. Mitglied des Vorstandes der DFD-Gruppe 12/19 (regelmäßige Teilnahme an den Sitzungen bzw. der Arbeit);

2. Mithilfe bei der Bekanntmachung des Lebens von Bruno Kühn (ehem. Pionierleiter, Parteifunktionär, Spanienkämpfer, sowj. Kundschafter) durch persönliche Verbindung mit einigen Oberschulen und Kreispionierhäusern ›Bruno Kühn‹ .

Persönliche Verbindung mit der Oberschule ›Walter Ulbricht‹ in Leipzig und dem Kreispionierhaus ›Walter Ulbricht‹ in Pankow.«

Ihr Bericht vom Februar 1987 umfaßte die gleichen drei Positionen. Inzwischen hieß die DFD-Gruppe »Raimonde Dien«*, und zu den Einrichtungen, die den Namen ihres Brudes tragen, sind die 22. Kampfgruppenhundertschaft des Ministeriums für Finanzen und die FDJ-Grundorganisation der Pädagogischen Hochschule Dresden hinzugekommen.

Regelmäßig erreichten sie Anfragen wie etwa jene vom Kulturbund in Lobenstein. Ende 1988 lud der 1. Kreissekretär des Kulturbundes, Dr. Werner Kuhnla, sie in den Christian-Gottlieb-Reichard-Klub ein. Die 375 Mitglieder möchten etwas aus ihrem Leben hören. Der 36jährige Schreiber hatte Lotte Ulbricht während ihrer Kur in Bad Liebenstein getroffen und war davon sehr berührt gewesen. »Wie wenig weiß man in meiner und noch jüngeren Generation eigentlich über ein solches Leben, das anspruchsvoll und zugleich sehr anstrengend ist.«

* Raimonde Dien, eine französische Friedensaktivistin, die sich in der 50er Jahren vor einen Militärzug auf die Gleise legte

Am 10. Januar 1989 antwortete Lotte Ulbricht. »Werter Herr Dr. Kuhnla, lieber Freund!

Für Ihren netten Brief und Ihre guten Wünsche zum Jahresende vielen Dank. Ich habe mich sehr darüber gefreut. Was aber Ihre freundliche Einladung betrifft, muß ich Sie enttäuschen, und zwar aus zwei Gründen:

Erstens ist mir die Fahrt in meinem Alter zu anstrengend. Es geht ja fast an die Grenze der BRD. Und zweitens habe ich noch nie über mein Leben gesprochen, müßte also noch eine Menge vorbereiten. Das ist mir jetzt, mit fast 86 Jahren, einfach zuviel. Ich hoffe sehr, daß Sie mich verstehen.

Damit Sie eine Ahnung von meiner Herkunft haben, lege ich Ihnen den Text des Artikels bei, den ich vor fast 25 Jahren über meine Mutter geschrieben habe**. (Könnten Sie ihn mir gelegentlich zurückschicken?) Im übrigen habe ich seit meinem 16. Lebensjahr mich immer nur bemüht, meine Pflicht als Kommunist zu tun. Das war für jeden Kommunisten eine Selbstverständlichkeit, also nichts Besonderes.

** siehe Seite 43 ff.

Ich hoffe, daß Sie mir wegen meiner Absage nicht böse sind. Im übrigen hätte ich gern gewußt, wer Christian Gottlieb Reichard war, der Ihrem Klub den Namen gegeben hat. In meinem Lexikon habe ich ihn nicht gefunden.

Ihnen und allen Mitgliedern Ihrer Kreisorganisation des Kulturbundes, dem auch ich seit Jahrzehnten angehöre, wünsche ich in Ihrer interessanten und wichtigen Arbeit viel Erfolg und persönlich alles Gute.

Mit besten Wünschen

Ihre Lotte Ulbricht.

1 Anlage«

Die Antwort vom 1. März 1989 an die »hochverehrte Frau Lotte Ulbricht, liebe Bundesfreundin« fiel überschwenglich aus. Beigefügt war ein Blatt über Reichard (1758-1837), der sich als Stadtschreiber von Lobenstein und als Geograph und Kartograph einen Namen gemacht hatte. Alexander von Humboldt rühmte ihn, obgleich er vor einem Rätsel zu stehen schien wie andere auch: »Ein deutscher Gelehrter, der in seinem Leben nie einen größeren Fluß als die Saale gesehen., Chr. G. Reichard, hat 25 Jahre vor den zünftigen Forschern die Wahrheit über den Lauf afrikanischer Flüsse entdeckt. Ich begreife nicht, weshalb Reichard in seinem kleinen Bergstädtchen des Reupischen Oberlandes ein so gründlicher, tiefforschender Geographus hat werden können.« Und dem Programm entnahm Lotte Ulbricht, was der Klub im ersten Halbjahr 1989 so plante.

Am 18. Mai 1989 reiste Lotte Ulbricht nach Rostock. Dort wurde der DDR-Handelsflotte nach fünf Monaten Bauzeit auf der Warnow-Werft ein neues Schiff übergeben. 175 Meter lang, mit 20.000 Tonnen Tragfähigkeit, bereit, 1.171 Container zu befördern. Das Schiff war das vierte und damit letzte einer Baureihe. Seine Vorgänger hießen »Ernst Thälmann«, »Wilhelm Pieck« und »Otto Grotewohl«. Nun war endlich Walter Ulbricht an der Reihe. Seine Witwe wurde als Ehrengast herzlich begrüßt, durfte eine Rede halten und sich ins Bordbuch eintragen: »Den Genossen vom VEB Deutfracht/Seereederei Rostock Dank für den begeisternden Tag der Übernahme des MS ›Walter Ulbricht‹. Lotte Ulbricht«

Junge Welt vom 9. November 1989

Das ist die neue SED-Spitze

Die Mitglieder und Kandidaten des Politbüros des ZK der SED, gewählt auf der 10. Tagung am 8. November in Berlin

Fünf Monate später, auf den Tag genau, wurde Honecker gezwungen, alle seine Ämter aufzugeben. Eine Stellungnahme zum Machtwechsel gab es von Lotte Ulbricht nicht – wenn man denn eine Seite in der *Jungen Welt* vom 9. November 1989 nicht als eine solche versteht. Die FDJ-Zeitung hatte auf der ersten Seite von der 10. Tagung des ZK der SED berichtet und auf der zweiten Seite die neue Parteispitze mit Bild und Kurzporträt veröffentlicht. Von den abgebildeten 19 Köpfen

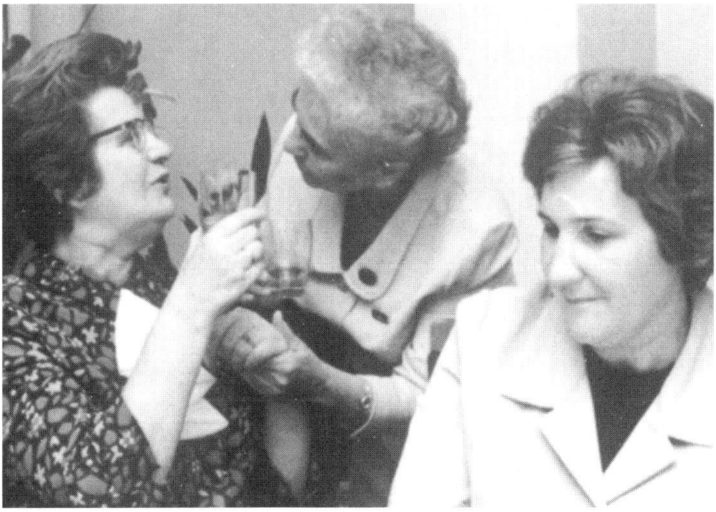

Anstoßen mit Änne Anweiler vom IML. Rechts Inge Lange, damals Kandidatin des Politbüros und für Frauenfragen zuständig, beim 70. Geburtstag Lotte Ulbrichts, 19. April 1973

hat Lotte Ulbricht vier durchgestrichen: Hans-Joachim Böhme (1. in Halle), Johannes Chemnitzer (1. in Neubrandenburg), Werner Walde (1. in Cottbus) und Inge Lange (Frauen).

Am Abend jenes Tages informierte das alte und neue Politbüromitglied Schabowski auf einer internationalen Pressekonferenz über eben diese Tagung und kündigt eine neue Reiseregelung an. Dabei verhaspelte er sich, was schließlich dazu führte, daß wenig später Tausende Menschen sich vor den Berliner Grenzübergangsstellen drängten und die irritierten Offiziere und Soldaten das einzig Richtige taten: Sie hoben die Schlagbäume.

Damit war das nicht mehr steuerbare Ende der DDR eingeleitet.

## *Die Zugeneigte*

Lotte Ulbricht hatte neben ihrem Mann keinen zweiten. Gleichwohl gab es einige Männer in ihrem Leben, denen sie mehr Aufmerksamkeit schenkte als anderen. Das waren einmal der bulgarische Kommunist Georgi Dimitroff, der in Moskau einige Zeit ihr Chef war, der Dichter Johannes R. Becher und der Rennfahrer Manfred von Brauchitsch.

In der DDR-Zeit war Lotte Ulbricht nur gelegentlich von Journalisten aufgesucht worden. Zu Lebzeiten Walter Ulbrichts bat man sie zuweilen um längere Texte über Personen aus ihrem Umfeld, über die man sich entweder nicht selbst zu schreiben getraute oder wo ihre Kenntnis eben größer war als die von Außenstehenden. Nach 1970 erlosch aus den bekannten Gründen das Interesse an ihr schlagartig. Nur gelegentlich kontaktierten sie auswärtige Journalisten. So etwa Rumjana Georgieva vom Bulgarischen Kultur- und Informationszentrum in Berlin, die am 17. April 1985 bei der »sehr geehrten Genossin Ulbricht« schriftlich wegen eines Interviews nachfragte. Das fand am 25. April, 10 Uhr, statt.

Von den fünf schriftlich eingereichten Themenkomplexen, die sich um die Emigration 1938-45 und ihr Verhältnis zu Walter Ulbricht rankten einschließlich »Ihre persönlichen Hoffnungen und Ängste in der heutigen Zeit« (wobei Lotte Ulbricht hinter das Wort »Ängste« ein dickes Fragezeichen gesetzt hatte) wurde vermutlich nur einer behandelt. In der vorliegenden zweieinhalbseitigen Tonbandabschrift, die von Lotte Ulbricht autorisiert wurde, ging es einzig um Georgi Dimitroff*.

Auffällig ist, daß die Befragte den vertrauten Duktus ihres verstorbenen Mannes übernahm. Dieser pflegte, wie in Sachsen üblich, die Sätze mit einem gänzlich überflüssigen »ja« abzuschließen, als würde man damit das soeben Gesagte gleichsam bekräftigen wollen – obgleich der Laut in die Höhe gezogen wurde, was eher nach einem Zweifel klang.

Lotte Ulbricht erklärte, Dimitroff erstmals 1934 gesehen zu haben, als er im Hotel »Lux« eingetroffen sei. Bekanntlich war Dimitroff mit anderen Exilanten verdächtigt worden, im Februar 1933 den Reichstag angesteckt zu haben. Der Prozeß gegen ihn war von der Naziführung als Exempel gedacht: Mit dem bulgarischen Kommunisten Dimitroff, der für die Komintern in Berlin arbeitete, sollte der gesamte Kommunismus einschließlich der KPD politisch-moralisch und juristisch diskreditiert und am Ende vernichtet werden. Allerdings verkehrte sich der Schauprozeß ins Gegenteil: Der Angeklagte wurde zum Ankläger und entlarvte die Intentionen der Faschisten. Mehr noch: Er stellte ihre Exponenten in Gestalt Hermann Görings, der als preußischer Ministerpräsident als Zeuge ins Leipziger Reichsgericht geladen war, vor der Weltöffentlichkeit intellektuell bloß. Dimitroff mußte freigesprochen werden und wurde ins Ausland abgeschoben.

Lotte Ulbricht: »Erstmals gesprochen mit ihm habe ich 1935 auf dem VII. Weltkongreß. Ich war dort Leiterin des Protokollbüros und gab ihm abschnittweise seine Rede, die er dann korrigiert hat. Er machte auf mich einen sehr guten Eindruck, ohne daß ich ihn

* Georgi Dimitroff (1882-1949), Mitbegründer der KP Bulgariens 1919, wurde 1933 vom Reichsgericht in Leipzig angeklagt, in Berlin den Reichstag angezündet zu haben. Er mußte freigelassen werden. Mit unterstützung der Sowjetregierung kam er im Februar 1934 nach Moskau. Dimitroff war von 1935 bis zu ihrer Auflösung 1943 Generalsekretär der Komintern. Von 1946 bis zu seinem Tod am 2. Juli 1949 bei Moskau war er Ministerpräsident Bulgariens und Generalsekretär der KP

näher kannte. Er behandelte mich absolut gleichberechtigt und berücksichtigte alles, worum ich ihn bat, ja. Er war frei von Launen. Ich konnte ihn immer – auch bei Sitzungen – stören, weil es oft sehr schnell gehen mußte.«

Im weiteren wertete Lotte Ulbricht den VII. Weltkongreß der Komintern. Bekanntlich wurde dort, nicht zuletzt durch Dimitroff, die Politik der KPD vor 1933 in Deutschland als falsch eingeschätzt. Der Kampf gegen die Sozialdemokratie (»Sozialfaschisten«) sei zum Bruderkrieg geworden und habe den Faschisten den Weg zur Macht geebnet. Nicht die SPD, sondern die NSDAP habe die Weimarer Republik liquidiert und eine verbrecherische Diktatur errichtet. »Auf dem VII. Kongreß war seine nüchterne, sachliche und ich muß sagen auch harte Analyse der Fehler, die unsere Partei gemacht hatte, ganz wichtig, ja.«

Georgi Dimitroff charakterisierte auf dem Kongreß den Faschismus als die »offene terroristische Diktatur der reaktionärsten, am meisten chauvinistischen, am meisten imperialistischen Elemente des Finanzkapitals«

Später, während des Krieges, habe sie in Moskau am Institut gearbeitet, das Dimitroff leitete. »Dort war ich Oberreferent für Deutschland und hatte sehr viel zu tun. Ich saß fast jeden Abend in meinem Zimmer. Er kam sehr oft vorbei. Er ging durch die Räume und schaute nach, wer noch arbeitete. Er hatte immer ein paar ermunternde Worte übrig, nicht. Das hat mich sehr beeindruckt, ja.«

Diese grundsätzliche Haltung habe sie auch an anderer Stelle zu spüren bekommen. »Ich hatte ein verhältnismäßig umfangreiches Material über die Tätigkeit ausländischer Arbeiter in Nazideutschland zusammengestellt. Er hat mich kommen lassen, mit mir darüber gesprochen und mich gelobt. Das kommt ja sehr selten bei einem Vorgesetzten vor.« Dann habe er mit ihr über ihre Pläne und Intentionen gesprochen und gefragt, ob sie Unterstützung benötige. »Ich bekam daraufhin einen Mitarbeiter, weil es einfach zuviel war. Wir hatten ja Zeitungen und alles gedruckte Material, was an der Front gefunden wurde, zu bearbeiten.«

Alles in allem sei Dimitroff »ein ausgezeichneter Leiter« gewesen, der ein sehr gutes und menschlich warmherziges Verhältnis zu allen Mitarbeitern gepflegt habe. Er habe auch an den Mitarbeiterversammlungen, die die Gewerkschaft organisiert habe, teilgenommen und sie dort für die Gewerkschaftsleitung vorgeschlagen (»obgleich ich überhaupt keine Zeit hatte«). Dimitroff habe es gefallen, daß sie dort russisch gesprochen habe, »denn viele von unseren Genossen konnten ja nicht genügend Russisch. Er war einfach froh, wenn ein Ausländer die Sprache des Gastlandes sprach.«

Am stärksten aber habe sie nunmal Dimitroffs Rede auf dem Weltkongreß beeindruckt. »Es war ja doch für uns so schwer, aus dieser Enge herauszukommen, in der die Partei war, aus ihrem Verhältnis zur Sozialdemokratie usw. Wir haben bei ihm auf dem VII. Kongreß, wenigstens mir geht es so, gelernt, daß man zur Überwindung der Naziherrschaft und beim Aufbau eines neuen demokratischen Deutschlands alle gutwilligen Kräfte heranziehen muß, ja, ganz gleich, welchen Glaubens, welchen Berufes sie sind und aus welcher Schicht sie kommen. Das hat uns für die Zeit nach 1945 als Leitfaden gedient.«

Dimitroff sei in den letzten Kriegsjahren sehr krank gewesen, habe aber dennoch die deutschen Kommunisten beim Abflug nach Deutschland verabschiedet. Sie habe der zweiten Gruppe angehört. Auch ihr habe er klargemacht, was sie dort erwarte. »Er hat uns noch mal eine politische Richtlinie gegeben. Das ist eigentlich alles.«

Am 8. Mai 1985 bedankte sich Rumjana Georgieva mit einem symbolischen Geschenk (»ein alter bulgarischer Brauch – Holz und Nüsse bringen Gesundheit und Glück«) und der Hoffnung, daß »das Material« in der Jugendzeitung und in den »Sofioter Nachrichten« erscheinen werde, »dann werde ich es Ihnen bringen. Ich habe es so geschrieben, daß man eine Ahnung von Ihrer Generation bekommt, von dem allmächtigen Optimismus und dem festen Glauben der Menschen, die das Gesicht unserer Epoche geprägt haben.«

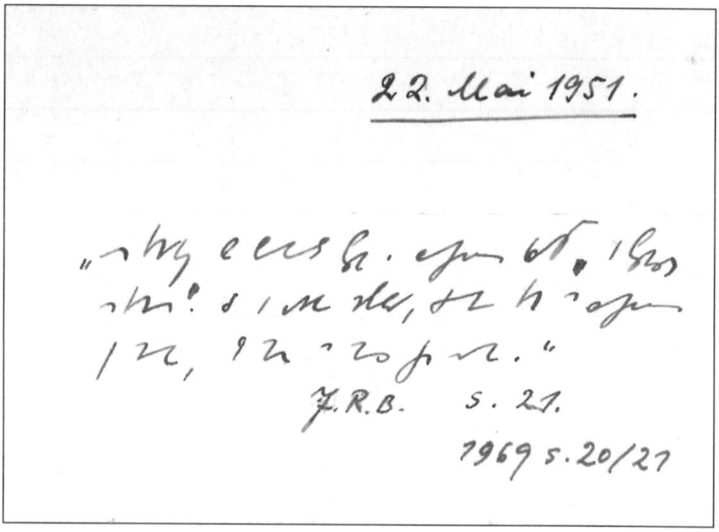
22. Mai 1951.

J.R.B. S. 21.

1969 S. 20/21

Am 22. Mai 1951, dem 60. Geburtstag Bechers, beschloß Lotte Ulbricht Tagebuch zu führen. Sie stellte ihm ein Zitat von J. R. B. voran, in welchem dieser forderte, jeder müsse sich selbst täglich Rechenschaft über das Geleistete geben

4. Juli 1952: Johannes R. Becher, Lotte und Walter Ulbricht in Saarow-Pieskow

Ihre Bewunderung galt auch dem Dichter Johannes R. Becher. Der Münchner, Jahrgang 1891, gehörte seit 1919 der KPD an und hatte sich bereits in den 20er Jahren als expressiver Lyriker einen Namen gemacht. Er verließ 1933 Deutschland und redigierte von 1935 bis 1945 in Moskau die »Internationale Literatur, Deutsche Blätter«. Dort lernten sich die beiden auch kennen. Er kehrte wie die meisten 1945 nach Deutschland zurück und wurde Präsident des »Kulturbundes zur demokratischen Erneuerung Deutschlands«. Er schrieb den Text für die Nationalhymne der DDR*, Dramen, Romane, Erzählungen und Tagebücher – was Lotte Ulbricht, die sehr viel las, wie man auch ihrem Tagebuch entnehmen kann, ziemlich beeindruckte. Becher wurde 1954 Kulturminister der DDR, was er bis zu seinem Tod 1958 blieb.

Nicht nur die Tatsache einer gemeinsam durchlittenen Emigration ließen den Künstler und das Politikerpaar einen natürlichen Umgang miteinander pflegen – wozu die nachfolgende Politikergeneration in der DDR großenteils schon nicht mehr fähig war. Ihnen war ein gesundes Bedürfnis nach Kunst und Kultur eigen. Die Losung des Arbeiterschriftstellers Hans Marchwitza (»Kultur ist

* Auferstanden aus Ruinen / Und der Zukunft zugewandt. / Laß uns dir zum Guten dienen, / Deutschland, einig Vaterland. / Alte Not gilt es zu zwingen, / Und wir zwingen sie vereint. / Denn es muß uns doch gelingen, / Daß die Sonne schön wie nie / Über Deutschland scheint. // Glück und Friede sei beschieden / Deutschland, unserm Vaterland. / Alle Welt sehnt sich nach Frieden, / Reicht den Völkern eure Hand. / Wenn wir brüderlich uns einen / Schlagen wir des Volkes Feind! / Laßt das Licht des Friedens scheinen, / Daß nie eine Mutter mehr / Ihren Sohn beweint. // Laßt uns pflügen, laßt uns bauen, / Lernt und schafft wie nie zuvor, / Und der eignen Kraft vertrauend, / Steigt ein frei Geschlecht empor. / Deutsche Jugend, bestes Streben / Unsres Volks in dir vereint, / Wirst du Deutschlands neues Leben, / Und die Sonne schön wie nie / über Deutschland scheint.

jeder zweite Herzschlag unseres Lebens«) war nicht Handlungszwang. Es kam von Innen. Man besuchte regelmäßig Theatervorstellungen und war bei den Neuerscheinungen der Literatur auf dem laufenden. Die Kehrseite dieses Interesses: Jede Inszenierung, jedes Buch, jeder DEFA-Film, jedes Bild und jede Skulptur wurde zur Staatsaktion. Damit bekam das einzelne Kunstwerk mehr Aufmerksamkeit, als es mitunter verdiente. Im Negativem wie im Positiven.

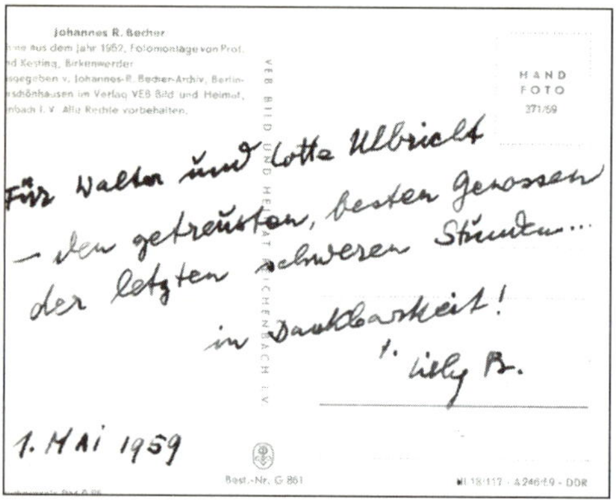


Die Witwe Bechers, Lilly, bedankte sich am 1. Mai 1959 für die Unterstützung und den moralischen Beistand, die sie beim Verlust ihres Mannes durch die Ulbrichts erfahren hatte.

Und der dritte Mann, dem Lotte Ulbricht über ein halbes Jahrhundert freundschaftlich zugetan war, hieß Manfred von Brauchitsch (1905-2003). Der einstige Weltmeister war in den 50er Jahren in die DDR gewechselt. Wie andere Adlige vor ihm – etwa Vieth von Golßenau, als Schriftsteller unter dem Namen Ludwig Renn berühmt, die Wissenschaftler Manfred von Ardenne – bekannte auch er sich zu dem gesellschaftlichen Experiment, das nach dem Krieg im Osten Deutschlands begonnen worden war. Die beiden pflegten bis weit in die 90er Jahre einen intensiven Gedankenaustausch, der hier an anderer Stelle ausführlich dokumentiert wird. Der rüstige Greis gestand Lotte Ulbricht, er werde sie immer »im Herzen« tragen.

Diese Persönlichkeiten hatten vieles gemeinsam: Sie waren intelligent, kultiviert, gebildet, couragiert und von ihrer sozialistischen Überzeugung nicht abzubringen. Das imponierte ihr.

In der Oper mit Kulturminister Klaus Gysi (1912-1999)

## *Die »Finanzministerin«*

Geld besaß für Lotte Ulbricht kaum Bedeutung. Zumindest spielte es nicht jene Rolle, die ihm in der letzten Zeit auch in Ostdeutschland wieder zugewiesen wurde.

Zunächst war es zu Hause immer knapp. Später, in der DDR, war es ausreichend. Im Anstellungsvertrag des Instituts für Marxismus-Leninismus vom 15. Oktober 1959 wurden ihr als wissenschaftlicher Mitarbeiterin – Dienststellung Arbeitsgruppenleiterin – 1.610 DM plus 300 DM zugestanden.

Laut Beschluß der Kaderkommission des ZK vom 10. Juli 1973 schied sie als 70jährige aus dem Arbeitsverhältnis aus. Seit September 1971 erhielt sie eine Altersrente in Höhe von 350 Mark sowie eine Ehrenpension von 800 Mark. Nach dem Tod von Walter Ulbricht wurde ihr per Hinterbliebenen-Rentenbescheid vom 1. Oktober 1973 mitgeteilt, daß sie Anspruch habe auf ein Viertel von 60 Prozent der Altersrente, die Walter Ulbricht bezogen hatte, also noch einmal 52,50 Mark monatlich.

Im Oktober 1985 wurden in der DDR die Ehrenpensionen für Kämpfer gegen den Faschismus und für Verfolgte des Naziregimes sowie für deren Hinterbliebene spürbar angehoben. Lotte Ulbricht bekam nunmehr insgesamt 2.015 Mark, das waren 1.500 Ehrenpension plus 440 Mark Altersrente und 75 Mark Witwenrente. Im Januar 1989 wurde die Ehrenpension noch einmal um 200 Mark und im November die Altersrente um 70 Mark angehoben. Ab Dezember 1989 erhielt Lotte Ulbricht also insgesamt 2.285 Mark

Auch in kleinen Dingen war sie sehr korrekt: Reklamation einer Telefonrechnung

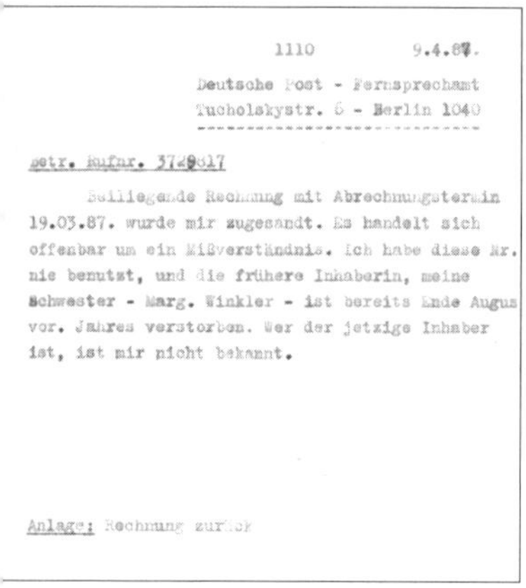
1110 9.4.87.

Deutsche Post - Fernsprechamt
Tucholskystr. 6 - Berlin 1040

betr. Rufnr. 3729617

Beiliegende Rechnung mit Abrechnungstermin 19.03.87. wurde mir zugesandt. Es handelt sich offenbar um ein Mißverständnis. Ich habe diese Nr. nie benutzt, und die frühere Inhaberin, meine Schwester - Marg. Winkler - ist bereits Ende August vor. Jahres verstorben. Wer der jetzige Inhaber ist, ist mir nicht bekannt.

Anlage: Rechnung zurück

Auf ihrem Sparkassenkonto hatte sie am 30. Juni 1990 ein Guthaben von 65.983,84 Mark, welches im Oktober 1993 (!) im Verhältnis 2:1 umgestellt wurden. Die 32.986,92 DM wurden auf ihr Konto bei der Berliner Volksbank überwiesen.

Lotte Ulbricht bezog in der Bundesrepublik am Ende monatlich 4.472 DM Rente. (Dazu im letzten Kapitel mehr.)

Reichtümer hatte sie nie besessen, und das, was sich auf ihrem Konto bei der Berliner Volksbank anhäufte, überschritt nie hunderttausend Mark. Das lag aber nicht etwa daran, daß Lotte Ulbricht auf großem Fuß lebte. Sie brauchte nicht viel für sich.

Im April 1991, zum Beispiel, hatte sie 30.000 DM als Festgeld angelegt, 13.023,50 an Stieftochter Mimi nach Paris überwiesen, Enkelin Patzi erhielt einmal 200, einmal 150 DM.

Der Kontoauszug vom 15. Juli 1997 wies 62.470,79 DM aus. Die Telekom hatte 46,89 DM abgebucht, eine Handwerkerrechnung wurde mit 144,90 DM bezahlt, 325,00 DM gingen als Pflegegeld für den Monat Juli an Frau S. sowie 100,00 DM als Spende an »Cuba sì« (Milch für Kuba).

Überhaupt: Spenden. In ihrem Nachlaß finden sich unzählige Quittungen, die nachdrücklich Lotte Ulbrichts Bedürfnis belegten, ihren Besitz zu teilen und Solidarität zu üben. Auch in dieser Hinsicht ist sichtbar, wie stark in ihr der Gedanke des proletarischen Internationalismus wurzelte. Ob ein Land die Folgen eines Krieges überwinden mußte, von Erdbeben oder Hochwasser heimgesucht worden war, ob Hungersnot herrschte oder medizinische Unterstützung gegeben werden mußte – keine Region, kein Anlaß, sich ignorant abzuwenden. Eine kleine willkürliche und unsystematische, keineswegs repräsentative Auswahl:

14. April 1978 – 10.000 Mark für Vietnam
7. November 1978 – 10.000 Mark für Vietnam
26. Februar 1979 – 10.000 Mark für Vietnam
17. Juni 1982 – 200 Mark aufs Solidaritätskonto 555
15. November 1984 – 200 Mark »Dem Frieden die Freiheit«
16. November 1984 – 200 Mark aufs Solidaritätskonto 444
9. Oktober 1985 – 3.000 Mark für Mexiko
18. November 1985 – 1.000 Mark für Kolumbien

Überweisungen auf Spendenkonten und andere hilfsbedürftige Adressen

28. Oktober 1988 – 6.000 Mark für Nikaragua (Wirbelsturm)

12. Dezember 1988 – 5.000 Mark für Kaukasus

4. Januar 1990 – 500 Mark Rumänienhilfe

19. Mai 1990 – 20 Mark fürs DRK, Kreiskomitee Pankow

29. Dezember 1990 – 200 Mark für die Interessenvereinigung Jugendweihe e. V.

Sie spendete nicht nur Bares, sondern auch andere Dinge. Am 16. November 1982 schrieb sie an den Direktor des Goethe-Nationalmuseums Weimar: »Lieber Genosse Eckardt!

Wie versprochen übergebe ich hiermit dem Goethe-Nationalmuseum ein Exemplar der ›Vollständigen Ausgabe letzter Hand‹ von ›Goethe's Werken‹ in 40 Bd. (Kleinformat), herausgegeben von der Cotta'schen Buchhandlung in den Jahren 1827-1830. Außerdem ›Goethes nachgelassene Werke‹ in 15 Bd. Vom gleichen Herausgeber (in den Jahren 1832-33).

Die insgesamt 55 Bände, in Halbleder gebunden, stellen – soweit ich mich erinnere – ein Geschenk zu Walter Ulbrichts 75. Geburtstag dar.«

Daneben steckte sie auch Freunden und Verwandten gelegentlich etwas zu – Enkelin Patzi beispielsweise bekam am 25. Mai 1989 für eine neue Küche von der Oma 2.750 Mark.

Ansonsten hatte Lotte Ulbricht wie jeder andere Mensch Rechnungen zu begleichen, die sich unablässig vermehrten: Miete, Strom, Heizungskosten, Zeitungsabonnements, Telefon, Versicherungsbeiträge, Straßenreinigung, Abwasser, für das »Essen auf Rädern« (»Menütaxi«) und für »Frauenbegleitung« (»Betreuungsleistung lt. Vereinbarung Nr. 31«), also dafür, daß sie jeden zweiten Tag für eine Stunde im Rollstuhl durch den Bürgerpark in Pankow geschoben wurde. Zu dem Empfängern von Überweisungen gehörte auch das Schauspielhaus Berlin, dem die 94jährige beispielsweise am 20. Juni 1997 für das Anrecht (Reihe F, Samstag) den Jahresbeitrag von 98,00 DM anwies.

Oder das Bundesvermögensamt in der Clara-Zetkin-Straße. Am Heiligabend 1997 schrieb Lotte Ulbricht wütend an den zuständigen Herrn Preusse: »Ich bitte darum, den Winterdienst, gegen Bezahlung, zu veranlassen, daß vor meinem Haus, Majakowskiring Nr. 12, im Winter gestreut und gefegt wird. Danke. Lotte Ulbricht.«

## *Die Kurlauberin*

Im Unterschied zu ihrem Mann, der zu Lebzeiten sein Ärztliches Bulletin dem Zentralorgan entnehmen mußte, blieb Lotte Ulbricht diese Form öffentlicher Demütigung erspart. Gleichwohl war es um ihre Gesundheit nicht sehr gut bestellt. Sie nutzte seit Ende der 40er Jahre regelmäßig Kuraufenthalte zur Linderung chronischer Leiden im Bewegungsapparat und im Verdauungstrakt, und dies bis hoch in die 90er Jahre. Zumeist verkehrte sie in Bad Elster, früher auch in der Sowjetunion.

Im Nachlaß befinden sich zwei Krankenberichte in russischer Sprache, die – vermutlich von ihr selbst – ins Deutsche übertragen wurden. »Die Patientin, Lotte Ulbricht, 67 Jahre, wurde am 30. Oktober 1970 in das Sanatorium ›Zschaltubo‹ der 4. Haupt-

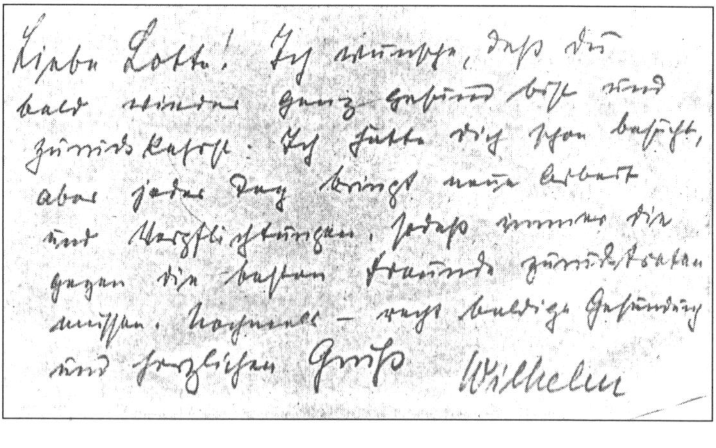
Liebe Lotte! Ich wünsche, daß du bald wieder ganz gesund bist und zurückkehrst. Ich hätte dich schon besucht, aber jeder Tag bringt neue Arbeit und Verpflichtungen, sodaß immer die gegen die besten Freunde zurückstehen müssen. Nochmals – recht baldige Gesundung und herzlichen Gruß Wilhelm

Wilhelm Pieck schickte ihr im Oktober/November 1945, als sie im sowjetischen Militärhospital in Berlin-Karlshorst lag, diese Genesungswünsche

Mit Tochter in Grusinien Anfang der 60er Jahre, Walter und Lotte händchenhaltend

verwaltung beim Ministerium für Gesundheitswesen der Grusinischen SSR (...) eingewiesen.« Die Patientin, so las man weiter, klage über Schmerzen »im Hals-, Brust- und Lendenwirbelbereich, die auf das linke Bein ausstrahlen und sich bei Wetterveränderungen sowie bei körperlicher Belastung verstärken, Schmerzen im rechten Schultergelenk mit geringfügiger Einschränkung der Bewegung, Schweregefühl im Herzbereich, das auf den linken Arm ausstrahlt ...«. Der Puls wurde mit 58 angegeben, der Blutdruck mit 130 zu 60. Am Herzen konstatierte man allenfalls »altersbedingte Veränderungen«, die inneren Organe waren ohne Befund.

Nach zwölf Massagen und 20 Bädern sowie der Einnahme von acht Medikamenten konstatierte am 20. November 1970 der behandelnde Arzt, E. L. Chomassuridse, die Kurärztin A. Ja. Kirtawa und der Chefarzt des Sanatoriums, O. W. Pruidse, daß sich der »Allgemeinzustand gebessert« habe und der »Schlaf regelmäßiger geworden« sei. Auch die Laborbefunde waren in Ordnung, so daß die Anamnese für die Patientin lautete: »Wird als gebessert entlassen.« Als Empfehlung gab man ihr auf den Weg nach Berlin: »Abkühlung ist zu vermeiden. Arbeits- und Erholungsregime ist einzuhalten; Ernährungsregime und Diät sind einzuhalten; Heilgymnastik und Massagen – nach Ermessen des Arztes; unter ärztlicher Beobachtung bleiben; Bäderkur nach Ermessen des Arztes wiederholen.«

Nach einem Vierteljahr wiederholte Lotte Ulbricht die Kur, sie wurde dabei von ihrem Mann Walter begleitet.

Wir müssen nicht in die medizinischen Details eindringen, um zu erkennen, daß die Jahre nicht spurlos an Lotte Ulbricht vorübergezogen waren. Daß sie »müde und erschöpft« wirkte, wird aber auch den aktuellen Umständen geschuldet gewesen sein: Im Dezember 1970 hatte das 14. ZK-Plenum »kritisch und konstruktiv«, wie es in den offiziellen Darstellungen hieß, die politische und wirtschaftliche Lage analysiert. Es begann die Phase der Entmachtung Ulbrichts. Am 3. Mai 1971, auf dem 16. Plenum, trat er als Erster Sekretär zurück.

Die zurückliegenden Monate hatten offenkundig auch an den Nerven Lotte Ulbrichts gezerrt, insofern wird die Diagnose »müde und erschöpft« beim Antritt der Kur am 8. Februar 1971 wohl zutreffend gewesen sein.

Auf der anderen Seite kann man jedoch erfreut feststellen, daß Lotte Ulbricht das medizinische Urteil um mehr als drei Jahrzehnte überlebte. Den Ratschlag der Ärzte, »systematisch Spaziergänge im Freien vorzunehmen, Heilgymnastik zu betreiben« und sich massieren zu lassen, hat sie nämlich ebenso befolgt wie jenen: »Eine ständige ärztliche Beobachtung am Wohnsitz ist zu empfehlen.«

Im Sanatorium »Zchaltubo« weilte sie auch vom 14. Mai bis zum 7. Juni 1975 und erhielt »eine komplette Badekur (30 Zchaltubo-Bäder, 16 Massagen)«. Fazit des Chefarztes G. Tcheidse: »Sie

Die Zeitung von Kutaissi berichtete am 28. Mai 1975 über den Besuch Lotte Ulbrichts an der 1. Mittelschule – eine dankbare Abwechslung der Kur in Zchaltubo

ADN verbreitete am 17. April 1968 dieses Foto: »Lotte Ulbricht, geb. am 19. April 1903, Mitglied der Frauenkommission beim Politbüro des ZK der SED«

wird mit einer Verbesserung des Allgemeinzustandes und der Grunderkrankung entlassen (...) Die Kur im Badekurort Zchaltubo ist in der nicht heißen Jahreszeit angezeigt.«

Aus den auf uns gekommenen Papieren ist nicht ersichtlich, ob Lotte Ulbricht zur heißen oder zur nicht heißen Jahreszeit oder überhaupt nicht mehr nach Grusinien zu Kur gereist ist. Von jener blieb nur ein Beitrag über einen Besuch in Kutaissi während des Kuraufenthaltes. Die am Ort erscheinende grusinische Zeitung vermeldete am 28. Mai 1975 mit Bild ihre Anwesenheit. »Unsere Stadt besuchte vor kurzem ein Ehrengast, der sich Zchaltubo zur Kur befindet und zu den führenden Persönlichkeiten der DDR gehörte. Der Gast wurde vom Sekretär des Stadtkomitees, Tamara W…, dem Stellvertretenden Abteilungsleiter für Agitation und Propaganda des Stadtkomitees Kuf S. Kipeanin, dem Direktor der 1. Mittelschule ›Majakowski‹, Kandidat der Pädagogischen Wissenschaften, I. Kintechat, begrüßt.

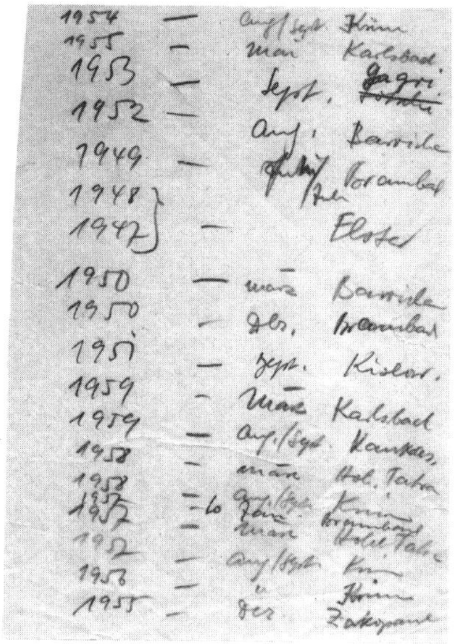

Aufstellung Lotte Ulbrichts ihrer Kuraufenthalte von 1947 bis 1959

Mit gewohnter Gastfreundlichkeit wurde Lotte Ulbricht vom pädagogischen Kollektiv und von den Schülern der 1. Schule empfangen. Die Schule war feierlich geschmückt. Hunderte Pioniere waren in roten Halstüchern, mit frischen Blumen in den Händen angetreten und begrüßten den hohen Gast in deutscher Sprache.«

In den Papieren fand sich ein Notizzettel aus den späten 50er Jahren, auf dem Lotte Ulbricht sich zu erinnern versuchte, wann sie wo in den zurückliegenden anderthalb Jahrzehnten zur Pflegebehandlung geweilt hatte, wobei diese drei bis vier Wochen gleichzeitig Jahresurlaub waren. Sie war in Bad Elster und Bad Brambach, in Barwicha bei Moskau und im sowjetischen Kislowodsk, in Gagri und auf der Krim, in Karlsbad und im polnischen Zakopane.

Im Sommer 1996 war sie für zwei Wochen in einem Seniorenheim in Zepernick am Rande von Berlin, damit ihre Pflegerin mal Urlaub machen konnte. Das dortige Personal hielt sich zurück. Erst im November platzte es mit der Nachricht heraus, eines der Anzeigenblätter verkündete mit dreimonatiger Verspätung naßforsch: »Lotte in Zepernick.« Die Geschäftsführerin teilte mit, daß ihr 1,45 Meter großer Gast ein Einzelzimmer bewohnt und jeden Tag mit der Leselupe das *Neue Deutschland* studiert habe.

Lotte Ulbricht habe aber auch das Heim kritisch unter die Lupe genommen und – zu Recht, wie die Chefin einräumte – bemängelt, daß Spiegel und Kleiderhaken zu hoch angebracht seien. Lotte Ulbricht habe den Wunsch geäußert, um ihren Aufenthalt kein Aufsehen zu machen. Das sei letztlich auch der Wunsch des Hauses gewesen, erklärt leicht indigniert die Geschäftsführerin des Heimes, als schämte sie sich noch immer dafür, Lotte Ulbricht beherbergt zu haben.

Episoden zu anderen Kuraufenthalten im hinteren Teil des Bandes

## *Die Stenographin*

Im Nachlaß fanden sich eine Reihe von Papieren mit stenographischen Kürzeln, am umfangreichsten eine Art Tagebuch. Das weckte Neugier. Schließlich gibt es zwei Erklärungen dafür, wenn sich jemand in einer Form mitteilt, die den meisten Betrachtern nicht verständlich ist: Entweder schrieb die ehemalige Stenotypistin aus Eile so – oder aber sie wollte, daß Dritte nicht erführen, was sie zu Papier gebracht habe.

Die Entschlüsselung der Texte erwies sich als schwierig. Lotte Ulbricht benutzte eine Kurzschrift, die heute nicht mehr gelehrt wird: Stolze-Schrey. Als Lotte Kühn in die Lehre ging, war das die in Deutschland am weitesten verbreitete Kurzschrift. Daneben existierte die von Franz Xaver Gabelsberger (1789-1849), einem bayerischen Kanzleibeamten, geschaffene und nach ihm benannte kursive Stenografie. Dieses System war ziemlich kompliziert und damit auch exklusiv: Es war wohl mehr für Parlamentsstenographen gedacht. In den 20er Jahren beendete ein Staatssekretär im Innenministerium die durchaus hinderliche Vielfalt der gebräuchlichen Kurzschriften mit der Einführung einer »Deutschen Einheitskurzschrift«. Das führte zwangsläufig dazu, daß Stolze-Schrey und die anderen Kurzschriften der Vergessenheit anheimfielen.

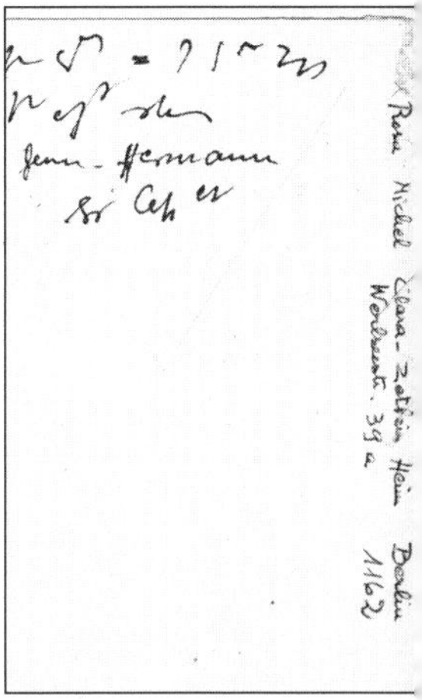

Notizen in Steno – überall

Einer der wenigen Stenographen, die diese noch entziffern können, ist Rudolf Krause. Er war in dieser Eigenschaft drei Jahrzehnte für Ulbricht, Honecker und andere tätig. Noch heute arbeitet er gelegentlich für den Bundestag. Manche Fachleute sind eben gefragt.

Krause beurteilte die von Lotte Ulbricht geschriebene Kurzschrift als flüssig und Resultat einer gediegenen Ausbildung. Die erste Stufe

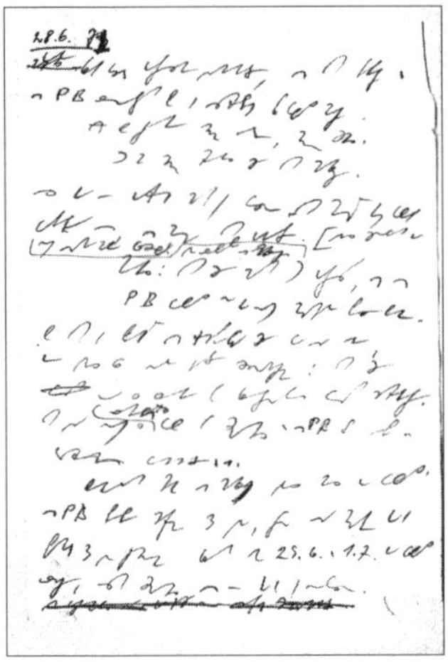

habe sie sehr gut beherrscht, allerdings scheute sie vor schwierigen Worten zurück – da benutzte sie die Langform. Am 31. Juli 1965 beispielsweise notierte sie: »Gestern sah ich im Westfernsehen ›Monitor‹«. Vorsichtshalber schrieb sie den Titel des WDR-Politikmagazins aus. Das aber wäre nichts Ungewöhnliches, meint Krause. Stenographie sei schließlich nicht erfunden worden, um das Telefonbuch zu übersetzen. Die Gefahr, daß Namen und Bezeichnungen durch kleinste Veränderungen der Kürzel verfälscht würden, sei groß. Zumal wenn man, wie Lotte Ulbricht, mit Füllfederhalter schrieb und die Schriftzeichen mitunter breiter liefen als zulässig.

Stehen Geheimnisse in den stenographischen Aufzeichnungen? Leider nein, die Ausbeute ist enttäuschend mager. Sie hat wohl nur aus alter Gewohnheit stenographiert und weniger aus Sorge, daß Unbefugte von ihren Texten Kenntnis nahmen.

Das Tagebuch beginnt am 25. Mai 1951, drei Tage nach dem 60. Geburtstag von Johannes R. Becher. Die Eintragungen geschahen nicht regelmäßig, die Häufigkeit nahm ab, es fehlen ganze Jahre. Von 1972 bis 1995 finden sich nur noch Mitteilungen über gelesene Bücher und daraus entnommene Zitate. Und auf dem Nachtschrank wird es auch nicht gelegen haben. Am 21. September 1959 heißt es nämlich: »Habe wieder einmal das Tagebuch zufällig in die Hand bekommen.«

Von Rechenschaft findet sich dort so gut wie nichts. Es erfolgen keine persönliche Reflexionen, keine Schilderungen von Ereignissen oder Vorgängen. »Große Politik« kommt darin nicht vor. Für eine Landesmutter, so Krause, sind die eher willkürlichen Nachrichten erstaunlich unpolitisch. Da und dort bricht Naturbegeisterung durch. Berührend, so der Stenograph, jedoch die gelegentlichen Hinweise auf die Adoptivtocher Beate. Er habe Lotte Ulbricht als beherrschte, wenig gefühlsbetonte Frau kennengelernt und müsse sich nun korrigieren. Es gibt hin und wieder sehr empfindsame Bemerkungen, wie sie nur wirklich liebende Mütter machen.

Am 30. Januar 1952 verlor Walter Ulbricht in der Staatsoper seine Brieftasche. »Ein schlimmer Tag«, notierte verärgert Lotte Ulbricht in ihr Tagebuch

Walter Ulbricht kommt auch nicht eben häufig in den sporadischen Aufzeichnungen vor. Einmal, am 30. Januar 1952, heißt es, daß es ein schlimmer Tag sei. Nun vermutet man, Lotte Ulbricht spielt auf den Machtantritt der Nationalsozialisten an. Doch nein.

6. Mai 1958: Beate feiert unter Pfirsichblüten ihren 14. Geburtstag

Ulbricht hat, vermutlich beim Besuch der Staatsoper, seine Brieftasche verloren. Alles sei weg, sogar die »rote Kurkarte«, klagte sie.

Die erste Eintragung im Jahre 1953 erfolgte am 2. August. Bis zum Jahresende kamen neun weitere. Nicht eine nimmt Bezug auf die dramatischen Ereignisse im Juni. Gleichwohl bricht Empörung und sichtliche Erregung durch. Die Sätze sind kurz. Gleichsam im Stakkato verlieh Lotte Ulbricht ihrem Unmut Ausdruck und ließ durch Auslassungen der Phantasie Raum. Der Grund bleibt verborgen, man kann ihn nur ahnen. »Leider habe ich nicht das schofflige Benehmen Fred Oelßners festgehalten ... Der Arme! Wie er und alle anderen sich haben vergewaltigen lassen. Von einer Frau! Ganz führende Genossen ...«

Im Tagebuch finden sich Einsprengsel in russischer, französischer und englischer Sprache. Es ist daraus ersichtlich, daß sie die erwähnten Bücher, denen sie die Zitate entnahm, im Original gelesen hatte. Literatur nahm einen erkennbar großen Raum ein. Belletristik wie politische Sachbücher. Auch Kochbücher, ja. Literatur war die Verbindung zur Welt und kulturelles Fundament. Reflexionen über Bildende Kunst und Theaterbesuche fanden weniger statt.

Die Mehrheit der von ihr gelesenen Bücher war jeweils aktuellen Datums. In den 90er Jahren las sie neben anderen Strittmatter, Modrow, Luft, Krone-Schmalz, Osang, Hans Mayer und Volker Braun, Landolf Scherzer und Niklas Frank. 1994 trug sie Werner Eberleins »Ansichten, Einsichten, Aussichten« ein.

Die letzte Bemerkung im Kalender vom Juli 1995 galt einem Büchlein von Klaus Huhn und Leo Burghardt mit der bangen Frage »Überlebt Kuba?«

Da ist das Tagebuch, das eigentlich nie ein richtiges war, voll. Ein neues hat die 92jährige nicht mehr begonnen.

## *Die Staatsreisende*

Seinerzeit war es nicht üblich, daß Regierungschefs sich auf Dienstreisen von ihren Frauen begleiten ließen, Staatsoberhäupter zuweilen schon. Da es allerdings in den staatssozialistischen Ländern an der Spitze eine Ämterhäufung gab – der Erste in der führenden Partei war meist zugleich auch Staatschef – reisten diese stets ohne Anhang. Zumal nach ihrem Verständnis »die Funktion« auf Mission ging, also nicht der Ehemann.

Die Ulbrichts brachen mit dieser Regel.* Auch in dieser Hinsicht waren beide, nicht zuletzt wegen der emanzipierten, selbstbewußten Lotte Ulbricht, ein modernes Paar. Sie besuchten gemeinsam Dörfer und Städte in der DDR, visitierten zusammen Betriebe und Einrichtungen des Landes. Und ging es in die Sowjetunion, war Lotte Ulbricht zudem als Sprachmittlerin beschäftigt.

* Erst die Kennedys traten in den frühen 60er Jahren als Präsidentenpaar auf, danach wurde es im Westen üblich. Aber in den 50ern gab es nur die Ulbrichts. Adenauer war seit 1948 Witwer, die Briten hatten ihre Queen, und Frau Chruschtschowa war so unbekannt wie Mrs. Eisenhower

Wie unüblich ihr beider Verhalten war, offenbarte eine eher beiläufig von Lotte Ulbricht erzählte Episode, die im September 1959 in der »Wochenpost« erschien.

Besuch an der Technischen Hochschule Dresden Anfang der 60er Jahre

»Auf dem Wege zur Kundgebung war ich wieder einmal vom Strom der Menschen, die Walter Ulbricht begrüßten oder ihm irgendwann etwas sagen wollten, beiseite geschoben worden.

Während eine Frau lebhaft auf ihn einsprach, sah sich mein Mann nach mir um, zog mich durch die Reihen der anderen hindurch und sagte zu seiner Gesprächspartnerin: ›Da kann ich Ihnen gleich mal meine Frau vorstellen.‹

›Nein‹, erwiderte die Frau völlig perplex. ›Sie haben eine Frau?‹

Ich mußte herzhaft lachen: ›Doch, doch‹, sagte ich, ›er hat auch eine‹.«

Die erste auch außenpolitisch bedeutende Reise führte beide Ende Februar 1965 an den Nil. Die DDR war nicht zuletzt wegen der Bonner Hallstein-Doktrin* außenpolitisch isoliert. Erstmals lud ein bedeutendes Land der Dritten Welt, die Vereinigte Arabische Republik, das DDR-Staatsoberhaupt offiziell ein. Zwar kam es nicht, wie in Berlin erhofft, zum Austausch von Botschaftern, aber es wurden etliche bilaterale Verträge geschlossen. Insofern war dieser Staatsbesuch im 16. Jahr der DDR ein wichtiger Schritt in die internationale Arena.

* Die Bundesregierung reklamierte für sich einen Alleinvertretungsanspruch, den Staatssekretär Hallstein 1955 formuliert hatte. Drittstaaten, die diplomatische Beziehungen zur DDR aufnahmen, hatten mit Konsequenzen bis hin zum Abbruch der diplomatischen Beziehungen durch die Bundesrepublik zu rechnen. Die Hallstein-Doktrin wurde 1969 durch die Brandt-Regierung als politisch kontraproduktiv eingeschätzt und getilgt

Lotte Ulbricht berichtete wenig später in einer Broschüre (»Eine unvergeßliche Reise«), die im Leipziger Verlag für die Frau erschien, ausführlich darüber. Ein Exemplar verschenkte sie mit handschriftlicher Widmung: »Meinem lieben Walter in Dankbarkeit, daß mir die Teilnahme an dieser Reise ermöglicht wurde. Deine Lotte. Sept. 1965«.

Der Theatermann Einar Schleef behauptete mehr als drei Jahrzehnte später, er würde noch immer ganze Textpassagen daraus auswendig kennen.

Die Delegation flog mit einer IL-18 von Berlin nach Dubrovnik an der jugoslawischen Adria-Küste. Dort bestieg sie das FDGB-Urlauberschiff »Völkerfreundschaft«. Nach zwei Tagen Mittelmeer legte das Schiff in Alexandria an. Bevor das passierte, kam mit einer Barkasse eine ägyptische Ehrenbegleitung an Bord. Die Frau des Leiters dieser Gruppe hatte eine besondere Aufgabe – sie wurde zur ständigen Begleiterin Lotte Ulbrichts. »Auch das ist für mich neu. Aber ich freue mich. Besonders, als ich höre, wie gut sie deutsch spricht.« Mit der Bahn ging es weiter nach Kairo, Lotte Ulbricht, das geht aus ihren Aufzeichnungen hervor, schien von den fremden Eindrücken überwältigt. Noch auf dem Bahnhof wurden sie vom

Reisebericht Lotte Ulbrichts, 1965

* Gamal Abd el-Nasser (1918-1970), seit 1954 ägyptischer Staats- und Ministerpräsident, zwischen 1958 und 1961 stand er an der Spitze der Vereinigten Arabischen Republik (mit Syrien). Nasser galt neben Nehru und Tito als Wortführer der Blockfreien Staaten. Er verfolgte das Ziel eines arabischen Sozialismus mit Bodenreform, einer Industrialisierung des Landes und dem Bau des Assuan-Staudammes. Sein Mitstreiter und Nachfolger (1970) Sadat nahm eine politische Kurskorrektur vor

Präsidentenpaar willkommen geheißen. Nasser*: »eine faszinierende Gestalt mit einem schönen, klugen Gesicht«.

Und Madame Nasser »ist mir in ihrer Schlichtheit sofort sympathisch. Ihr ernstes Gesicht mit dem glattfallenden Haar verschönt sich ungemein, als sie mich freundlich lächelnd mit einem herzlichen Händedruck begrüßt.« Im zweiten offenen Wagen in der Kolonne fuhren die Damen in den Präsidentenpalast. »Unsere Gemächer liegen im zweiten Stock. Wie in den meisten Palästen, die ich bisher gesehen habe, sind die Räume riesig hoch, die Möbel nach königlichem Geschmack. Zum Umsehen bleibt mir aber nicht viel Zeit, ich muß auspacken.« Auch am fernen Nil kam die Hausfrau Ulbricht durch.

Am späten Nachmittag machte man in Familie, die beiden Töchter des Nassers waren da, sie studierten in Kairo, und der älteste der drei Söhne. Er war 15 und fast so groß wie sein Vater. Während die Männer dann politisch wurden, »habe ich endlich Gelegenheit, mit Madame Nasser ins Gespräch zu kommen. Da wir keinen Übersetzer haben, strapaziere ich mein Gedächtnis. Französisch verständigen wir uns ausgezeichnet. Frau Nasser ist eine kluge Gesprächspartnerin, sehr ruhig und bescheiden. Lebhaft wird sie besonders, als wir von den Kindern sprechen. Ich habe den Eindruck, daß sie die Seele des Hauses ist, das Ruhe und Glück atmet.« Nach dem Abendessen schenkte Nasser ihr ein »Kästchen aus rotem Leder«, drinnen »ein wundervoller goldener Orden« mit der Bemerkung »For remember«, zur Erinnerung. Lotte Ulbricht war sichtlich gerührt. »Später erfahre ich, daß es sich bei dem Orden el Kamal um die höchste Auszeichnung handelt, die Frauen erhalten können. Da auch Aziza Hussein, die tüchtige ägyptische Vertreterin in den Vereinten Nationen, diesen Orden besitzt, fühle ich mich in guter Gesellschaft.«

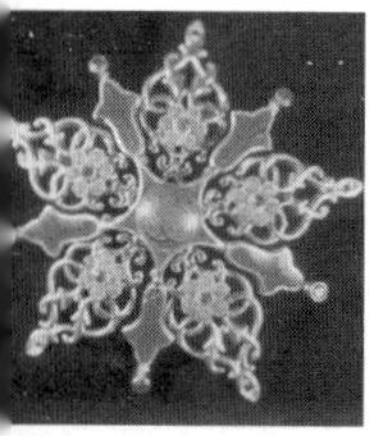

Orden el Kamal (=der Vollkommenheit), die höchste Auszeichnung in Ägypten für Frauen

Am nächsten Tag besuchte man eine Textilfabrik südlich von Kairo. Lotte Ulbricht fühlte sich »pudelwohl, trotz sommerlicher Wärme und Gedränge (und obgleich ich, vorsichtig wie viele Kairoer Frauen, ein Wollkostüm trage)«. Allerdings registrierte sie auch »eine negative Erscheinung«: »In den Betriebsabteilungen, die wir besuchen, sehe ich kein weibliches Wesen. Aber man muß sich hüten, unsere Verhältnisse als Maßstab anzulegen. Die Industrialisierung der VAR befindet sich erst in den Anfängen. Mit ihrem Fortschreiten wird auch die Frau in stärkerem Maße in die Produktion einbezogen werden. Außerdem hat die ägyptische Frau in einem

Lotte Ulbricht im Gespräch mit Präsident Nasser

viel höheren Maße gesellschaftliche und religiöse Vorurteile zu überwinden als wir – die wir ja auch noch genug davon haben.«

Es folgte ein umfangreiches touristisches Programm mit Besuchen der Königsgräber in Luxor, etwa 1.000 Kilometer südlich von Kairo, und des im Bau befindlichen Assuan-Staudammes. »Während der Minister für den Hochdammbau Walter Ulbricht von der Rentabilität des Dammes berichtet, schaue ich zum strahlenden blauen Himmel hoch und erlebe da ein seltenes Schauspiel. Ein riesiger Schwarm von Störchen zieht in schwerem Flug nach Norden. In Gedanken gebe ich ihnen Grüße an die Heimat mit, aber wir werden wohl schneller dort sein.« Danach ging es zu den Pyramiden von Gizeh vor der Toren Kairos und in das Ägyptische Museum. »Ich bilde mir nicht ein, bei einem einmaligen Besuch von ein bis zwei Stunden einen wirklichen Überblick erhalten zu können. Auf alle Fälle vertieft der Besuch einige Eindrücke, die ich von den historischen Stätten mitgebracht habe. Am interessantesten sind für mich die Säle, die die Kunstschätze aus dem Grab Tut Ench Amons enthalten.«

Bei der Besichtigung in Luxor im »Tal der Könige«

Der Fünfuhrtee (»Ich freue mich«) wurde gemeinsam mit einigen Damen eingenommen: Madame Nasser, Ehefrauen von Ministern und anderen Politikern sowie acht weiblichen Abgeordneten der Nationalversammlung. Zwei Stunden diskutierte man lebhaft über Frauenfragen. Die ägyptische Frau, so konstatierte Lotte Ulbricht später, sei »von großem Charme und gleichzeitig sehr bescheiden und zurückhaltend. Die Abgeordneten sind etwas resoluter, und ihre warmen braunen Augen schauen kämpferisch, wenn

Fünfuhrtee im Kubbeh-Palast mit Madame Nasser (links), rechts neben Lotte Ulbricht Sozialministerin Dr. Abuzeid

sie von ihren Anstrengungen um die Durchsetzung der Gleichberechtigung der Frau sprechen.«

Am letzten Tag besuchten sie ein Dorf in einer Oase und waren Gast im Hause eines Fellachen. Nachmittags ließ sich Lotte Ulbricht zu einem Stadtbummel hinreißen, obgleich die 62jährige ziemlich ermüdet war. Mit ihrer ständigen Begleiterin schlenderte sie durch das Basarviertel um den Muski.

»Ich schlendere von einer Gasse zur anderen und sehe den arabischen Handwerkern bei der Arbeit zu. Auf niedrigen Hockern sitzend, hinter sich das kleine, halbdunkle Geschäft, hämmern, ziselieren, schnitzen oder kleben sie. Die Händler, die nicht arbeiten, sind ganz auf die zahlreichen ausländischen Touristen eingestellt und scheinen nicht schlecht dabei zu verdienen.« Zweifellos bleiben die Eindrücke nicht ohne Folgen. Allein die Art, wie Lotte Ulbricht alles wahrnahm und reflektierte, zeigte Aufgeschlossenheit und Neugier. Sie tauchte gleichsam ein in eine fremde Welt, die sie keineswegs als Bedrohung, sondern als Bereicherung begriff.

»Bei der Rückkehr in den Palast finde ich einen Gruß von Frau Céza Nabaraoui vor, dem ein Stück koptischer Stickerei aus den ersten Jahrhundert unserer Zeitrechnung beiliegt. (Die Kopten sind Ägypter christlichen Glaubens.) Dieser Gruß rührt mich besonders, denn Frau Nabaraoui, Vizepräsidentin der IDFF*, ist eine der ersten Ägypterinnen, die vor Jahrzehnten mutig den Schleier abgelegt haben.«

* Internationale Demokratische Frauenföderation, 1945 in Paris gegründet. Der Demokratische Frauenbund Deutschlands (DFD) wurde 1948 aufgenommen. Seit 1951 hatte das Sekretariat der IDFF seinen ständigen Sitz in Berlin

Der 2. März war der letzte Tag in Ägypten. »Als ich aufstehe, habe ich etwas Halsschmerzen. ›Eine leichte Entzündung‹, konstatiert der Arzt, (bis zum Abend entwickelt sie sich zu einer leichten Grippe, so daß ich von der Seereise auf dem Rückweg nichts habe.)« Das Präsidentenpaar brachte sie zum Bahnhof in Kairo, die festlich geschmückten Straßen wurden von winkenden Menschen gesäumt. Die Bahnlinie nach Port Said führte am Suez-Kanal entlang. »Von dem nüchternen Anblick des Kanals bin ich eigentlich etwas enttäuscht. Spaß machen mir allerdings die Ozeanriesen, die den Eindruck erwecken, als schwämmen sie direkt auf der Wüste.«

Vor dem Hauptbahnhof in Kairo

Keine vier Monate später waren Josip Broz Tito und seine Frau Jovanka Gast in Berlin. Der Marschall war seit 1953 jugoslawischer Staatspräsident und bis vor kurzem geächtet. Er hatte 1948 mit Stalin gebrochen, weil er es ablehnte, dem sowjetischen Sozialismus-Modell zu folgen. Der »Titoismus«, von der Moskauer stalinistischen Führung auch als »Titofaschismus« denunziert, führte in der Folgezeit zu heftigen ideologischen Auseinandersetzungen im sozialistischen Lager. Moskau bemühte sich zwar unter Chruschtschow um eine Normalisierung der Beziehungen, doch diese waren bis zum Ende des Ostblocks immer Schwankungen unterworfen. Jugoslawien blieb auf Distanz zum Warschauer Pakt (wie zur NATO) und spielte in der Bewegung der Blockfreien eine führende Rolle. Ulbrichts selbstbewußte Einladung an Tito* war – nach der Ägyptenreise – eine deutliche Demonstration der Souveränität.

Lotte Ulbricht betreute Frau Tito. Während die eine unter Dimitroff in Moskau bei der Komintern arbeitete, ging die andere als 17jährige zu den Partisanen. Das war 1941. Beide hatten den gleichen Feind. Jetzt das gleiche Thema: Frauenpolitik. Bei einem Frühstück im Müggelturmcafé erkundigte sich Jovanka Broz, eine Entschuldigung wegen ihrer Neugier vorausschickend, sehr intensiv nach der Lage der DDR-Frauen. »Wie viele Mädchen werden bei Ihnen an Universitäten und Hochschulen ausgebildet? Gibt es Schulen für Arbeiterinnen? Müssen die Frauen einen Qualifizierungsnachweis haben?« Gemeinsam bummelten Lotte Ulbricht und Jovanka Broz durch Berlin.

Nach Jahresfrist, Ende September 1966, erfolgte der Gegenbesuch in Jugoslawien. Dort kam es fast zum Eklat. Lotte Ulbricht weigerte sich, in eine offene Kutsche zu steigen, die Tito geschickt hatte. Sie sei keine Königin und wünsche auch nicht so befördert zu werden, erklärte Lotte Ulbricht resolut.

### *Die Zurückgewiesene*

Die Honecker-Propaganda stellte den Abgang des knapp 78jährigen Ulbrichts so dar: »Auf der 16. Tagung des Zentralkomitees am 3. Mai 1971 bat Walter Ulbricht, ihn von der Funktion des Ersten Sekretärs des Zentralkomitees zu entbinden. Er erklärte, daß sein Alter und seine Verantwortung gegenüber dem Zentralkomitee, der gesamten Partei und dem Volk es ihm nicht länger gestatten, eine solche anstrengende Tätigkeit auszuüben, und daß die Zeit gekommen sei, diese Funktion in jüngere Hände zu geben. Das Zentralkomitee entsprach einstimmig dem Antrag Walter Ulbrichts. Es dankte ihm für sein jahrzehntelanges Wirken an der Spitze des Führungskollektivs der Partei und wählte ihn in Ehrung seiner Verdienste zum Vorsitzenden der SED.«**

* Tito (eigentlich Josip Broz), 1892-1980, seit 1937 Generalsekretär der KP (seit 1952 Bund der Kommunisten Jugoslawiens), organisierte 1941 den Partisanenkampf gegen die italienischen und deutschen Okkupanten. Seit 1943 Präsident des Antifaschistischen Rates, ab 1945 Ministerpräsident und Verteidigungsminister, ab 1953 bis zu seinem Tode Präsident der Föderativen Sozialistischen Republik Jugoslawien (FSRJ), eines Vielvölkerstaates, der nach Titos Ende zu zerfallen begann. Im Juni 1991 erklärten sich Slowenien und Kroatien für unabhängig, womit die staatliche Auflösung der Bundesrepublik Jugoslawien eingeleitet wurde. Die umgehende diplomatische Anerkennung durch die BRD führte in letzter Konsequenz zu einem mehrjährigen Bürgerkrieg in der Region

** Aus: Geschichte der SED. Abriß, Berlin 1978

Leonid Breshnew (1906-1982), 1964 Erster, seit 1966 Generalsekretär des ZK der KPdSU. Von 1960 bis 1964 und ab 1977 erneut Vorsitzender des Präsidiums des Obersten Sowjets und damit nominelles Staatsoberhaupt der UdSSR.
Hier bei der Jagd mit Ulbricht in der Schorfheide

Auch unvoreingenommene Zeitgenossen konstatierten, daß das Alter inzwischen bei Ulbricht sichtlich seinen Tribut forderte. Gleichwohl war er nicht jener Tattergreis, der mit Morgenmantel und in Filzlatschen sitzend die Glückwünsche des Politbüros entgegennahm, wie es ein offizielles Bild glauben machen sollte, welches von der Nachrichtenagentur ADN verbreitet wurde.

Es ist bezeugt, daß die Moskau-Fraktion im Politbüro mit Unterstützung des Kreml bzw. diese im Auftrage Breshnews Ulbricht aus dem Weg räumte. Walter Ulbricht war zu selbstbewußt und souverän geworden. Nicht nur in der Ausgestaltung des Sozialismus experimentierte er und löste sich zunehmend vom dogmatischen sowjetischen Modell. Er hatte die Gefolgschaft bei der militärischen Niederschlagung des »Prager Frühlings«* im Sommer 1968 verweigert und versuchte auch die festgefahrenen deutsch-deutschen Beziehungen zu entkrampfen (Erfurt, Kassel**). Jedoch auch hier reklamierte Moskau für sich eine Vorreiterrolle. Also mußte Ulbricht entmachtet werden.

Lotte Ulbricht befand sich in der Folgezeit im Zwiespalt. Zum einen konnte sie der Honecker-Lesart nicht folgen, weil sie objek-

* Die KPTsch unter Dubček versuchte das sowjetische Sozialismus-Modell zu reformieren, was Ulbricht durchaus mit Sympathie verfolgte. Deshalb traf er sich auch geheim mit Dubček. Als sich aber eine harte Reaktion Moskaus abzuzeichnen begann, kritisierte auch er offiziell den Kurs der KPTsch, um nicht seine Reformversuche in der DDR zu gefährden

** s. Seite 112

tiv falsch und verlogen war. Sie wollte ihr aber, schon aus Parteidisziplin, auch nicht öffentlich widersprechen. Zum anderen jedoch konnte sie einer »Entmachtung« nicht das Wort reden, weil dies den Verdacht genährt hätte, Ulbricht wäre starrsinnig und zu ignorant gewesen, um die Wahrheit an sich heranzulassen, daß die Zeit inzwischen über ihn hinweggeschritten und er zum Hemmnis geworden sei.

So nutzte Lotte Ulbricht ein Interview Kurt Hagers im *Neuen Deutschland* am 15. November 1996 für eine Korrektur. Der einstige SED-Chefideologe hatte darin erklärt, die Ablösung Ulbrichts sei »nicht konfliktlos« gewesen, da dieser sich »gesperrt« habe, mithin: Ulbricht mußte zum Rücktritt gezwungen werden. Lotte Ulbricht widersprach heftig und führte als Gegenbeweis an:

»Im Herbst 1970 war Breshnew in Berlin. Vor seiner Rückreise traf er sich mit dem Politbüro in unserem Haus. Vor der Abfahrt standen wir auf der Straße zusammen. Da bat Walter Ulbricht Breshnew zur Seite und forderte mich auf, diesem seinen Wunsch vorzutragen: er wolle als Generalsekretär zurücktreten. Breshnew bat meinen Mann, damit zu warten. Angesichts der Unruhen in Polen*** sei der gegenwärtige Zeitpunkt sehr ungünstig. Walter versprach zu warten.

** Im März 1970 (Erfurt) und Kassel (Mai 1970) trafen sich Ministerpräsident Willi Stoph und Bundeskanzler Willy Brandt. Das erste deutsch-deutsche Gipfeltreffen war von DDR-Seite nicht nur schlecht vorbereitet, sondern auch – auf Druck Moskaus – zum Scheitern verurteilt. Bevor sich die Sowjetunion nicht mit den USA bzw. der BRD verständigt hatte, duldete man keine deutsch-deutschen Alleingänge

*** s. Seite 113

Lotte Ulbricht, rechter Bildrand, in Sichtweite des Generalsekretärs und Staatsratsvorsitzenden Honecker bei der Festveranstaltung für »verdienstvolle antifaschistische Widerstandskämpfer und Aktivisten der ersten Stunde«, 3. Oktober 1989

Erich Honecker hat von diesem Gespräch wie üblich erfahren, seine Politbüro-Genossen aber offensichtlich nicht informiert. So konnte das Märchen von dem ›erzwungenen Rücktritt‹ geboren werden.

Daß Walter Ulbricht in der entscheidenden Sitzung des Politbüros aufgeregt war, ist wohl jedem verständlich, der sich in die Lage eines Menschen versetzt, der nach Jahrzehnten aktiver politischer Arbeit seine Tätigkeit aufgibt. Mit fast 80 Jahren!«

Vier Tage später veröffentlichte das vormalige Zentralorgan eine ziemlich dümmliche Replik eines Herbert Sch. aus Berlin unter der Überschrift: »Wirklich feine Zustände«. Darin erkundigt sich der Schreiber süffisant nach dem Wert der Entgegnung Lotte Ulbrichts: »Man fragt sich, worin der Neuwert eigentlich besteht« und zitiert eben jene Passage – umseitig veröffentlicht – aus dem »Abriß«. Und um Lotte Ulbricht nun vollends bloßzustellen, hält er ihr vor: »Die Rücktrittsabsicht wird nicht zuerst der eigenen Partei, sondern Breshnew vorgetragen: dies geschieht nicht offiziell, sondern konspirativ (›zur Seite genommen‹). (...) Wirklich feine Zustände.«

Eine solche Bemerkung disqualifizierte den Schreiber hinlänglich und bedurfte keines Kommentars. Gleichwohl meldete sich im selben Blatt am 10. Dezember ein Historiker nach der Methode »Herr Lehrer, ich weiß was« zu Wort. Nämlich: daß Honecker am 28. Juli 1970 zu einem Geheimbesuch bei Breshnew geweilt und sich dieser über Ulbrichts Deutschlandpolitik erbost gezeigt habe. (»Wir sind schon lange der Auffassung, daß Du nach ihm die Partei leitest. Man muß jetzt die Frage lösen.«) Am 21. August hätte es in Moskau »ein Geheimgespräch Breshnew-Ulbricht zur Auseinandersetzung im SED-Politbüro« gegeben. Honecker, Stoph, Hager, Mittag und Axen hätten vor der Tür warten müssen. Denen habe anschließend Breshnew gesagt, es müßten »keine krassen Maßnahmen« getroffen werden.

Warum, so die unausgesprochene Frage, hätte dann Ulbricht bei Breshnew im Herbst, wie Lotte Ulbricht berichtete, um seine Demissionierung nachsuchen sollen?

Andererseits, so suggerierte der Text, habe es später genügend Indizien gegeben, die Ulbricht genau so hätte verstehen müssen, nämlich besser seinen Hut zu nehmen.

Etwa: die 14. ZK-Tagung im Dezember 1970, wo Ulbricht kritisiert und sein Schlußwort nicht gebilligt wurde. Der XXIV. Par-

*** Streiks und Arbeiterunruhen seit August 1968 hatten die VR Polen erschüttert und zu einer schweren innenpolitischen Krise geführt. Sie hatte die Entmachtung des Ersten Sekretärs der ZK der Polnischen Vereinigten Arbeiterpartei (PVAP) Gomulka im Dezember 1970 zur Folge. Nachfolger wurde Gierek

Beim III. Turn- und Sportfest in Leipzig, Sommer 1959

teitag der KPdSU im April, bei dem Ulbricht die SED-Delegation noch leitete: Das Gespräch mit Breshnew habe das Aus für Ulbricht bedeutet. Und dann: Laut Aussage des Politbüromitgliedes Erich Mückenberger habe Ulbricht im Politbüro »bearbeitet« werden müssen, ehe er am 23. April 1971 in diesem Gremium offiziell seine »Bitte« um Entlastung vorgetragen habe, welcher am 3. Mai 1971 auf der 16. ZK-Tagung entsprochen worden sei.

Keinen der Beteiligten kann man mehr dazu befragen.

Auch wenn es also Spekulation bleiben muß: Lotte Ulbricht wird die Wahrheit geschrieben haben. Ulbricht hatte im Herbst 1970, als Breshnew vor seinem Haus in Wandlitz stand, vielleicht begriffen, wie dünn für ihn die Luft inzwischen geworden war. Doch später kehrte der Mut, der ihn schon verlassen hatte, zurück, und er begann zu kämpfen. Doch er unterlag.

Zurückweisung der angebotenen Dollar-Schecks

Am 23.2.73. vom Gen. R a a b angeboten erhalten:

| | | | | |
|---|---|---|---|---|
| 7 | Blankoschecks | à | 500 | $ |
| 17 | " | " | 500 | " |
| 16 | " | " | 500 | " |
| 20 | " | " | 1000 | " |
| | in b a r ...... | | 1000 | " |
| | Insgesamt...... | | 41.000 | $ |

Am 6.8.73. Gen. Wildenhain (Finanzen) mitgeteilt, daß Valuta <u>nicht</u> benötigt wird.

Die Unterstellung, Lotte Ulbricht sei von der Fahne gegangen und verbringe ihren Lebensabend in der Schweiz, rief zeitlebens ihren energischen Protest hervor. Wann immer ihr das Gerücht zu Ohren kam, intervenierte sie. Bis zum Ende ihrer Tage war Lotte Ulbricht davon überzeugt: »Die Verleumdungen haben ihre Quelle in der Parteiführung unter E. Honecker.«

Die Vermutung ist nicht von der Hand zu weisen.

Es begann am 23. Februar 1973. Da wurde ein Genosse Raab bei den Ulbrichts vorstellig. Er hatte im Aktenkoffer vierzig Blankoschecks über jeweils 500 Dollar, zwanzig à 1.000 Dollar sowie 1.000 Dollar in bar, summa summarum 41.000 Dollar. Am 6. März 1997 wurden diese zurückgeschickt und dem »Gen. Wildenhain (Finanzen) mitgeteilt, daß Valuta nicht benötigt wird«.

Im Mai 1974 wurde Lotte Ulbricht von einem überraschten Assistenten von der Humboldt-Universität auf der Straße angesprochen, der sie bei den Eidgenossen wähnte. Im Juni, so kam ihr zu Ohren, wurde in einem VdN-Heim bei Dresden »offiziell« mitgeteilt, Lotte Ulbricht lebe in der Schweiz. Im Sommer wollte es ein MfS-Mitarbeiter bei einem Besuch in Görlitz erfahren haben, und eine »Luise« an zwei Stellen in Dresden.

1975 hörte sie es selbst im Sommer am Ostseestrand, als sie Urlaub machte, im Oktober – so ließ man es sie aus Rostock und Großenhain wissen – habe man es auf der »Völkerfreundschaft« erzählt. Im Dezember vernahm es »Genn. Wach« in Weimar.

Im Januar 1976 kolportierte es, laut »Genn. Wach«, eine Mitarbeiterin der Humboldt-Universität, im Februar war es Thema in einer WPO im Prenzlauer Berg (»Gusti« informierte sie darüber) und in Kleinmachnow. Am 1. März soll ein Major Junker an der Bruno-Kühn-Kaserne mit Blick auf Lotte Ulbricht gesagt oder gehört haben: »Wer ist denn das? Die ist doch in der Schweiz. Ich habe es doch von kompetenter Stelle.«

Am 21. April hatte Lotte Ulbricht ein Telefonat mit dem »Direktor der G.-E.-Schule: ›Ich habe im Elbsandsteingebirge ganz Schlimmes über Dich gehört.‹« Na, was wohl?

Aus Wismar kam im Frühjahr 1977 Nachricht, »daß ein Professor der dortigen IHS *(Ingenieurhochschule – d. Hrsg.)* während einer Klausurarbeit (bzw. -tagung) behauptet habe, ich hätte die Republik verlassen. Darum habe ich an Sie (›Werter Genosse Wehnert‹) die Frage: Können Sie mir den Namen bzw. die Anschrift dieses Professors nennen und sagen, wen ich als Zeugen nennen kann? Ich würde diesem Herrn gern mit 2-3 Sätzen die Ungeheuerlichkeit seiner Behauptung beweisen. Was meinen Sie zu meiner Absicht? Ich würde mich freuen, bald von Ihnen zu hören. Mit freundlichem Gruß Ihre Lotte Ulbricht.«

Die Antwort des Genossen Wehnert vom 17. Mai fiel zögerlich aus. Ganz sicher wäre das für den Prof. Müller eine Lehre, wenn sie ihm schriebe. »In diesem Augenblick jedoch, wenn darunter seine persönliche Entwicklung und Karriere leidet, muß man damit rechnen, daß er die Verbreitung der Gerüchte bestreitet, und ich würde mich nicht wundern, wenn die Mithörer plötzlich nichts mehr gehört haben wollen. Ich selbst war nicht zu dieser Tagung und weiß diesen Unsinn um drei Ecken, und die Überbringer werden dann, wenn es Ernst wird, auch wenn es Genossen sind, angeblich nicht mehr wissen, wie es richtig war. Wenn Sie sich zu einem Brief entschließen, so würde ich empfehlen, von ihm nur die Angaben seiner Quelle zu erfragen (er hat Westverwandtschaft) und seine Meinung dazu zu äußern. Aus seiner Antwort wird sich ergeben, ob ein weiterer Schritt möglich und richtig oder überflüssig ist.«

Am 23. April 1977 erhielt die Chefredakteurin der »für dich« einen Brief einer Leserin aus Wismar. »In letzter Zeit mußte ich von etlichen Mitbürgern eine häßliche Feindpropaganda erfahren. Unsere Lotte Ulbricht soll unsere Republik verlassen haben und in der Schweiz leben.« Da dies, wie sie wisse, nicht stimme, solle die Zeit-

1967 ist Lotte Ulbricht Gast beim Jugendsender DT-64. Das Foto wird ihr zwanzig Jahre später von Erna Fischbach geschenkt

Auch in den 90er Jahren geht Lotte Ulbricht »unters Volk«, um zu zeigen: Ich bin da und nicht in der Schweiz!
Hier bei einem Frühlingsfest der PDS in Pankow

schrift »diese so häßlichen Lügen« aus der Welt schaffen, etwa mit einem Interview mit Lotte Ulbricht und einigen Fotos. Der Leserbrief wurde beantwortet. Allerdings nicht schriftlich. Wie stets bei delikaten Themen wurde auch dieses in einem persönlichen Gespräch geklärt.

Vermutlich auf dem großen Dienstweg wurde der 1. Sekretär der SED-Kreisleitung Wismar informiert, und dieser setzte die für Frauen zuständige Abteilungsleiterin in Bewegung, die der Leserbriefschreiberin unter vier Augen mitteilte, die Zeitung wolle das Interview nicht machen, um Lotte Ulbricht »nicht zu beunruhigen«. Die Leserin nannte die Illustrierte »feig« und bat den 1. Sekretär der Kreisleitung, er möge dies auch der in Berlin sitzenden Chefredaktion mitteilen.

Das ging so über die Jahre. Die »häßliche Feindpropaganda«, Lotte Ulbricht weile aushäusig, starb nicht aus. Die »Lausitzer Rundschau«, Organ der Bezirksleitung Cottbus der SED, bekam noch am 4. Oktober 1989 diese Frage vorgelegt. Der Ingenieur Anton H. aus Spremberg schrieb: »Werte Genossen! Schon mehrmals hatte man mir gesagt, daß Genossin Lotte Ulbricht in der Schweiz wohnhaft wäre. Da in der heutigen Ausgabe erneut ein Bild von Genossin Ulbricht erscheint, bitte ich um Auskunft darüber, wo Genossin Ulbricht tatsächlich wohnhaft ist. Es kann doch sicher kein Geheimnis sein, darüber zu berichten. Also meine Frage, wo ist Genossin Ulbricht wohnhaft? Mit sozialistischem Gruß,

A. H., Mitglied der SED seit 1946«

## *Kurioses*

Einmal bekam ich es doch mit Lotte Ulbricht zu tun. Kurz vor Weihnachten 1989 erreichte den Chefredakteur der Jungen Welt* ein Schreiben.

»Lieber Freund!

Als langjähriger Abonnent der JW las ich heute den Beitrag ›Die ›Bunte(n)‹ Wendehälse«. In diesem Zusammenhang habe ich eine Bitte: Seit einiger Zeit (5., 16. und 18.12.) belästigen mich Reporter des Burda-Verlages (auch der ›Bunten‹) wegen Interviews. Natürlich habe ich das abgelehnt. Da man mir aber am 18.12. aufgelauert hatte und versuchte, Fotos von mir zu machen, nehme ich an, daß der letzte Reporter eine ›Story‹ fabrizieren wird.

Ich möchte Euch bitten, daß der betr. Redakteur die kommenden 2 – 3 Nummern der ›Bunten‹ darauf beachtet, ob eine ›Story‹ über mich enthalten ist. Könnte er – wenn das der Fall ist – einen Abzug für mich herstellen lassen? Ich würde die Kosten gern ersetzen.

Mit freundlichem Gruß Lotte Ulbricht. 1 Freikuvert«

* Die Junge Welt, bis zum Herbst 1989 Organ des Zentralrats der Freien Deutschen Jugend (FDJ), nunmehr »Linke sozialistische Jugendzeitung«, war in den letzten Jahren der DDR mit über 1,6 Millionen Exemplaren die auflagenstärkste Tageszeitung der DDR. Lotte Ulbricht, obgleich nicht zur Zielgruppe gehörend, war ebenfalls auf das Blatt abonniert. Und gleich anderen nutzte sie es als Kummerkasten.

Junge We

Während der festlichen Sitzung des Zentralrats der FDJ

**Bewährt an der Seite der Partei**

**Festliche Sitzung des Zentralrats der FDJ anläßlich des 60. Gründungstages der Freien Sozialistischen Jugend**
**Veteranen der Arbeiterjugendbewegung herzlich begrüßt**
**FDJler bekräftigen Fortführung des revolutionären Erbes**

Berlin (JW)
Mit einer festlichen Sitzung des Zentralrats der FDJ wurde

AUFGEBOT

erziehen, die im Geiste des Marxismus-Leninismus handeln.

Ausriß aus der JW vom 25. Oktober 1978 mit Anstreichungen Lotte Ulbrichts. Zur Geburtstagsfeier der FDJ waren sehr viele geladen – nicht aber sie, die doch zur Gründergeneration der Jugendorganisation gehörte. Das war Teil der demonstrativen Ignoranz

Der Brief löste in der Redaktion einiges Erstaunen aus, das gelegentlich die Grenze zur Heiterkeit überschritt. Zunächst galt dies der Tatsache, daß es Lotte Ulbricht überhaupt noch gab. Sie war – die Nachrichtenblockade unter Honecker funktionierte – unserer kollektiven Aufmerksamkeit einfach entglitten. Die meisten wähnten sie bereits in Friedrichsfelde.

Aber wieso wandte sie sich ausgerechnet an uns? Wäre es nicht einfacher, sie würde in jeder Woche selbst zum Kiosk gehen, um festzustellen, ob was über sie geschrieben worden sei oder nicht? War für sie die Schamgrenze zu hoch, nach dieser Postille zu verlangen, oder wollte sie das Geld sparen? Andererseits: Sie stellte uns ja Bezahlung in Aussicht. Also doch Scheu vor dem Kauf am Kiosk? Und warum ließ sie das alles nicht kalt? Konnte es ihr nicht egal sein, was man über sie zusammenpinselte?

Offenkundig war ihre Neugier größer als die Abscheu vor der Regenbogenpresse …

Ich antwortete ihr sinngemäß, daß wir uns zwar glücklich schätzten, sie unter unseren vielen Lesern zu wissen. Doch trotz Mauerfall und Westinvasion hätten wir unsere Lektüre nicht wesentlich erweitert – was durchaus zutraf: den (West-)Berliner *Tagesspiegel*, *Die Welt* und *BILD* bekam die Redaktion schon seit Jahren. Insofern, so schrieb ich ihr, täte es mir leid, daß wir ihr nicht behilflich sein könnten. »Freundschaft!«

Auf die Idee, bei ihr zum Gespräch vorstellig zu werden, kam ich nicht. Wir interviewten damals lieber Rainer Eppelmann (»Wir Linken müssen jetzt zusammenhalten«), Vera Wollenberger, Konrad Weiß, Wolfgang Thierse und einen jungen Umweltbewegten namens Matthias Platzeck. Und die fühlten sich aufgrund unseres Interesses alle schrecklich bedeutend und entwickelten eine starke Anhänglichkeit, was uns wiederum mindestens ebenso schmeichelte. Konrad Weiß drang wiederholt bis zu meinem Schreibtisch vor und bat mich bei seiner zweiten oder dritten Visite, ich möge doch Sorge tragen, ihn rascher dorthin gelangen zu lassen: Ich solle die Wache veranlassen, bei ihm die immer noch übliche, ihm aber lästige Eingangskontrolle auszusetzen. Immerhin säße er am Runden Tisch und habe wenig Zeit …

Ob die »Bunte« aber jemals etwas über Lotte Ulbricht gebracht hat, weiß ich bis heute nicht.

Nach mehreren schmerzlichen Häutungen in den 90er Jahren erscheint die Tageszeitung »junge Welt« noch immer – in eigener Regie und frei in jeder Hinsicht. Weil sie aber auch nahezu komplett im Internet (www.jungewelt.de) gelesen werden kann, ist ihre Bedeutung im deutschsprachigen Raum inzwischen erheblich größer, als es die geringe Druckauflage vermuten läßt

# Korrespondenzen

Manfred von Brauchitsch 1995, im 90. Lebensjahr

*Mit Manfred von Brauchitsch verband Lotte Ulbricht eine langjährige innige Freundschaft. Der frühere Rennfahrer, 1938 Weltmeister mit der deutschen Mannschaft, war von 1957 bis 1960 Sportpräsident des ADMV und seit 1960 Präsident der Gesellschaft zur Förderung des Olympischen Gedankens in der DDR. Der hochgewachsene Mann vom Jahrgang 1905 schrieb mehrere Bücher über den Autorennsport (»Kampf mit 500 PS«, 1933; »Kampf um Meter und Sekunden«, 1953; »Ohne Kampf kein Sieg«, 1964), die vom DDR-Fernsehen verfilmt wurden.*

*Brauchitsch lebte in der Nähe von Saalfeld/Thüringen und starb dort im Februar 2003. Sein Onkel Walther (1881-1948), Generalfeldmarschall seit 1940, leitete als Oberbefehlshaber des Heeres die Feldzüge gegen Polen, Frankreich und die Sowjetunion und nahm im Dezember 1941 nach Differenzen mit Hitler seinen Abschied. Er starb in Hamburg in britischer Kriegsgefangenschaft.*

Berlin, August 1980

»Verehrte, liebe Lotte,
mit herzlichem Dank für Deine lieben Worte (...) zu meinem 75. Geburtstag (...) Ich verstehe alle diese guten Wünsche als Verpflichtung, weiterhin für das Erstarken unserer Deutschen Demokratischen Republik tätig zu sein.
In freundschaftlicher Verbundenheit
Manfred v. Brauchitsch«

18. September 1991

»Verehrte, liebe Lotte,
gerade Du hast mir mit Deinen lieben Glückwünschen eine besondere Freude gemacht – herzlichen Dank.
Gute Nerven, mit denen ich ja mein Geld verdiente, habe ich mir bis heute erhalten, aber ›die Verbitterung‹ auf den Mist zu werfen, fällt mir sehr schwer und gelingt mir nur scheibchenweise. Auf keinen Fall fehlt mir auch nur ein Gramm Stolz auf meine Vergangenheit, im und für den Sozialismus mit Aufrichtigkeit gekämpft zu haben (...)
Leider komme ich gar nicht mehr nach Berlin, denn schon 1990

verkauften wir die Datsche am Jemminsee, womit der Faden abriß.
Wir haben natürlich sehr viel an Dich gedacht und tun es heute noch. Eben so sehr freuen wir uns über Deine Bemerkung: ›Ich bin die Alte!‹ Ich schließe mich an: Ich bin der Alte!
In diesem Sinne grüßt Dich, auch im Namen von Lotti*, in treuer Verbundenheit
Dein Manfred«

* seine Ehefrau Lotte v. Brauchitsch

24. August 1992

»Verehrte, liebe Lotte!
(...) Mein Besuch bei Dir hat in mir sehr tief nachgewirkt, und ich empfinde es als Kraft-Trost, Deine Hände in Aufrichtigkeit fest gedrückt zu haben! Auch unser Nach-Gruß auf der Straße war ein herzlicher Zuruf: ›Stehe aufrecht‹! Und dazu kommt nun Dein wirklich so überraschender Telefon-Anruf, mit dem Du mir eine Riesenfreude gemacht hast (...)
In Bewunderung für Deine Selbstdisziplin sende ich Dir in Achtung und alter Verbundenheit diesen lieben Gruß!
In Treue Dein Manfred«

2. September 1993

»Verehrte, liebe Lotte!
(...) Ich bin traurig, daß Deine stabile Gesundheit angeknackst ist. Der Stock soll sicher das Knochengerüst (etwas brüchig) abstützen, aber deshalb mußt Du unbedingt den täglichen anderthalbstündigen Gang absolvieren. Bewegung ist alles! Da Dein Kopf, die Hauptsteuerung, intakt ist, wirst Du garantiert wissen, daß alle körperlichen Beschwerden nur ›kleine Fische‹ sind! (...)
Also wir – Lotti und ich – leben genügsam, sind geistig vital und beobachten aus einer festen Position die traurigen und oft nur schwer verständlichen Handlungen der Menschen. Wir beide zehren im Bewußtsein der positiv erlebten drei Jahrzehnte Sozialismus vom stolzen Gefühl, nicht umsonst gelebt zu haben. Das gibt uns Zufriedenheit und notwendige Kraft, den Tanz ums Geld der Irren im großen Irrenzirkus, teilweise sogar mit Abscheu, aber mit Grinsen, zu betrachten. (...)
So umarme ich Dich und wünsche Kraft und Lebensfreude und sende auch von Lotti an unsere verehrte Lotte liebe Grüße!
In Treue Dein Manfred«

Dezember 1993

»Verehrte, liebe Lotte!
Nun ist das alte Jahr uns doch noch durch die Finger gelaufen, und wir haben es nicht geschafft, ein Wiedersehen zu organisieren. (…)
Schöpfe aus unserer gemeinsamen Vergangenheit Frohsinn, Zufriedenheit mit einer wahren Lebensqualität und betrachte das Siegergebaren als Gemeinheit von abwertender Art. Belächle nicht nur etliche Taten, sondern lache Dich immer aufs Neue gesund (…) Wie immer
Dein Manfred mit Lotti«

24. August 1994

»Verehrte, liebe Lotte!
(…) Mein Leben – in herzlicher Gemeinschaft mit Lotti – hier im Wald, weitab von der Eitelkeit, gibt mir die notwendige Kraft, um den Geld-Ratten zu entkommen. Mein gesicherter Optimismus, verbunden mit harter Disziplin, läßt mich die Lebenszügel fest in meinen Händen halten und auch die altersbedingten Erscheinungen beherrschen. Du bist mir, liebe Lotte, darin Vorbild. (…)
Dein Manfred mit Lotti!«

Gräfenwarth, 5. März 1995

»Sehr verehrte, liebe Lotte!
(…) Die Nachricht von Deinem schlechten Gesundheitszustand

DIE WELTBESTE RENNMANNSCHAFT 1938

Manfred v. Brauchitsch auf einer Postkarte – Dritter von links

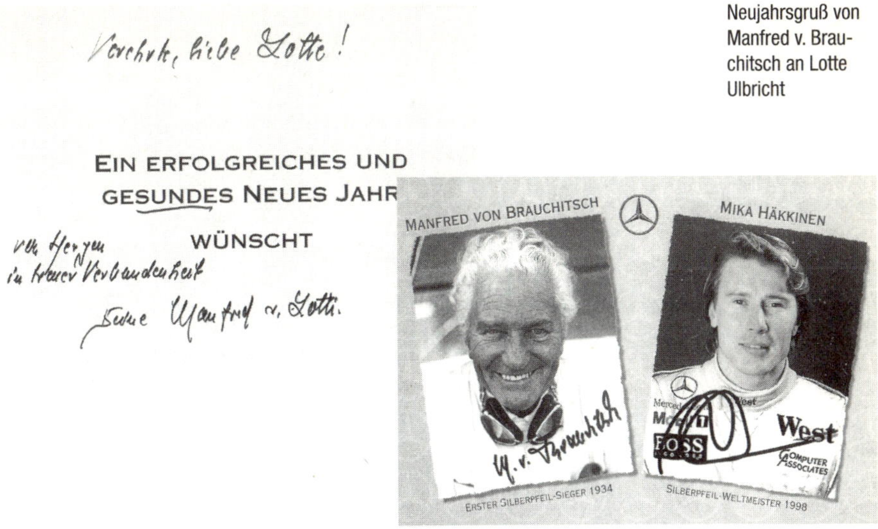


Neujahrsgruß von Manfred v. Brauchitsch an Lotte Ulbricht

macht mich sehr traurig, denn in unserem Alter spielt das körperliche Wohlbefinden eine beachtenswerte Rolle! Der Kopf hat bei negativen Erscheinungen dann zuviel zu steuern und ermüdet schließlich zum Nachteil der Gesamtsituation (...)
Die allgemeinenen, auf allen Ebenen stattfindenden Auflösungs- und Niedergangsverhältnisse bedrücken natürlich. Sie zu ändern liegt nicht in unserer Kraft. (...)
Liebe Lotte, sei auch Du stark und dankbar, ein volles Leben an der Seite Deines Walter gelebt zu haben. Nur die Würmer neiden es Dir.
In fester Freundschaft bleibe mit Lottis herzlichen Grüßen stets Dein Manfred«

31. August 1995

»Verehrte, liebe Lotte!
Über Deine guten Wünsche zu meinem 90. Geburtstag habe ich mich sehr gefreut. Es war für mich ein Sonnentag in aufrichtiger Dankbarkeit, Dein Manfred«

Weihnachten 1995

»Verehrte, liebe Lotte!
(...) Du weißt ja: Der Glaube versetzt Berge. Da muß ja nicht immer christlich sein, kann auch von Buddha sein, Hauptsache es gibt Kraft. Du hast (wie ich auch) ein erfülltes Leben hinter Dir,

Liebeserklärung eines 94jährigen an eine 96jährige: »Bitte vergiß niemals, daß ich Dich in meinem Herzen trage und oft, sehr oft bei Dir bin, liebe Lotte!«

nun lächle über die Narren und sei zufrieden in Weisheit. Mit diesen Gedanken sollten wir in das Neue Jahr gehen – in Vorfreude auf die schöne stille Stunde gemeinsam in Deinem Haus.
Trink mit mir auf oder am Silvesterabend – aber vergiß nicht: wir sind um 22 Uhr im Bett. So glücklich ist dann auch das Aufwachen ... im Neuen Jahr.
Wie immer in alter Treue
Dein Manfred.
Lotti ›sitzt‹ ebenfalls zwischen meinen Zeilen und sendet liebe Grüße.«

»Zum Geburtstag am 19. IV. 98
Verehrte, liebe Lotte!
(...) Mein Hauptwunsch für die nahe Zukunft bezieht sich auf die Kraftreserven, die Du Tag für Tag benötigst, um stabil zu bleiben, nicht ins Schleudern zu entgleiten, sondern stets und ständig als Dein eigener Kapitän positive Entscheidungen zu fällen in der Lage bist und bleibst. (...)
In Verehrung und menschlicher Hochachtung,
in Treue Dein getreuer Manfred und Lotti«

Gräfenwarth, 19. April 1999

»Verehrte, liebe Lotte!
(...) Heute hast Du Geburtstag, zu dem ich Dir – auch im Namen von Lotti – herzlichst gratuliere, mit sehr, sehr vielen Wünschen: oben zu Gesundheit mit Zufriedenheit. (...) Leider kann ich durch das Augenleiden von Lotte nicht mehr nach Berlin kommen, sie ist ja 98 erblindet und ans Haus gebunden und von mir abhängig. Ich fahre deswegen auch nicht mehr Auto, was mir sehr schwer fällt.
Bitte vergiß niemals, daß ich Dich in meinem Herzen trage und oft, sehr oft bei Dir bin, liebe Lotte!
Nimm meinen Geburtstags-Händedruck entgegen und verlebe ein paar schöne Stunden.
In alter Treue
Deine Lotti und Manfred«

*Freudin Anni aus Thüringen, engagiertes Mitglied im Demokratischen Frauenbund (DFD) und Genossin, pflegte mit Lotte Ulbricht eine sehr intensive und rege Korrespondenz. Anni war bis 1960 in Hildburghausen acht Jahre lang Vorsitzende des Rates des Kreises gewesen, ging dann nach Suhl und zog schließlich nach Erfurt. Sie gehörte mit zu jenen Frauen, von denen Lotte Ulbricht ausführlich und kritisch über die DDR-Wirklichkeit informiert wurde, ihre Kenntnisse vom Alltag waren weitaus besser als die der Parteiführung. Gleichwohl wurde ihre Überzeugung dadurch nicht erschüttert.*
*Anni reflektierte besonders stark den Zusammenbruch der DDR.*

Suhl, 24. Mai 1980

»Liebe, verehrte Genossin Lotte!
Mit Freunde habe ich Deinen lieben Brief vom 15. erhalten. Um es gleich zu sagen, selbstverständlich werde ich am 13. 6. mittags zu Dir nach Liebenstein kommen. (...)
Inzwischen war ich zur Sekretäranleitung zur Auswertung der 12. Tagung. Das wird wieder viel Arbeit geben. Es gab schon in der Diskussion Riesenkrach wegen der Argumentation zur Versorgung. Jeder ist schon froh, wenn er nichts gefragt wird. Die Diskussionen werden immer verrückter. Es ist schon eine schwierige Situation.

Lotte Ulbricht bei der traditionellen Demonstration zur Gedenkstätte der Sozialisten in Friedrichsfelde, 17. Januar 1953

Leider muß ich auch sagen, daß unsere DFD-Bezirksdelegiertenkonferenz nicht das Niveau früherer Konferenzen erreichte. (...) Die Frauen geben sich wirklich große Mühe, denn die Kleinarbeit von Frau zu Frau und von Wohnung zu Wohnung ist nicht leicht und sehr zeitaufwendig. Erfreulich ist, daß es in vielen Neubaugebieten bei der Bildung neuer Gruppen gute Erfolge gibt. Mir persönlich gefällt auch nicht so sehr, wenn die Gruppen ständig Pflege- und Reinigungsarbeiten übernehmen. Ich meine, es ist ein Unterschied, ob ich dafür sorge, daß eine Gedenkstätte (Denkmal oder Gräber) gepflegt wird, oder wenn es den Auftrag gibt, dafür zu sorgen, daß Bushaltestellen (ein Beispiel) in Ordnung gehalten werden. Manche scheinen zu glauben, daß die DFD-Gruppen billige Putzlappengeschwader sind. Doch sei unbesorgt, so schnell lassen wir uns nicht entmutigen (...)
Auf ein schönes Wiedersehen!
Deine Anni«

Suhl, 18. Juli 1980

»Liebe, verehrte Genossin Lotte!
Eine ganze Weile bist Du nun schon fort aus Suhl und hast Dich sicher wieder im kalten Berlin eingelebt. Ich heize täglich den Kachelofen, besonders jetzt, da meine Enkel hier sind und Sommerferien machen. Die Ferien sind da, der Sommer nicht. Alles ist lustlos und fade. In unserer letzten DFD-Versammlung waren 11 Freundinnen, und die aus lauter Pflichtgefühl.
Die große Aussprache mit der Kaufhallenleitung ist ausgegangen wie das berühmte Hornberger Schießen. Wir haben kein Herz für die Kaufhallenleitung, die vor Personalsorgen nicht aus noch ein weiß. Am Ende ist es wirklich so, wer weiß. Viele kaufen nun in der Stadt ein, wenn sie mit dem Bus fahren müssen, und die Kaufhalle erfüllt ihren Umsatzplan nicht. Ich habe mir vorgenommen, mich nicht mehr darüber zu ärgern. Wenn ich in die Stadt fahre, bringe ich eben auch mit, was notwendig ist. Nur Brötchen und Milch holen wir in der Kaufhalle. Die anderen sieben DFD-Vorsitzenden unseres Wohngebietes winken nur ab, wenn das Gespräch auf dieses Thema kommt. Richtig ist es ja nicht, aber augenblicklich habe ich keine Kraft, da weiterzuboxen.
Nach 2 Jahren Kampf mit Hilfe der Kreisleitung und gegen die Meinungen einiger Betriebsparteileitungen haben wir nun endlich wieder einen Vorsitzenden der Nationalen Front*. Jeder hatte

* Nationale Front: 1947 von der SED initiierte Volksbewegung, hervorgegangen aus der Volkskongreßbewegung gegen die drohende Spaltung Deutschlands. Die NF verstand sich als Bündnis aller demokratischen Kräfte und Träger der Wahlen von Volksvertretungen (»die Kandidaten der Nationalen Front«)

Ausflüchte. Nun geht's hoffentlich wieder gemeinsam vorwärts. An uns vom DFD und der Parteileitung soll es nicht liegen.
Viel Freude macht die Arbeit mit dem Kindergarten. Vor kurzem waren wir mit den großen Gruppen im Spielzeugmuseum Sonneberg. 4 Frauen waren mit. Der Regen war diesmal eine Hilfe – dadurch blieb die Kolonne beisammen. (...)
Für heute grüße ich Dich recht lieb!
Immer Deine Anni«

Erfurt, 19. November 1989

»Liebe, hochverehrte Freundin Lotte!
(...) Es ist müßig, Spekulationen für die nahe oder ferne Zukunft anzustellen. Ich hoffe nur, daß Egon* nicht einen völligen Ausverkauf zuläßt, oder kann er schon gar nicht mehr bremsen? Jetzt heißt es abwarten. Unsere Menschheit benimmt sich, daß ich mich schäme. Und hier in Erfurt wird alles aufgekauft. Waschmaschinen, Kühlschränke, Gefriertruhen, Fernsehapparate und Radios, Möbel und Teppiche, alles wird gekauft. Es ist kein Vertrauen da, daß unsere Situation sich festigen könnte. Dann geht wieder das Geschrei los: Es ist nichts da. (...)
Für die kommende Woche haben sich 2 ehemalige Kollegen aus Hildburghausen angemeldet. Aber ich frage mich, was sollen die Erinnerungen bringen? 1960 bin ich von dort weg. War 8 Jahre Vorsitzende des Rates des Kreises. Es ist doch sinnlos, sich gegenseitig zu bescheinigen, wie wir uns bemüht und geplagt haben. (...)
Ach, entschuldige, liebe Genossin Lotte, habe bitte nicht den Eindruck, ich wollte jammern, ich bin schon tapfer. Ich gebe mir Mühe und grüße Dich von Herzen.
Deine Anni«

* Am 18. Oktober war Honecker zurückgetreten und Egon Krenz zum Generalsekretär gewählt worden (am 24. Oktober wählte ihn die Volkskammer auch zum Vorsitzenden des Staatsrates und zum Vorsitzenden des Nationalen Verteidigungsrats. Am 9. November war die Grenze geöffnet worden

Erfurt, 29. November 1989

»Liebe, verehrte Genossin Lotte!
Hab herzlichen Dank für Deinen Brief vom 19.11. (...)
Ich bekomme jetzt komischerweise viel Post aus Suhl und Hildburghausen, obschon ich ja 30 Jahre von dort weg bin. Schon 3 ehemalige Ratsmitglieder aus Hildburghausen haben mich besucht. Alte besorgte Genossen. Sie fragen mich nach meiner Meinung. (...) Sie wollen von mir bestätigt wissen, wie fleißig wir damals gearbeitet haben, ohne Rücksicht auf Arbeitsstunden und

Bezahlung. Ja, gegen heutige Gehälter haben wir sehr wenig bekommen. Gestern kam der neue Rentenbescheid. 539 Mark. Aber alle diese alten Genossen sind noch heute stolz auf unsere Aufbauarbeit unter Walter Ulbricht und unserem Willy Gebhardt, der rauh, aber gerecht und hilfreich war.
Ja, liebe Lotte, unsere letzte WPO*-Versammlung war schlimm. Noch nie habe ich so viele Männertränen erlebt. Es war erschütternd. 4 der Alten (2 vor '45 eingetreten) sind ausgetreten. Auch ich wurde bedrängt. Als Du von mir weggefahren bist, hast Du gesagt: Renegaten hat es immer gegeben. Ich sage mir, diese Sauereien, die so scheußlich hochkommen und ihre Verursacher sind nicht und niemals die Partei. Hier wird reihenweise das Dokument hingeworfen, und leider nicht nur von Mitgliedern, die erst kurze Zeit in der Partei waren. (...)
Auch die Austritte aus der Gewerkschaft sind massenhaft. In unserem Haus wohnt der Genosse D., seit 14 Tagen Parteisekretär im FDGB-Bezirksvorstand. Gestern Abend kam er zu mir wegen der verschwendeten Soli-Millionen**. Er sagte, fast alle wären bei der Nachricht von der Arbeit weggelaufen. Wie viele würden am nächsten Tag zur Arbeit erscheinen, fragte er. D. war ganz verzweifelt. So verzweifelt, daß er sagte: Warum haben wir die Todesstrafe abgeschafft?
Du, meine liebe verehrte Genossin Lotte, kennst meine misanthropische Tendenz gegen das Menschengeschlecht. Kommt irgendwer zur Macht, dauert es bis zum Cäsarenwahnsinn nicht lange. Seit wir Menschheitsgeschichte kennen, ist das so. Wird es künftig möglich sein, eine Kontrolle auszuüben? Wenn ich da an Deine bescheidenen Wohnverhältnisse denke, bin ich so glücklich über Dich und Dein Dasein. Bleib uns noch lange erhalten. Aber so was magst Du ja nicht hören. (...)
Sei ganz lieb gegrüßt von Deiner Anni«

Erfurt, 8. Februar 1990

»Liebe, verehrte Freundin Lotte!
(...) Von meiner Familie werde ich ja nun weitgehend in Ruhe gelassen. Und das Hin und Her in den Medien sehe und höre ich mir so gut wie gar nicht an. (...) Alle Zeitungen habe ich abbestellt, denn selbst mit größter Leselupe kann ich nur die dicken Überschriften lesen. Ich habe mich im Blinden- und Sehschwachenverband gemeldet, um Blindenschrift zu lernen. Am Dienstag

* Wohngebietsparteiorganisation der SED. Zu den Auflösungserscheinungen gehörte die Liquidierung der Betriebsparteiorganisationen und die Überführung der Genossen in bestehende WPO bzw. die Bildung neuer Basisgruppen. Dabei kamen viele Parteimitglieder, so sie nicht austraten, dort nie an. Die »Enthüllungen« über vermeintlichen oder tatsächlichen Machtmißbrauch, die Inanspruchnahme von Privilegien, Vetternwirtschaft und andere Mauscheleien führender Funktionäre ließen nicht nur die Volksseele, sondern auch die Parteibasis kochen

** Gewerkschaftsmitglieder zahlten allmonatlich mit ihrem Beitrag auch eine Spende für internationale Solidaritätsprojekte. Jetzt war publik geworden, daß damit Pfingsten 1989 das Nationale Jugendfestival finanziert wurde, die Spendengelder also zweckentfremdet verwandt worden waren

»12. 10. 1968 – Annis 65. Geburtstag« hat Lotte Ulbricht auf die Rückseite dieser Fotografie geschrieben. Es könnte die Anni aus Erfurt sein. Oder die Anni aus Rostock. Oder eine ganz andere …

fängt das an. (…) Es ist sehr, sehr bitter, mit ansehen zu müssen, wie auch alles Schöne und Gute der DDR verramscht wird. (…)
Sei in alter Liebe und Treue recht herzlich gegrüßt
Von Deiner Anni«

Erfurt, 8. Mai 1990

»Meine hochverehrte, liebe Freundin und Genossin Lotte!
Ich dachte, mußt in die Stadt und eine schöne Karte für Lotte kaufen, und als ich nach Hause kam, war Dein lieber Gruß im Kasten. Ich bedanke mich sehr herzlich. Habe mich sehr gefreut.
Zweimal in der Woche gehe ich zum PDS-Treff in die bisherige BL *(Bezirksleitung – d. Hrsg.)*. Du wirst es nicht glauben: Wir sind jedesmal mehr. Auch Kinder werden mitgebracht. Am Sonntag war Jugend aus allen Parteien und Richtungen da (…) Sogar die sogenannten Panks suchten wegen Unterkunft um Hilfe. An unserem Tisch saßen 2 mit Riesensicherheitsnadeln als Ohrringe. Sprachen ganz vernünftig, aber ich bin sehr mißtrauisch.
Jedenfalls besuche ich diese Zusammenkünfte, aber Bekannte habe ich dort (außer der Genossin, mit der ich gehe, sie ist 43) noch nicht getroffen.
Von Suhler Freundinnen kriege ich viel traurige Post. Sie werden

belästigt, beschimpft und bedroht. Und, oh Wunder, einige, von denen ich es nie gedacht hätte, sind in den Schoß der Kirche zurückgekehrt und haben nun unter dem Schutz unserer frommen Regierung die große Klappe. (...)
Natürlich, so wie es war, wäre es nicht weiter gegangen. Aber so ein Wegwerfen und Anbiedern ist oft widerlich. Ich bleibe tapfer und sei gewiß: viele mit uns, und nicht nur die Alten.
Ich umarme Dich ganz lieb und fest. Immer auch in Gedanken an unseren Walter Ulbricht, mit ihm ging es aufwärts.
Deine Anni«

Erfurt, 25. August 1990

»Liebe, sehr verehrte Genossin Lotte!
Mit großer Freude habe ich Deinen Gruß vom 19.8. gelesen. (...)
Gestern zum Beispiel habe ich mit großem Interesse im Radio Hans Modrow* gehört und mir dabei überlegt, was Du wohl dazu meinst. Hans Modrow kommt in den ersten Septembertagen nach Erfurt. (...) Hier ist es zur Zeit nicht einfach für mich. Vielleicht bin ich auch durch das Alleinsein zu empfindlich geworden. Mit der Genossin im Haus hat sich ein festes Verhältnis entwickelt, auch wenn sie fast 30 Jahre jünger ist als ich. Täglich besprechen wir unsere UNZ**. Ich weiß nicht, ob es Dir Freude machen würde, wenn ich Dir die Zeitung mal schickte. Sicher hast Du dafür gar keine Zeit, denn wie ich Dich kenne, sitzt Du nicht untätig in Deiner Wohnung.

* Hans Modrow, einst 1. Sekretär der SED-Bezirksleitung Dresden und Hoffnungsträger der DDR, hatte als vorletzter Ministerpräsident von November 1989 bis April 1990 amtiert und machte als Ehrenvorsitzender der PDS Wahlkampf für die Landtagswahlen in Thüringen.

** UNZ (»Unsere Neue Zeitung«), Landeszeitung der PDS Thüringens, die vom ehemaligen Betriebszeitungsredakteur Helmut Kropf (»BMK-Echo«) ins Leben gerufen worden war

Lotte Ulbricht am 30. Juni 1993 in der Gedenkstätte Berlin-Friedrichsfelde. Links Heinz Kubier aus Senzig

Ich habe Post von einer lieben Genossin aus Suhl bekommen, die sich sehr darüber beklagt, daß so viele ehemalige Funktionäre zu Wendehälsen geworden sind und sich Vorteile verschaffen.
Viel Mühe gebe ich mir, nicht rückwärts zu denken und jede Bitterkeit zu vermeiden. Es ist nicht einfach. So finde ich bei den Wartezeiten im Krankenhaus (Ambulanz) viel Gelegenheit zum Diskutieren. Selbst der Fahrer vom DRK macht sich ernsthaft Gedanken über seine Zukunft. Es sind schon einige Fahrer entlassen. Künftig, so meint er, müßten die Patienten die Fahrten bezahlen. Wir haben jede soziale Maßnahme als selbstverständlich gedankenlos hingenommen. Jetzt kommt das große Erwachen (...)
Die Unsicherheit und die Angst sind sehr groß. Da hilft das Gerede von der Durststrecke, die wir überwinden müssen, nichts.
(...)
Ganz lieb grüße ich Dich und bleibe Deine immer dankbare Anni«

Erfurt, 6. November 1990

»Liebe, hochverehrte Freundin Lotte!
Ich bedanke mich sehr herzlich für Deinen lieben Brief vom 30. 10. (...) Ich hatte am Samstag Besuch aus Suhl. Die Genossen schilderten mir, welchen Beschimpfungen und Anwürfen sie ausgesetzt sind. Es gibt aber auch Genossen, die nichts gelernt haben.
(...)
Mit meiner Familie ist es vorerst zu Ende. Nach der letzten großen Beschimpfungsaktion am 2.10.* Habe ich jede Verbindung abgebrochen. Ich habe oft und vieles meiner Bärbel zuliebe weggesteckt, aber nun verteidige ich auch meine Ehre, habe keine Veranlassung, der Familie zuliebe zum Wendehals zu werden. Obschon meine Bärbel 10 Minuten von mir wohnt, bleibe ich fest. Es geht nicht anders. Ich gehe nicht von mir aus hin – trotz der süßen Urenkelin. Ich werde auch das überstehen. (...)
Liebe herzliche Grüße und Dankeschön
Deine Anni«

* Am 2. Oktober 1990 endete nach 41 Jahren das Leben der DDR. Ab dem 3. Oktober galt auf diesem Territorium das Grundgesetz der Bundesrepublik Deutschland

Erfurt, 25. Dezember 1990

»Liebe, sehr verehrte Genossin Lotte!
(...) Hier ist viel Angst, Verwirrung und Ärger. So zum Beispiel stehen vor den Apotheken Riesenschlangen, weil jeder Kostensteigerungen bei den Medikamenten fürchtet. Zorn gibt es auch wegen der Fernsehgebühren, 18 Mark soll das monatlich kosten,

ein Programm ist schon weg. (...) Trotz allem ist es interessant, jetzt zu leben.
Meine Nachbarn hatten zum Fest 2 russische Soldaten eingeladen. Da ich ja keine Zeitung lesen kann, hatte ich es zu spät erfahren. Aber ich habe ein großes Paket gepackt mit Kuchen, Wurst und Schinken, was es eben am 24. vormittags zu kaufen gibt. Kein Alkohol. Die 2 Jungs mußten dann mit einer Taxe fort, so viel haben sie aus unserer Nachbarschaft bekommen. (...)
Sei gegrüßt von Deiner verrückten Anni«

Erfurt, 3. November 1991

»Liebe, hochverehrte Genossin Lotte!
Es war eine große Überraschung, Post von Dir aus Paris zu bekommen, und mich hat die Frage beschäftigt, war es ein Besuch, oder bist Du geblieben? Das Traum-Paris. Ich werde es wohl nicht sehen. Aber ich habe ein wenig Frankreich gesehen, hatte den Mut

Lotte Ulbricht im 89. Lebensjahr, unterwegs in Paris

zu reisen. Ich wollte einmal hohe Schneeberge sehen und Gletscher. Es gibt ab Erfurt vier- bis siebentägige Busfahrten zum Montblanc. Ich bat meine Tochter mit mir zu fahren. Das schönste Erlebnis waren 4 Tage mit meiner Tochter zusammen zu sein. Und alles ging gut. Genf, Chamonix und Bern – nichts hat mich enttäuscht. (...)
Auf der Rückfahrt platzte ich dann doch. Einer der Mitreisenden fing an auf die Schweiz zu schimpfen. Genf und Bern, der See und alles drumherum konnte nur so großartig sein, weil die Schweizer alle Welt um ihre Finanzen bescheiße, undsoweiter.
Ich tobte. Da sind die Folgen von 700 Jahren Frieden und Toleranz mit den Nachbarn, sagte ich. Sicher gab und gibt es da Probleme, aber ihre Städte haben sie nicht zerkloppt. Das werden die deutschen Armleuchter nie fertigbringen und noch so einiges habe ich gesagt. Der Alte war ungefähr in meinem Alter und nach seinen Reden mal ein strammer Soldat.
Meine Bärbel war entsetzt über mich, aber ich hatte den Beifall der Menschen im Bus einschließlich Fahrer. Der alte Krakeeler war still, bis wir in Erfurt ausstiegen.
Ob ich im Frühjahr nochmal reisen kann, hängt von den Augen ab und vom Geld. 236 Mark Kaltmiete zahle ich, und die Rente ist weniger geworden. Aber ich bin noch da und ärgere mit Freude die ach so großartigen neuen Demokratieerscheinungen. Unsere Basisgruppe arbeitet gut. Oft machen wir mit einer Nachbargruppe gemeinsame Veranstaltungen. Vorgestern hatten wir ein sehr interessantes Erlebnis. Meine Genossin Heidi im Haus nahm mich mit zu einer Buchlesung von Hermann Kant im *Haus am Anger*, wo schon Goethe und Napoleon Gespräche führten. Eine dicke Menschentraube stand vor der Tür und durfte nicht mehr rein. (...)
In alter Liebe grüße ich Dich von Herzen!
Deine Anni«

Lotte Ulbricht war mit einem Bus (»Holiday-Reisen«) nach Paris gereist. Etliche Passagiere kamen aus dem Westteil Berlins. Im Louvre wurde sie von einer deutschen Touristin angesprochen, die sie erkannt hatte. Sie meinte, daß es doch schön sei, wenn auch sie, Lotte Ulbricht, nun reisen könne – wo doch die Mauer endlich weg sei. Lotte Ulbricht darauf: Jaja, sie sei schon einmal hiergewesen. Im Exil 1935.

Erfurt, Dezember 1991

»Liebe, hochverehrte Freundin Lotte!
(...) Du fragst, weshalb ich den Montblanc sehen wollte? So lange ich noch etwas erkennen kann, wollte ich den Schneeberg sehen und den Gletscher anfassen. Einfach so. Kein noch so guter Naturfilm kann das ersetzen. (...)
In alter Liebe und Dankbarkeit Deine Anni«

Erfurt, 28. Januar 1992

»Liebe, hochverehrte Freundin Lotte!
(...) Ich bin gleich nach Ankunft Deines Briefes wieder im Krankenhaus gelandet. Eine Ohnmacht nach der anderen hat mich überall zerkloppt (...) Schreibe auf dem Fensterbrett, Tisch ist nicht im Raum (...)
Jetzt kommt jeden Tag eine Seelsorgerin aus einem westdeutschen Kloster. Die Arme hat's schwer mit mir. (...)
Liebe Grüße und Dank,
Deine Anni«

Erfurt, 14. Februar 1992

»Liebe, sehr verehrte Freundin Lotte!
Seit gestern bin ich wieder zu Hause. Der Krankenhausaufenthalt hat mir gut getan (...) Eine Kur täte gut, aber da müßte ich erst einmal das Große Los gewinnen. (...)
Wir machen uns Sorgen um die Wahlmüdigkeit unserer Menschen. Bei den meisten herrscht die Meinung vor: Das hat alles keinen Zweck. Für die meisten ist sowieso alles mieser geworden. Am Mittwoch kam ich aus dem Krankenhaus, am Donnerstag hat mich meine Heidi zur Versammlung mitgenommen. Wir wollen gegen diese Mutlosigkeit* ankämpfen, aber erst einmal muß ich viel liegen (...)
In alter Liebe grüße ich Dich
Deine dankbare Anni«

* Am 6. Februar hatten in Berlin Neonazis die Gedenkstätte der Sozialisten geschändet. Der Gedenkstein »Die Toten mahnen uns« und Grabtafeln, darunter die von Walter Ulbricht, waren mit Hakenkreuzen und Davidsternen beschmiert worden

Erfurt, 8. März 1992

»Liebe, hochverehrte Freundin Lotte!
Von Herzen gratuliere ich Dir zum Internationalen Frauentag! Dir und anderen Genossinnen hat unsere Generation die Erziehung zu Selbstbewußtsein, Stolz und Lernen zur Meisterung des Lebens zu verdanken (...)
Allein unsere Familie hat 12 Frauen entwickelt, die heute als Studien- oder Medizinalrätin, Ingenieurin oder in anderen Positionen vor den berüchtigten 3 K bewahrt werden konnten. Unsere Enkelfrauengeneration ist nach dem Vorbild ihrer Mütter auf dem gleichen Weg. All das danken wir auch Dir und unserem unvergessenen Walter Ulbricht.
Ich höre auf, sonst schimpfst Du noch, wobei ich mich um gute Schrift wie um Zurückhaltung bemühe (...)

Und noch einmal: 12. Oktober 1968 – Annis 65. Geburtstag

Wer kocht für Dich? Ich koche ja noch selbst. Diese Fertiggerichte verabscheue ich. Zur Zeit bin ich auf Weiches eingestellt. Gestern hat die Zahnärztin mir den letzten Zahn gezogen. Nun dauert es, bis die neuen Zähne* kommen. 2.000 Mark kosten die (…)
Neulich war ein Vetter aus unserer angeheirateten Bayernverwandtschaft hier. In einer Auseinandersetzung sagte ihm mein 83jähriger Schwager, der mich noch bis vor 2 Monaten als ›rote Socke‹ beschimpft hatte, auf die blöden Ansichten des Bayerndeppen: ›Was wißt Ihr schon von der Wirklichkeit hinter Eurer Weißwurstgrenze!‹ – Also, ich bin stolz auf die Rote Socke (…)
Leb wohl und sei ganz lieb gegrüßt von Deiner zahnlosen Anni«

Erfurt, 24. März 1992

»Liebe, hochverehrte Genossin Lotte!
Draußen liegt dicker Schnee und auf dem Balkon balgen sich die Spatzen um das Futter. Es drängt mich, Dir zu schreiben. (…)
Sei umarmt und von Herzen gegrüßt
Von Deiner Anni«

Erfurt, 20. April 1992

»Liebe, hochverehrte Freundin Lotte!
Zuerst sage ich Dir, daß wir 2 Autofahrer prima nach Hause gekommen sind (...) Heidi und ich sind sehr, sehr froh, Dich so lebendig erlebt zu haben, und sind dankbar, daß wir bei Dir sein durften.
Dann fuhr Heidi am Sonnabend zum Ostermarsch (...) Unser Terminkalender ist bis Mitte Mai schon voll. Ich gehe immer mit.
(...) Ganz liebe Grüße in großer Dankbarkeit
Deine Anni«

Erfurt, 28. August 1992

»Liebe, hochverehrte Freundin!
Es ist mir ein starkes Bedürfnis, Dir zu schreiben. (...) Wir hatten am Montag Abstimmung über das Statut und es war eine lebhafte Diskussion. (...) Ein Genosse legte sein Buch hin wegen dem Beitrag. Er meinte, als Sympathisant hätte er ohne Beitrag die gleichen Rechte wie ein Mitglied. Wir haben diskutiert, aber er ließ sich nicht umstimmen. Nach 2 Stunden Diskutiererei war dann alles in Ordnung. Wir sind noch 40. (...)
Deine Anni«

Frühlingsfest in Pankow, 1993. Gysi spricht

*Eine andere Freundin mit gleichem Namen lebte in Rostock. Schrift wie Inhalt der Briefe vermitteln den Eindruck einer gewissen Verwirrtheit. Da Lotte Ulbricht aber sehr ernsthaft und ausführlich darauf reagierte und Wesentliches zur Zeit mitteilte, soll auch diese Korrespondenz in Auszügen zitiert werden*

Rostock, 27. November 1989

»Liebe Lotte!
(...) Meinen herzlichsten Dank für Deine Geburtstagsgrüße! Damit habe ich nicht gerechnet! Zu meinem 60., 1986, fehlten mir Deine Grüße. Sie hätten mich entschädigt für das Stillschweigen, daß viele andere pflegten, deren runde Geburtstage mit großem Pomp und mit Orden gefeiert werden. (...)
Ich hatte trotzdem einen schönen Geburtstag. Ich war mit einer Reisegruppe, nur Mecklenburger LPG-Mitglieder, in Kiew. (...)
Unser Leben ist abgelaufen. Wir haben anscheinend 45 Jahre umsonst gearbeitet. Damit müssen wir alleine fertig werden.
Bleibe gesund, liebe Lotte, und denke an Deine Vertraute und Verehrerin Anni«

Berlin, 8. Juni 1990

»Liebe Anni!
(Entschuldige bitte, daß ich mit der Maschine schreibe. Du weißt ja: meine Arme!)
Deine Anrufe und Briefe haben mich sehr beunruhigt. Du scheinst mit den Nerven völlig am Ende zu sein. Das tut mir schrecklich leid. Aber wie kann ich Dir helfen? Wir, die wir noch ›zur Stange‹ halten, müssen mit dem Schlimmsten rechnen. Ich sagte Dir ja schon am Telefon, daß Du keine Vorstellung hast, was sich hier tut. Wegen der ›Prominentenwohnungen‹ hatten wir schon mehrere Demonstrationen. Immer wieder wird mein Name im Zusammenhang in West- und Ostzeitungen erwähnt, mit voller Adresse zum Teil.
Die Pension als Frau von W. U. wurde mir ohne Kommentar ab Januar gestrichen.* Welche Rente ich erhalte und ob überhaupt, ist unklar. Du kennst ja die Diskussion bis in die Volkskammer. Dabei muß ich immer wieder westliche Reporter abwimmeln. Ich lasse allerdings keinen in mein Haus und sage ihnen bloß: Ich bin weder Krenz noch Frau Stoph! Das genügt meist.
Trotzdem lasse ich mich nicht verrückt machen und warte ab, was auf mich zukommt. Denn es gibt ja jetzt auch niemanden, der mir

* Die zuständigen Behörden und Gremien der DDR reagierten völlig hysterisch und verletzten in vorauseilendem Gehorsam Recht und Gesetz – nicht nur in bezug auf Lotte Ulbricht

helfen könnte. Du weißt ja, wie es um die Partei steht. Darum lasse ich die Ohren nicht hängen und mache anderen Mut, wenn es geht. Ich bin mir immer bewußt, daß wir Mitschuld an der jetzigen Lage haben und darum die Folgen mit ausbaden müssen. Schließlich verläßt mich auch nicht die Überzeugung, daß nach uns Menschen kommen werden, die aus unseren Fehlern lernen und einen wirklich demokratischen Sozialismus aufbauen werden.

Liebe Anni! Du bist sicher von meiner Antwort enttäuscht. Leider kann ich nicht zu Dir kommen: ich verfüge weder über einen Wagen noch Fahrer (auch keine Haushaltshilfe). Aber glaube mir, daß ich sehr gelassen bin – vielleicht macht das mein Alter. Dir und Dagmar wünsche ich viel Nervenkraft. Hoffentlich wird Dagmar bald wieder gesund. Das möchte ja der Gegner gern, daß wir unsere Nerven verlieren und nicht mehr kämpfen können.

Übrigens, vielen Dank für Dein Angebot. Aber ich möchte keine krummen Sachen machen.*

Sei herzlichst gegrüßt

Deine Lotte«

* Anni hatte ihr angeboten, daß Lotte Ulbricht vor der Währungsumstellung am 2. Juli Geld auf ihrem Konto parken könnte, bevor man es ihr wegnähme

Der PDS-Vorsitzende Gregor Gysi im Dezember 1992 an der Basis. In der Mitte Lotte Ulbricht

Rostock, 15. Januar 1991

»Liebe Lotte!

(...) Wir beide sind in ständiger Unruhe. So leben wir jetzt und glauben an unsere Unschuld!

Sollen wir unser Leben beenden? Noch sind wir nicht bereit. Noch wollen wir kämpfen, wie Ihr in früheren Zeiten. Unser Leben war doch nicht umsonst? Doch wir sind schon bereit, das zu glauben. Wir gehören jetzt zu den Armen. Geld regiert die Welt. Diese Gesellschaftsordnung haben wir in unseren Kinderjahren kennengelernt. Also nun in diesem Alter noch einmal. (...)

Ich würde Dir gern Hilfe leisten. Belästigungen sind unerträglich. Ich kann mich wehren. Auch auf Dich passe ich auf. (...)

Deine Anni«

Berlin, den 22. Januar 1991

»Liebe Anni!

Es tut mir leid, daß mein Schweigen von Dir falsch aufgefaßt wurde. Mit Verärgerung hatte das gar nichts zu tun. Ich schreibe einfach noch ungerner als früher. Darum auch dieser ausführliche Brief mit der Maschine.

Verständlich ist mir Dein Brief allerdings nicht ganz. Niemand von uns, die wir immer unsere ganze Kraft eingesetzt haben, um einer guten Sache zu dienen, hat umsonst gelebt. Daß unser sozialistisches Experiment mißglückt ist – aus welchen Gründen auch immer – heißt doch nicht, daß spätere Generationen es nicht besser machen und aus unseren Fehlern lernen werden.

Gerade das versuchen unsere Gegner ein für allemal zu verhindern. Deshalb versuchen sie, nicht nur die ganze DDR plattzumachen, sondern jedem einzelnen seine Würde, sein Selbstbewußtsein zu nehmen. Wenn man dem nachgibt, ist man verloren. Ich jedenfalls laß meine Persönlichkeit nicht zerstören und gebe mir alle Mühe, anderen Genossen Mut zu machen.

Du warst doch immer eine tüchtige, standhafte Genossin und starke Persönlichkeit, und hast m. E. gar keinen Grund, an Dir zu zweifeln. Umso mehr, als der inzwischen ausgebrochene Krieg* die Lage noch komplizierter machen wird.

Leider kenne ich die konkrete Lage bei Euch zu ungenügend. Aber es ist doch sicher möglich, mit einigen Genossen bzw. Freunden Kontakt zu halten und sich auszutauschen. Ich benutze dazu jede Gelegenheit – im Kreisvorstand, auf der Straße oder auf dem Markt.

* Am 17. Januar begannen die West-Alliierten unter Führung der USA ihren Krieg gegen den Irak (2. Golfkrieg). Vorgeblicher Anlaß des Waffengangs mit UNO-Mandat war die Besetzung Kuweits durch den Irak im August 1990

Dazu kommen ganz wenige, die von Zeit zu Zeit mich aufsuchen. Hin und wieder kommen wir auch in der Basisorganisation zusammen.
Natürlich beunruhigt mich, daß die Partei immer noch nicht einen festen Standpunkt in wichtigen Fragen gefunden hat, hoffe aber auf den Parteitag. Letzten Endes hängt es von jedem einzelnen von uns ab, wie die PDS festen Fuß fassen kann.
Zum Schluß möchte ich Dich bitten, Dir meinetwegen keine Sorgen zu machen. Nach den Demonstrationen im Frühjahr ist es hier ruhig. Reporter kommen immer seltener (der letzte am Wahltag), da sie anscheinend gemerkt haben, daß sie von mir nichts erfahren. Das Haus untersteht jetzt der Bonner Finanzverwaltung.* Was ich von da zu erwarten habe, werde ich ja sehen. Darüber mache ich mir vorher keinen Kopf. Wenn Du mir wirklich helfen willst, dann schreib mir bitte keine solchen Briefe mehr. Einverstanden?
Ich grüße Dich und Dagmar
Lotte«

* Das Haus Majakowskiring 12 wurde im Frühjahr 2003 von der Oberfinanzdirektion verkauft

Rostock, 22. Juni 1991

»Guten Tag, liebe Freundin Lotte!
Deinen optimistischen Brief habe ich mit großem Dank erhalten. Mein Gott, wenn alles Legende ist, doch nicht unsere Freundschaft, die in jungen Jahren begann und seit 25 Jahren besteht. Du bist Du! Mich hat doch nicht beeindruckt, daß Du die Ehefrau von W. U. warst.
Ich erinnere mich, daß Du bei bestimmten Begegnungen sehr realistisch warst, was die Gegenwart und die Zukunft der DDR betraf. Du warst zu mir sehr offen und ehrlich, auch bezüglich der überbetonten Verehrung in der Zusammenarbeit mit der SU. Ich habe und hatte manches nicht begriffen. Aber meine Zuneigung zu Dir hat das nicht beeinflußt. (...)
Du weißt nicht alles von mir. Wir waren 9 Kinder zu Hause in Schwerin, sehr arm, aber dennoch eine liebe Familie. Drei Brüder hatten ihren Wohnsitz in der BRD. Ich durfte keinen Kontakt zu ihnen haben. Sie waren 15 bis 20 Jahre älter als ich. Für sie war es unverständlich (...)
Inzwischen sind meine Brüder gestorben. Jetzt darf ich reisen, habe aber keine Lust. (...)
Ich litt an Depressionen. Aber mir geht es jetzt wie Dir: Es ist ein gutes Gefühl, Bekannten und Freunden Mut zu machen.«

*Alfred Kurella (1895-1975), war von 1919 bis 1924 Sekretär des Exekutivkomitees der Kommunistischen Jugendinternationale (KJI) und bis 1935 im Auftrag der Komintern tätig. Er lebte von 1935 bis 1954 in Moskau und wurde nach seiner Rückkehr unter anderem Mitglied des ZK der SED und Vizepräsident der Akademie der Künste. Er verfaßte eine Reihe kulturpolitischer und philosophischer Schriften (»Das Eigene und das Fremde«, 1968), Reportagen, Erzählungen und Romane und trat auch als Übersetzer russischer und französischer Texte hervor.*
*Kurella und Lotte Ulbricht lernten sich in Moskau kennen, die Verbindung endete erst mit Kurellas Tod.*

Alfred Kurella

Berlin, 2. Mai 1970

»Lieber Alfred!
Es ist mir ein Bedürfnis, mich den vielen anzuschließen, die Dir zu Deinem (kaum glaubhaftem!) 75. Geburtstag herzliche Glückwünsche senden. Was wünscht man einem so jungen bejahrtem Geburtstagskind? Vor allem gute Gesundheit natürlich – dann noch recht lange Jahre voller Schaffenskraft und noch recht viel Freude am Mittun bei der schönsten Sache der Welt. Und schließlich viel Glück in Deiner Familie.
Mit festem Händedruck Deine Lotte Ulbricht«

November 1922: Lotte Kühn (Mitte, heller Mantel) besuchte mit einer Delegation deutscher Jungkommunisten, die zum III. KJI-Kongreß nach Moskau gekommen waren, einen Betrieb in Petrograd.
In jener Zeit lernte sie auch Alfred Kurella kennen

18. August 1945: Lotte Ulbricht im Kreis von Wilhelm Pieck, Wladimir Gall, Peter Florin, General Kotikow (Stadtkommandant von Berlin) und SMAD-Mitarbeiter Demidow (v.l.n.r.). Das Foto entstand am Rande der ersten großen Kundgebung nach der Befreiung im Volkspark Halle

Berlin, 28. August 1972

»Lieber Alfred!
Seit einer Woche versuche ich vergeblich, Dich telefonisch zu erreichen, so daß wir uns schon Sorgen machen. Ich wollte Dich auf einen Beitrag in der ›Tribüne‹ *(Tageszeitung des FDGB – d. Hrsg.)* vom 18.8. aufmerksam machen. Für den Fall, daß Du ihn nicht kennst, füge ich ihn bei.
Mich hat er sehr beeindruckt (und außerdem an gemeinsame Museumsbesuche vor 50 Jahren erinnert). Du freust Dich sicher auch (oder hast es schon?).
In der Hoffnung, daß Du bei guter Gesundheit bist, grüßt Dich, auch im Namen von Walter
Deine Lotte Ulbricht«

Berlin, 1. September 1972

»Liebe Lotte!
Herzlichen Dank für Deinen Brief vom 28. 8. und die Beilagen. Nein, ich kannte diesen hübschen Beitrag aus der ›Tribüne‹ nicht, und er hat mir, wie Du zu recht annimmst, Freude gemacht.
Vor allem im Zusammenhang mit dem 6. Plenum* (auf das er ja

* Gemeint ist die 6. Tagung des ZK der SED zur Kulturpolitik im Juli 1972. Sie leitete eine Phase der Liberalisierung ein, die 1976 mit der Ausbürgerung Wolf Biermanns abrupt beendet wurde

im gewissen Sinn reagiert), weil auf diesem Plenum zum ersten Mal in dieser Breite die eigentliche umfassende Auffassung von ›Kultur‹ offiziell bestätigt wurde. Die allen meinen Bemühungen um eine sozialistische Kultur und eine ihr entsprechende Kulturpolitik zugrunde gelegen hat. Ich lege für Dich (in der Annahme, daß Du diese Arbeit nicht kennst) eine Broschüre mit Reden und Aufsätzen von mir aus neuerer Zeit *(handschriftliche Anmerkung am Rand: »vor dem VIII. Pttg« – d. Hrsg.)* bei.
Ich hoffe, daß Du darin einiges Neue zu dem ganzen Komplex finden wirst, der mich ja als Marxisten mein Leben lang besonders beschäftigt hat und beschäftigt.
Mit der Gesundheit geht es normal aufwärts. So wie man es nur verlangen kann.
Richte Walter einen herzlichen Gruß von mir aus und sei selber gegrüßt von Deinem
A«

Berlin, 18. Oktober 1973

»Lieber Alfred!
Laß Dich herzlich grüßen und Dir wünschen, daß Du bald wieder auf den Beinen bist.
Ich bin immer noch mit Umzugsvorbereitungen* beschäftigt.
Herzlichst Deine Lotte Ulbricht«

* Nach Ulbrichts Absetzung mußten sie das Haus in Wandlitz räumen, in das Gerhard Schürer einzog, weil dieser die meisten Kinder hatte. Bis zum Tode Walter Ulbrichts 1973 lebten beide am Döllnsee, im Herbst – wie zu lesen – zog Lotte Ulbricht in den Berliner Majakowskiring 12

1921: die KJVD-Gruppe Neukölln-Nogatstraße. Dritte Reihe, Dritte von links Lotte Kühn, Zweiter von links ihr Bruder Bruno. Das Bild bekam Lotte Ulbricht am 23. September 1969 von Erna Kolbe geschenkt

Glückwünsche waren die Hohe Schule der Protollkollkunst in der DDR. Die meisten Leser des Zentralorgans konnten aus der Plazierung, dem Umfang (Einspalter, Zweispalter, mit Foto, ohne Foto) und dergleichen Faktoren deuten, wie nah oder wie fern der Geehrte dem Generalsekretär stand. Daraus wurden Schlüsse für den eigenen Umgang gezogen. Die Grußadresse bestand im wesentlichen in der Wiedergabe der Biographie des oder der Geehrten. Wertung erfolgte durch Weglassen oder Erwähnung eines Faktums. Veränderungen folgten oft aktuellen Erwägungen. Wurde beispielsweise 1983 von Honecker der Eintritt in die KPD lokalisiert (»in Essen«), so hing das eventuell mit der für 1984 geplanten BRD-Reise zusammen. 1988, nachdem er dort war, findet sich Essen nicht mehr im Glückwunsch

Den würdelosen Umgang der Obrigkeit mit Lotte Ulbricht dokumentieren allein schon die Glückwünsche zu runden Geburtstagen. Am 19. April 1973 beging sie ihren 70. Geburtstag. Formell arbeitete sie noch immer im Institut für Marxismus-Leninismus in Berlin. (Am 10. Juli würde die Kaderkommission des ZK der SED beschließen: »Genossin Lotte Ulbricht, geb. am 19.4.1903, scheidet als wissenschaftliche Mitarbeiterin aus dem IML beim ZK der SED aus.«)

Nicht auszuschließen, daß dies einzig in dieser zeitlichen Abfolge geschah, damit die offizielle Gratulation zum Jubiläum noch dort erfolgen mußte. Angesichts ihrer Biographie wären die Glückwünsche des Ersten Sekretärs der Partei fällig gewesen, der Lotte Ulbricht bereits 52 Jahre angehörte. Aber Honecker wollte offenkundig nicht.

So sandten denn der Sekretär der SED-Grundorganisation, der Direktor und der Vorsitzende der Gewerkschaftsleitung des IML gemeinsam die »herzlichsten Glückwünsche. Mit unseren Wünschen verbinden wir den Dank für Deine nunmehr fast 14jährige Mitarbeit an unserem Institut und in unserer Parteiorganisation. Mit Deinen Erfahrungen als Mitglied und Funktionär der Arbeiterjugendbewegung, der KPD und der SED hast Du dazu beigetragen, daß die Aufgaben, die die Parteiführung unserem Arbeits- und Parteikollektiv stellte, erfüllt werden konnten.

Wir wünschen Dir, liebe Genossin Lotte, an Deinem heutigen Ehrentag beste Gesundheit, Schaffenskraft und alles Gute in Deinem persönlichen Leben.«

Fünf Jahre später erging zwei Monate vor dem Jubiläum aus dem Großen Haus Weisung an den früheren Arbeitgeber. Honecker wünschte den Entwurf eines Glückwunschschreibens, den er zu unterzeichnen gedachte.

Der Vorgang wirft nicht nur ein bezeichnendes Licht auf die in der DDR herrschende Übung. Dieser Text und die fünf und zehn Jahre später auf gleiche Weise entstandenen Adressen weisen subtile Unterschiede auf, die nur den mit den in der SED üblichen protokollarischen Petitessen Vertrauten auffielen.

Es fand sich zudem darin kein Bezug zu Honeckers Vorgänger. Aber warum sonst erhielt Lotte Ulbricht die Grüße des Generalsekretärs der ZK der SED, wenn nicht einzig deshalb, daß sie Ulbrichts Witwe war? Andere Veteranen aus dem IML erhielten solche Post jedenfalls nicht.

19. April 1973: Anstoßen auf den 70. Geburtstag mit der langjährigen Freundin Emmi Dölling, deren Mann Rudolf von 1959 bis 1965 DDR-Botschafter in Moskau war

*Institut für Marxismus-Leninismus beim Zentralkomitee der SED Entwurf eines Glückwunschschreibens für Genossin Lotte Ulbricht anläßlich ihres 75. Geburtstages am 19. April 1978:*

»Liebe Genossin Lotte Ulbricht!

Zu Deinem 75. Geburtstag übermittelt Dir das Zentralkomitee der Sozialistischen Einheitspartei Deutschlands die besten Grüße und Glückwünsche. Seit mehr als fünf Jahrzehnten kämpfst Du in den Reihen unserer Partei für die Ziele der revolutionären Arbeiterbewegung. In den Jahren des antifaschistischen Kampfes und der Emigration bewährtest Du Dich als standhafte Kommunistin. Nach der Zerschlagung des Faschismus durch die ruhmreiche Sowjetarmee hast Du Dir in verantwortlichen Funktionen Verdienste beim Aufbau des Sozialismus in unserem Vaterland erworben.

Am Institut für Marxismus-Leninismus beim Zentralkomitee der SED wirktest Du maßgeblich mit bei der Herausgabe der Reden und Schriften hervorragender Funktionäre der revolutionären deutschen Arbeiterbewegung. An Deinem Ehrentage dankt Dir das Zentralkomitee für Deine geleistete Arbeit und wünscht Dir weiterhin Gesundheit und Wohlergehen.

Zentralkomitee der Sozialistischen Einheitspartei Deutschlands
Generalsekretär*
Erich Honecker«

Handschriftliche Fußnote: »Das Original ist von Gen. E. Diehl am 13. 2. 78 abgezeichnet worden«

* Erich Honecker wurde auf dem VIII. Parteitag 1971 zum Ersten Sekretär, auf dem IX. im Mai 1976 zum Generalsekretär des ZK der SED gewählt

Fünf Jahre später, 1983, kam eine bereits längere Grußadresse zustande. Diesmal sprach Honecker gleich für den Staatsrat mit, obgleich die Botschaft auf dem Kopfbogen des Parteichefs geschrieben war. Im Unterschied zum in der DDR üblichen Sprach- und Schriftverkehr, bei dem ein Zug zur Verkürzung unüberhörbar und unübersehbar war, wurden hier alle Abkürzungen selbst in der Wiederholung ausgeschrieben. Dadurch lief der Text optisch länger – was die Absicht des Absenders war

Sozialistische Einheitspartei Deutschlands

Zentralkomitee

Generalsekretär

Liebe Genossin Ulbricht!

Zu Deinem 80. Geburtstag übermitteln Dir das Zentralkomitee der Sozialistischen Einheitspartei Deutschlands und der Staatsrat der Deutschen Demokratischen Republik die herzlichsten Grüße und Glückwünsche.

Dein Leben ist auf das engste mit dem revolutionären Kampf der Arbeiterklasse verbunden. Seit Deiner frühesten Jugend im Kommunistischen Jugendverband Deutschlands organisiert, wurden Dir verantwortungsvolle Aufgaben übertragen. Ende 1921 wurdest Du in Essen Mitglied der Kommunistischen Partei Deutschlands. Als Mitglied der revolutionären Partei der deutschen Arbeiterklasse hast Du Dich stets mit ganzer Kraft für die Durchführung der Parteibeschlüsse eingesetzt.

In Deiner Tätigkeit im Zentralkomitee der Kommunistischen Partei Deutschlands und in der Jugendinternationale hast Du Dich stets mit ganzer Kraft für die Durchführung der Parteibeschlüsse eingesetzt. In Deiner Tätigkeit im Zentralkomitee der Kommunistischen Partei Deutschlands und der Jugendinternationale nahmst Du bereits in der Periode der Weimarer Republik aktiv an den Klassenauseinandersetzungen gegen Imperialismus und Militarismus sowie für die Verteidigung des Friedens teil.

Während der schweren Zeit des Hitlerregimes bewährtest Du Dich im Exil als standhafte Kämpferin für die Sache des Kommunismus und des proletarischen Internationalismus. Eine umfangreiche politisch-ideologische Arbeit leistetest Du während des Großen Vaterländischen Krieges unter den deutschen Kriegsgefangenen.

Nach der Befreiung unseres Volkes durch die ruhmreiche Sowjetarmee und Deiner Rückkehr in die Heimat gehörtest Du zu den Aktivisten der ersten Stunde.

Die vielfältigen Erfahrungen Deiner jahrzehntelangen revolutionären Tätigkeit flossen ein in Deine verdienstvolle Mitarbeit im Apparat des Zentralkomitees und später am Institut für Marxismus-Leninismus beim Zentralkomitee der Sozialistischen Einheitspartei Deutschlands bei der Verbreitung geschichtlicher Lehren der deutschen Arbeiterbewegung.

Zu Deinem heutigen Ehrentag danken wir Dir, liebe Genossin Lotte Ulbricht, für Deine Treue zur Partei und für alles, was Du für die gerechte Sache der Arbeiterklasse geleistet hast. Wir wünschen Dir Gesundheit und persönliches Wohlergehen.
Mit sozialistischem Gruß
E. Honecker

1. Januar 1988: Schnappschuß mit der Polaroid in der Neujahrsnacht

Die Glückwünsche im Jahre 1988 fielen erkennbar kurz und lieblos aus. Die Protokollabteilung des Großen Hauses absolvierte letztmalig für Lotte Ulbricht das Pflichtprogramm

»Liebe Genossin Lotte Ulbricht!
Zu Deinem 85. Geburtstag übermittelt Dir das Zentralkomitee der Sozialistischen Einheitspartei die herzlichsten Glückwünsche.
Dein Leben ist mit dem revolutionären Kampf der Arbeiterklasse auf das engste verbunden. Schon in früher Jugend reihtest Du Dich in den Kommunistischen Jugendverband und 1921 in die Kommunistische Partei Deutschlands ein. In all den Jahrzehnten hast Du Dich in der Partei Ernst Thälmanns und seit 1946 in der Sozialistischen Einheitspartei Deutschlands stets als standhafte Kämpferin gegen Imperialismus, Faschismus und Krieg, für Frieden und gesellschaftlichen Fortschritt bewährt. Leidenschaftlich verfichst Du seitdem unsere kommunistische Sache und den proletarischen Internationalismus, insbesondere die Kampfgemeinschaft mit der Partei Lenins und dem Land des Roten Oktober.
Beim Aufbau des neuen, des sozialistischen deutschen Staates, der Deutschen Demokratischen Republik, wirktest Du von der ersten Stunde an mit großer Einsatzbereitschaft an der Lösung verantwortungsvoller Aufgaben mit. Deine langjährigen Erfahrungen im revolutionären Kampf der Partei hast Du während Deiner Tätigkeit im Institut für Marxismus-Leninismus beim Zentralkomitee der SED und in den Jahren danach für die Verbreitung der Lehren der Geschichte der Arbeiterbewegung eingesetzt.
Wir danken Dir, liebe Genossin Lotte Ulbricht, an Deinem heutigen Ehrentag für Dein jahrzehntelanges Wirken in unserer Partei und für Deine unverbrüchliche Treue zu unserer gerechten Sache. Wir wünschen Dir weiterhin Gesundheit und persönliches Wohlergehen.
Mit sozialistischem Gruß
E. Honecker«

Geburtstagstafel mit Uschi Vogel, einer Freundin aus der früheren Protokollabteilung des Ministerrates, und Grete Keilson-Fuchs, der Witwe des Atomphysikers Klaus Fuchs, 1993

Ilse Thiele (r.), Vorsitzende des DFD von 1953 bis 1989. Das Foto entstand am 9. Juni 1964 – zum 75. Geburtstag von Wilhelmine Schirmer-Pröscher (l.)

*Brief Lotte Ulbrichts vom 15. Januar 1987 an Inge Lange, Kandidat des Politbüros, als Sekretär des ZK der SED zuständig für Frauenfragen in der DDR*

Inge Lange, Jahrgang 1927, gelernte Schneiderin, leitete seit 1961 die Abteilung Frauen im ZK der SED, dem sie seit 1965 als Mitglied angehörte. 1973, unter Honecker, wurde sie Kandidat des Politbüros und Sekretär des ZK – zuständig für Frauenfragen

»Liebe Inge!

Am 13.1. erfuhr ich aus dem Rundfunk, daß aus Anlaß des Bestehens der Frauenkommissionen in der DDR ein Erfahrungsaustausch des Bundesvorstandes des FDGB stattgefunden hat. Dazu teilte das ND am 14.1. mit, daß ›Mitbegründerinnen der 1952 als Frauenausschüsse gebildeten Gremien‹ daran teilgenommen haben. Danach, so verstehe ich das, wurden die Frauenkommissionen 1952 unter der Bezeichnung Frauenausschuß gebildet und später umbenannt. Das entspricht aber nicht den geschichtlichen Tatsachen.

Darf ich Dich an diese erinnern? Anlaß für den Beschluß des PB vom 8.1.52 (den Text habe ich als ›Persönlicher‹ von WU formuliert) war doch, daß die Gewerkschaften ihren Aufgaben gegenüber den Arbeiterinnen ungenügend nachkamen (und vielleicht auch damals gar nicht die Kraft hatten). Deshalb wurde mit dem Beschluß des PB vom 8.1.52 – ausgehend von den Erfahrungen der ›Frauenräte‹ in den russischen Betrieben nach der Oktoberrevolution – vorgeschlagen, ihre Angelegenheiten selbst in die Hand zu nehmen und zu ihrer Durchsetzung Frauenausschüsse zu bilden, die niemandem unterstanden und niemandem abrechnungspflichtig waren.

Dieser Beschluß hat sich ohne Übertreibung als ein Beschluß von großer Bedeutung erwiesen, und ich bin heute noch glücklich dar-

über, daß ich daran mitwirken konnte und 1953 aus der Hand von Otto Grotewohl die Clara-Zetkin-Medaille erhielt, wobei er die Auszeichnung ausdrücklich mit meiner Mitwirkung an der Durchführung dieses Beschlusses begründete.
Liebe Inge! Du verstehst sicher, wie sehr es mich getroffen hat, daß in der ›Gedenkveranstaltung‹ – soweit aus der Berichterstattung (auch in der ›für dich‹) zu ersehen – die Frauenausschüsse einfach den gewerkschaftlichen Frauenkommissionen ›einverleibt‹ wurden. Ich nehme allerdings an, daß den jetzt im FDGB-Vorstand tätigen Genossinnen die wirklichen Tatsachen gar nicht bekannt sind.
Entschuldige bitte, daß ich Deine knappe Zeit in Anspruch genommen habe. Ich hielt es aber für notwendig, die Dinge richtig zu stellen.
Mit sozialistischem Gruß
Lotte Ulbricht«

Mit den Töchtern des Malers Walter Womacka auf dessen Grundstück auf der Insel Usedom, Ende der 60er Jahre

Der Grund für die Intervention war eine Meldung vom 14. Januar 1987 im Zentralorgan *Neues Deutschland*, die als ADN-Meldung in allen Tageszeitungen der DDR auf der Seite 2 erschien. Unter der Überschrift »Initiativreiche Arbeit der Frauenkommissionen im FDGB«, Unterzeile: »Erfahrungsaustausch mit Harry Tisch und Inge Lange«, hatte der Gewerkschaftsvorsitzende zunächst »den Einsatz der Frauen und Mädchen gegen die Unbilden dieses harten Winters« gewürdigt. Sodann referierte – »aus Anlaß des 35jährigen Bestehens der Frauenkommissionen in der DDR« – eine Vertreterin des FDGB-Präsidiums über »die großen Leistungen der 4,9 Millionen Gewerkschafterinnen im sozialistischen Wettbewerb«. Sie erklärte laut Zeitung: »Heute sind 91,3 Prozent der arbeitsfähigen weiblichen Bevölkerung berufstätig, lernen oder studieren. 81,5 Prozent aller werktätigen Frauen verfügen über eine abgeschlossene Ausbildung. Die sozialpolitischen Maßnahmen seit dem VIII. Parteitag der SED haben es den Frauen ermöglicht, ihre Aufgaben im Beruf und als Mütter immer besser zu vereinbaren.

Die 11.131 Kommissionen der gewerkschaftlichen Vorstände und Leitungen richten gegenwärtig ihre Aufmerksamkeit unter anderem auf die rechtzeitige Aus- und Weiterbildung der Frauen für die Schlüsseltechnologien sowie ihre Vorbereitung und ihren Einsatz für Leitungsfunktionen.«

1993 in Pankow

Der begründete Unmut Lotte Ulbrichts speiste sich aus mehreren Quellen. Da war einerseits die Tatsache, daß man zwar »Mitbegründerinnen der 1952 als Frauenausschüsse gebildeten Gremien« zu dieser Konferenz geladen und namentlich zitiert hatte – aber die Initiatorin, nämlich sie, einfach »vergessen« hatte.

Da war zum anderen die seit 1971 übliche Lesart, daß faktisch erst mit dem VIII. Parteitag der SED, also unter Honecker, die eigentliche DDR-Geschichte begonnen habe. Hatten aber nicht auch schon in den Jahren zuvor viele DDR-Frauen Beruf und Familie dank sozialpolitischer Maßnahmen vereinbaren können? Und schließlich stieß ihr zu Recht unangenehm auf, daß die Frauenausschüsse – ursprünglich als *politisches* Gremium der SED installiert, um ihnen mehr Gewicht zu geben – nunmehr zu einer der vielen Gewerkschaftskommission mutiert waren, was sie objektiv entwertete. Das bedeutete aus Sicht Lotte Ulbrichts eine Zurückstufung der Frauenfrage in der Gesellschaftspolitik.

Die mit Spitzen durchsetzte Antwort Inge Langes vom 11. Februar war so verlogen wie entlarvend:

»Liebe Lotte!

Deinen Brief habe ich dankend erhalten. Die Genossin Christa Großmann hatte mich schon mündlich informiert, daß im Zusammenhang mit Veröffentlichungen über den Erfahrungsaustausch des Bundesvorstandes des FDGB bei Dir eine Reihe Fragen entstanden waren.

Der in Deinem Brief kurz nachvollzogene historische Entwicklungsgang der Frauenausschüsse von ihrer Gründung bis zur Unterstellung unter die Betriebsgewerkschaftsleitungen (meines Wissens nach war das im Jahre 1964) entspricht voll und ganz den Tatsachen. Wesentlich später, und zwar im Zusammenhang mit der Vorbereitung des 9. FDGB-Kongresses *(1977 – d. Hrsg.)*, faßte dann der Bundesvorstand den Beschluß, die Frauenausschüsse in Frauenkommissionen umzubenennen, weil diese Bezeichnung besser in Übereinstimmung mit allen anderen gewerkschaftlichen Kommissionen stehen würde. Ich persönlich habe diesen Beschluß nicht für erforderlich gehalten, aber es gab auch keinen Grund, ihn unbedingt zu verhindern.

Durch einige Unkorrektheiten in der Berichterstattung der Presse* konnte der Eindruck entstehen, wie auch an Deiner Reaktion zu verspüren ist, als ob der Erfahrungsaustausch eine Gedenkveranstaltung aus Anlaß des 35. Jahrestages der Frauenausschüsse gewesen sei. Dem ist aber nicht so. Im Grunde genommen hat der geschichtliche Wertegang *(vermutlich »Werdegang« – d. Hrsg.)* der Frauenausschüsse bei dieser Zusammenkunft kaum eine Rolle gespielt.** Im Vordergrund standen ganz absolut Erfahrungen in der derzeitigen Tätigkeit der Frauenkommissionen und die Aufgaben, mit denen sie sich künftig befassen wollen.

Im übrigen besteht die Absicht, über den Erfahrungsaustausch eine Broschüre anzufertigen, da er schon mittags abgebrochen wurde, um allen Teilnehmern die Möglichkeit zu geben, noch am gleichen Tag ihre Heimatorte zu erreichen. Du wirst Dich erinnern, es war der 16.1., also der erste Tag im Januar, der die große Kälte brachte.*** In der Broschüre sollen auch alle nicht gehaltenen Diskussionsbeiträge veröffentlicht werden. Auf jeden Fall werde ich Dir ein Exemplar zuschicken.

Roberta Gropper und Anni Posselt waren als Gewerkschaftsveteranen vertreten und keineswegs als Mitbegründer oder Initiatoren der Frauenausschüsse, obgleich dieser Eindruck durch das Bild in der FÜR DICH entstehen konnte.

* Protokollmeldungen, und das war eine, wurden grundsätzlich den anwesenden Politbüromitgliedern zur Autorisierung vorgelegt, sofern diese nicht bereits von deren Referenten vorbereitet worden waren. Das heißt: Jedes Wort, jede Zeile, die über diese Zusammenkunft verbreitet wurde, hatte Inge Lange abgezeichnet. Wenn es sich also um »Unkorrektheiten« handelte, gingen diese ausschließlich auf ihre Kappe

** In der Frauenillustrierten »für dich« 4/82 erschien die bewußte Meldung mit zwei Fotos. Der Bildtext des einen lautete: »Erinnerungen an den Beginn vor 35 Jahren: Inge Lange im Gespräch mit den Gewerkschaftsvertreterinnen Roberta Gropper und Anni Posselt.«

*** Die Konferenz fand am 13.1. statt, und die »große Kälte« muß schon vorher geherrscht haben, sonst wäre Harry Tisch in seiner Eröffnung nicht darauf eingegangen

Was die Genossinnen beim Bundesvorstand des FDGB und ihre Kenntnisse über Gründung und Entwicklung der Frauenausschüsse betrifft, so sind sie durchaus im Bilde.
Ich habe mich sehr gefreut, daß Du nach wie vor so aufmerksam alles verfolgst, was die Frauen betrifft.
Von ganzem Herzen wünsche ich Dir auch weiterhin beste Gesundheit und Schaffenskraft.
In freundschaftlicher Verbundenheit
Inge Lange«

*Die Rolle, die Lotte Ulbricht in der Frauenbewegung der DDR spielte, wird in zwei Beiträgen sichtbar. Der eine erschien zu ihrem 50. Geburtstag in der Zeitschrift »Die Frau von heute« 17/1953. Der Text atmete unverkennbar den Geist und das Pathos jener Jahre. Gleichwohl: Wer kannte zu Beginn der 50er Jahre, im Vor-Fernsehzeitalter, schon diese Frau? Das Blatt mühte sich auf einer ganzen Seite, dieses Defizit mit Versatzstücken zu beheben.*

Lotte Ulbricht im Januar 1951

»Am 19. April d. J. feierte Lotte Ulbricht ihren 50. Geburtstag. Wir schließen uns mit aufrichtiger Freude dem Kreis der Freunde an, die ihr zu diesem Tage die besten und herzlichsten Wünsche darbringen. Wir beglückwünschen sie im Namen der fortschrittlichen Frauen der Deutschen Demokratischen Republik, für die der Name Lotte Ulbricht-Kühn untrennbar mit einer wichtigen Errungenschaft im Kampf um die Verwirklichung der Gleichberechtigung der Frau – mit den Frauenausschüssen – verbunden ist.

Sie gehört zu den Initiatoren der Frauenausschüsse, von denen es heute bereits fast 7.000 gibt, und die eine gewaltige Rolle bei der Einbeziehung der Frauen ins wirtschaftliche, gesellschaftliche und politische Leben in unserer Republik spielen.

Lotte Ulbrichts Leben ist ein Vorbild für alle fortschrittlichen Frauen. Es ist das Leben einer mutigen Kämpferin, die mit einer bewundernswerten Energie, Entschlossenheit und Konsequenz für das einmal als richtig erkannte Ziel, für die Sache der Arbeiterklasse und damit insbesondere für die Befreiung der Frau eintritt.

Geboren am 19. April 1903 in Berlin-Rixdorf als drittes Kind einer Arbeiterfamilie lernte Lotte in frühester Jugend Not und Elend kennen und dagegen zu kämpfen. Der Vater verstarb jung, und so mußte die Mutter mühsam für sich und die Kinder den Lebensunterhalt bestreiten. Lotte wurde Kontoristin und verdiente seit ihrem 16. Lebensjahr ihren Lebensunterhalt allein. (...)

Durch fortgesetztes Studium und unermüdliche Arbeit an sich selbst hat sich Lotte Ulbricht von der Kontoristin zu einer verantwortlichen Parteiarbeiterin und Abteilungsleiterin entwickelt. Wir finden ihren Namen im Redaktionskollegium der theoretischen Zeitschrift der SED ›Einheit‹, und vielen Frauen ist sie aus ihren Artikeln – die unter dem Autorennamen Lotte Kühn erschienen – bekannt. (...)

Überheblichkeit ist ihr völlig fremd. Wenn sie ihren Mann, den Generalsekretär der Sozialistischen Einheitspartei Deutschlands, unseren Stellvertretenden Ministerpräsidenten Walter Ulbricht, in die Betriebe oder Dörfer begleitet, findet sie durch ihre Einfachheit und ihr Verständnis schnell Kontakt. Auch in ihren Artikeln spricht sie die Sprache der Massen.* (...)

Lotte Ulbricht ist nicht nur eine gewissenhafte und gute Parteiarbeiterin. Sie ist bei all ihrer Arbeit eine vorbildliche Lebensgefährtin und Mutter. Niemals kommt von ihren Lippen eine Klage, wenn ihr Gatte infolge Partei- und Regierungsarbeit auch am Abend und sonntags sehr selten Zeit für seine Familie hat. Es kommt ihr gar nicht in den Sinn, darüber zu klagen, weil sie von der Notwendigkeit und Wichtigkeit dieser Arbeit überzeugt ist.

Erstaunlich ist, wie Lotte Ulbricht bei aller Fülle der Arbeit niemals ihre Pflichten gegenüber ihrer 9jährigen Tochter vergißt. Sie macht es sich nicht leicht wie manche Eltern, die die Verantwortung für die Erziehung ihrer Kinder einfach auf die Schule abwälzen wollen. Sie nimmt die Notwendigkeit der Zusammenarbeit von Elternhaus und Schule außerordentlich ernst, kümmert sich um die Entwicklung ihrer Tochter, die Junger Pionier ist, liest, singt und spielt auch mit ihr, und hält ihre Erziehung fest in den Händen. (...)«

* Es zeigt sich schon jetzt, daß viele Arbeiterinnen, die erklären, von Politik nichts wissen zu wollen oder nichts zu verstehen, in Wirklichkeit die Politik unserer Regierung glänzend verstehen und ausgezeichnet anwenden. Indem die Frauenausschüsse unbürokratisch und ohne jeglichen Apparat die Durchsetzung der berechtigten Forderungen der Frauen erkämpfen, geben sie gleichzeitig ein Beispiel, wie die demokratische Verwaltung unbürokratisch ihre Aufgaben lösen kann, wenn jeder Bürger an ihr aktiv teilnimmt.
*Lotte Ulbricht-Kühn in: Neues Deutschland, 13. Mai 1952*

Daß Lotte Ulbricht die Erziehung ihrer Adoptivtochter Beate »fest in den Händen« hielt, traf wohl zu

Lotte Ulbricht mit Mann in Oberhof, Besuch der Kinderräume im Interhotel »Panorama«, Ende der 60er Jahre. Links außen Margot Honecker, Jahrgang 1927, seit 1963 Volksbildungsministerin der DDR und ZK-Mitglied. Lebt heute in Santiago de Chile

*Der zweite Beitrag wurde neun Jahre später publiziert. Er stand im Heft »Die Arbeiterin« Nr. 1/1962 und trug die sehr metaphorische Überschrift: »Sie hilft das Gebäude errichten«.*

»›Hätte sie einen Kittel angehabt, man hätte meinen können, sie gehöre zu unserer Brigade‹, sagten die Arbeiterinnen im VEB Feintuchwerke Forst, nachdem Lotte Ulbricht in Begleitung Walter Ulbrichts den Betrieb besucht hatte. (…)

Wir haben Genossin Lotte Ulbricht anläßlich des 10. Jahrestages des Bestehens der Frauenausschüsse besucht, denn sie hat bei der Bildung dieser demokratischen Organe der Arbeiterinnen und Genossenschaftsbäuerinnen tatkräftig geholfen. (…)

›Nach der Zerschlagung des Faschismus begann für die Frauen der damaligen sowjetischen Besatzungszone ein neues Leben. Es ging aber nicht so schnell und so gut mit der Teilnahme der berufstätigen Frauen am gesellschaftlichen Leben, wie es eigentlich notwendig gewesen wäre. Die jahrhundertelange Unterdrückung der Frauen hat vor allem die Arbeiterinnen und Bäuerinnen, bedingt durch ihre doppelte und dreifache Belastung, gezwungen, Fähigkeiten zu entwickeln, die sehr wertvoll für den Aufbau unserer neuen Gesellschaft sind. Wie gut verstehen es Arbeiterin und Bäuerin, sich ihre so knappe Zeit einzuteilen! Wie sparsam wirtschaften diese Frauen im eigenen Haushalt, wie planen sie nicht nur ihre Arbeit, sondern auch die Anschaffungen für die Familie!‹ Zu Beginn des ersten Fünfjahrplanes zeigte sich aber, daß diese Talente und Fähigkeiten der Frauen nur ungenügend zur Entfaltung kamen. Die Worte Lenins, daß die Beseitigung der gesetzlichen Ungleichheit zwischen Mann und Frau ›nur die Ebnung des Bodens für das Gebäude, aber nicht das Gebäude selbst ist‹, bewahrheiteten sich auch in unserem jungen Arbeiter-und-Bauern-Staat.

In den Betrieben kümmerten sich die Gewerkschafts- und Wirtschaftsfunktionäre völlig ungenügend um die Arbeiterinnen. Nach alter Tradition wurden sie häufig noch schlechter entlohnt als die Männer. Von Arbeiterinnen gemachte Vorschläge wurden mit einer Handbewegung abgetan, die systematische Qualifizierung und Förderung der Kolleginnen sträflich vernachlässigt.

›Das Gesetz über die Gleichberechtigung der Frauen mußte mit Leben erfüllt werden. Das konnte nur durch die Frauen selbst geschehen, durch ihre aktive gesellschaftliche Mitarbeit. Diese ist in vieler Hinsicht wertvoll: Die Frauen bekommen Selbstbewußtsein, aber auch Vertrauen in unseren Arbeiter-und-Bauern-Staat, der ihnen die Gleichberechtigung garantiert. Sie können ihre schöpferische Initiative entfalten …‹ Und Genossin Lotte Ulbricht setzt nach kurzer Pause hinzu: ›All das hat sich in den 10 Jahren des Bestehens der Frauenausschüsse als richtig erwiesen!‹ (…)«

Lotte Ulbricht beim Empfang für Valentina Tereschkowa, die 1963 als erste Frau der Welt die Erde in einem Raumschiff umrundete. Rechts neben ihr Kosmonautenkollege Juri Gagarin (1934-1968), der 1961 als erster Mensch überhaupt ins All flog

*Am 22. August 1984 richtete Lotte Ulbricht an den Direktor des Instituts für Marxismus-Leninismusbeim ZK der SED, bis vor neun Jahren ihr Arbeitgeber, in gleicher Frauen-Sache ein kritisches Schreiben:*

»Betr.: ›Entdeckung‹ in der Chronik ›Zur Rolle der Frau ...‹
Lieber Genosse Heyden!
Vor kurzem erschien im Verlag für die Frau eine im Auftrag der Forschungsgemeinschaft ›Geschichte des Kampfes der Arbeiterklasse um die Befreiung der Frau‹ an der PH Leipzig herausgegebene Chronik ›Zur Rolle der Frau in der Geschichte des deutschen Volkes‹. Da die Herausgeber im Vorwort den Mitarbeiterinnen des IML Dr. Marga Beyer, Elfriede Fölster und Elke Zeller einen besonderen Dank für ihre Unterstützung aussprechen, muß der Leser annehmen, daß unser Institut eine gewisse Mitverantwortung für den Inhalt der Chronik trägt. Was veranlaßt mich, an Euch zu schreiben?
Beim flüchtigen Überlesen stieß ich auf folgende ›Information‹ auf S. 280 unter dem Termin ›Frühjahr‹ (gemeint ist die Zeit zwischen dem 29.3. und dem 16.4.1945):
›Die Parteiführung der KPD bildet Arbeitsgruppen, die wöchentlich über Sofortmaßnahmen des Aktionsprogramms des Blocks der kämpferischen Demokratie beraten. Zur ersten Arbeitsgruppe (insges. 28 Pers.) gehören 4 Frauen: Martha Arendsee, Irene Fischer, Elli Schmidt, Inge v. Wangenheim. In der zweiten Arbeitsgruppe (insges. 27 Pers.) arbeiten ebenfalls 4 Frauen mit: Lotte Kühn, Grete Lohde, Frida Rubiner, Else Wolf.‹
Das ist hanebüchener Unsinn. Ich habe an keiner derartigen ›Arbeitsgruppe‹ teilgenommen. Aus Band 5 der ›Geschichte der deutschen Arbeiterbewegung‹ weiß ich, daß über ein ›Aktionsprogramm des Blocks der kämpferischen Bewegung‹ Anfang 1945 in einem kleinen Kreis der Parteiführung in Moskau beraten wurde. Offensichtlich wurde es aber durch die späteren Dokumente präzisiert. Die im ›Aktionsprogramm‹ vorgesehenen ›Sofortmaßnahmen‹ waren jedenfalls für die Zeit nach dem Sturz des Hitlerregimes gedacht, konnten also im Frühjahr 1945 gar nicht ›kontrolliert‹ werden. Jedenfalls war ich (wie auch die meisten der genannten Genossinnen) noch in Moskau. Und die Rote Armee mußte noch viele blutige Opfer bringen, bis ›Sofortmaßnahmen‹ ergriffen werden konnten.

Lotte Ulbricht 1945

Zum Schluß wiederhole ich: Ich habe nicht die ganze Chronik studiert, sondern sie flüchtig überschlagen. Ob sie weitere Irrtümer enthält, wäre zu überprüfen.
Mit sozialistischem Gruß
Lotte Ulbricht

1 Durchschlag an Genn. Inge Lange, ZK«

*Der Direktor des Instituts für Marxismus-Leninismus reagierte am 28. August 1984.*
»Liebe Genossin Lotte Ulbricht!
Wir danken Dir für Dein Schreiben vom 22. August 1984 betreffend die Chronik ›Zur Rolle der Frau in der Geschichte des deutschen Volkes (1830 bis 1945)‹.
Unsere Mitarbeit an dem Band erstreckte sich auf die Begutachtung einer ersten Vorlage im Frühjahr 1983, die wir auf Bitten der Abteilung Frauen im ZK der SED vornahmen. Das 16seitige kritische Gutachten befaßte sich vor allem mit der konzeptionellen Anlage dieser Chronik, von deren politischem Wert wir überzeugt sind. Wir unterstrichen damals, daß die volle Verantwortlichkeit der Autoren für die Auswahl des Faktenmaterials, sowie die Art und Weise seiner Dokumentierung bestehen bleibt und forderten eine Überarbeitung entsprechend unserer Hinweise.* Von einer Mitarbeit unserer Genossen an dieser Chronik kann also nicht gesprochen werden, zumal wir weder von der Überarbeitung noch von der endgültigen Fassung, die der jetzigen Veröffentlichung zugrunde liegt, in Kenntnis gesetzt wurden.
Wir werden uns, Deinem Anliegen entsprechend, mit den Autoren in Verbindung setzen und um Klärung bitten. Von den Ergebnissen werden wir Dich informieren.
Mit sozialistischem Gruß
Günter Heyden«

* Wenn die Autoren allein zuständig waren: Wieso forderte dann das IML »eine Überarbeitung entsprechend unserer Hinweise«?

*Lotte Ulbricht hatte mit ihrem Hinweis ein Räderwerk in Bewegung gesetzt. Heyden stand unter Druck: Inge Lange forderte Klärung und Vollzug. Die Autoren mußten konsultiert werden. Diese wiederum hatten zu rekonstruieren, aus welcher Quelle sie damals geschöpft hatten. Das mußten sie dem IML-Direktor berichten, der seinerseits Inge Lange und auch Lotte Ulbricht informierte. Am 23. Oktober 1984, nach zwei Monaten intensiver Recherche, lieferte er erleichtert die angekündigte Auskunft:*

»Liebe Genossin Lotte Ulbricht!
Wir nehmen nochmals Bezug auf Dein Schreiben vom 22. August 1984 betr. Die Chronik ›Zur Rolle der Frau in der Geschichte des deutschen Volkes‹.
Über den von Dir genannten Fakt wurde vor Jahren in einem Artikel von Peter Kirste ›Wirtschaftspolitik und antiimperialistische Umwälzung …‹ im Jahrbuch für Geschichte, Bd. 14, S. 279, Berlin 1976 geschrieben. Inzwischen haben wir auch im Zentralen Parteiarchiv eine Akte von Wilhelm Pieck eingesehen, in der ein maschinenschriftlicher Entwurf für die Schulung von 55 Funktionären enthalten ist, die in besetzten deutschen Gebieten eingesetzt werden sollten. Auf der Liste sind alle in die Chronik aufgenommenen Namen, auch Deiner, enthalten. Da die Genossen der Pädagogischen Hochschule Leipzig keinen Einblick in die Akten nehmen konnten und sich auf die Veröffentlichung von P. Kirste stützen, ergaben sich Unexaktheiten bei der Dokumentierung des Faktes, worüber wir mit den Genossen sprechen werden. Wir danken Dir für Deinen kritischen Hinweis.
Mit sozialistischem Gruß
Günter Heyden«

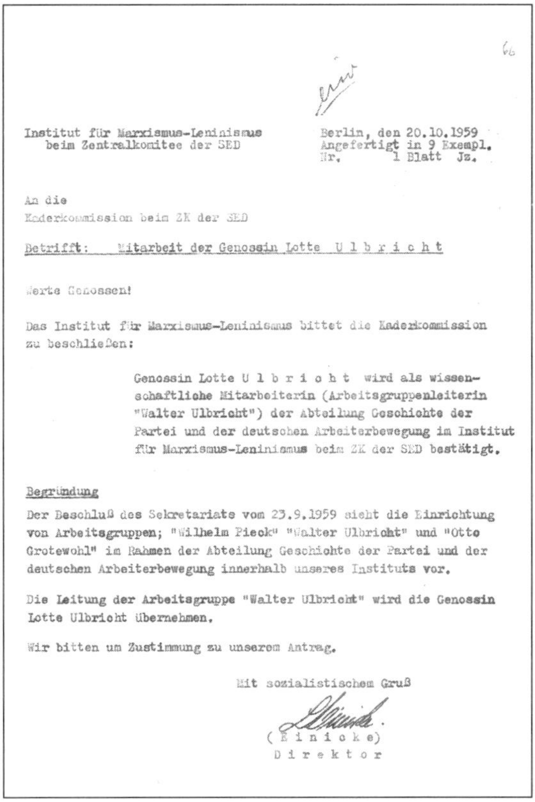

66

Institut für Marxismus-Leninismus
beim Zentralkomitee der SED

Berlin, den 20.10.1959
Angefertigt in 9 Exempl.
Nr. 1 Blatt Jz.

An die
Kaderkommission beim ZK der SED

Betrifft: Mitarbeit der Genossin Lotte U l b r i c h t

Werte Genossen!

Das Institut für Marxismus-Leninismus bittet die Kaderkommission zu beschließen:

Genossin Lotte U l b r i c h t wird als wissenschaftliche Mitarbeiterin (Arbeitsgruppenleiterin "Walter Ulbricht") der Abteilung Geschichte der Partei und der deutschen Arbeiterbewegung im Institut für Marxismus-Leninismus beim ZK der SED bestätigt.

Begründung

Der Beschluß des Sekretariats vom 23.9.1959 sieht die Einrichtung von Arbeitsgruppen; "Wilhelm Pieck" "Walter Ulbricht" und "Otto Grotewohl" im Rahmen der Abteilung Geschichte der Partei und der deutschen Arbeiterbewegung innerhalb unseres Instituts vor.

Die Leitung der Arbeitsgruppe "Walter Ulbricht" wird die Genossin Lotte Ulbricht übernehmen.

Wir bitten um Zustimmung zu unserem Antrag.

Mit sozialistischem Gruß

( E i n i c k e )
D i r e k t o r

Arbeitsgrundlage für Lotte Ulbricht im IML: Der Beschluß des Sekretariats zur Einrichtung der Arbeitsgruppen »Wilhelm Pieck«, »Walter Ulbricht« und Otto Grotewohl«

*Damit war das Problem erledigt. Der Absender hatte zwar etwas über die Arbeitsweise der Autoren und die Praxis im Umgang mit Parteiakten verraten, aber nichts zur Sache selbst mitgeteilt.*

# Andere über Lotte Ulbricht

## *Mit 19 Jahren erstmals in die Sowjetunion*

Von Wolfgang Schälike*

* Dr. Ing. Wolfgang Schälike, 1937 in Moskau geboren, Rückkehr mit den Eltern in die Sowjetische Besatzungszone 1946. Studium an der Moskauer Hochschule für Flugwesen (1955 bis 61), NVA (1961 bis 88), dazwischen Aspirantur an der Moskauer Akademie für Luftfahrt (1968-72). Von 1988 bis 1990 wissenschaftlicher Mitarbeiter im Ministerium für Wissenschaft und Technik. Seit 1994 Vorsitzender des Deutsch-Russischen Kulturinstituts e. V. in Dresden

Als meine Mutter 19 war und noch Luise Doerwald hieß, war sie mit Lotte Kühn befreundet. Beide konnten mit der Schreibmaschine umgehen und beherrschten die Stenographie. Fritz Schälike leitete im April 1922 den Verlag der Jugendinternationale, da war er 23jährig. Und er fragte Luise, ob sie nicht gemeinsam mit ihrer Freundin Lotte für etwa sechs Monate in Moskau bei der Kommunistischen Jugendinternationale arbeiten wolle. Die beiden sagten ohne Zögern zu – obgleich sie kein Wort russisch sprachen.

Das, was ich über ihren Aufenthalt in Sowjetrußland weiß, habe ich von meiner Mutter – die 1977 verstarb – und von Lotte Ulbricht, die mir noch 75 Jahre später begeistert davon berichtete.

Die Reise von Essen im Ruhrpott bis nach Moskau dauerte acht Tage. In der sowjetischen Hauptstadt tauchten sie in das Leben ein, besuchten Fabriken, Kinderheime, Ausstellungen. Sie nahmen an Subbotniks teil und an Demonstrationen. Sonntags besuchten sie Clara Zetkin, die auf einer Datscha bei Moskau lebte. Sie teilten mit den russischen Schwestern und Brüdern die Not. Die Verpflegung bestand aus einem Stück Schwarzbrot am Morgen mit etwas Butter oder alternierend Fisch bzw. ein hartgekochtes Ei. Mittags gab es Grütze, die dort Kascha hieß, und abends ebenfalls. Das aber störte die beiden nicht. Sie wurden satt, das war die Hauptsache.

Gegen Jahresende tagte in Petrograd und Moskau der IV. Weltkongreß der Komintern und der III. Kongreß der Kommunistischen Jugendinternationale. Die beiden Mädchen reisten mit einem Sonderzug zur Stadt an der Newa, der »Wiege der Revolution«. Am Vormittag des 5. November gab es einen Empfang im Smolny, danach besuchten die ausländischen Delegierten Betriebe der Stadt. In einem Dieselmotorenwerk gab es ein Meeting, auf dem Lotte als Vertreterin der deutschen Jugend eine Rede hielt. Sie war die erste Deutsche, die dort das Wort an russische Arbeiter richtete, was Lotte offensichtlich sehr berührte. Noch nach einem Dreivierteljahrhundert erinnerte sie sich daran lebhaft.

In der Nacht vom 6. zum 7. November fuhren sie nach Moskau zurück. Vom Bahnhof ging es direkt zum Roten Platz, wo eine Parade zum 5. Jahrestag der Oktoberrevolution stattfand. Danach begannen die Sitzungen des Weltkongresses der Komintern, an der die Delegierten der Jugendverbände als Gäste teilnahmen. So auch an jener Tagung am 13. November. Dort sprach Lenin, der Revolutionsführer. Sein Auftritt, so Lotte, habe sie nachhaltig beeinflußt und geprägt – nicht nur, weil dies Lenins letzter öffentlicher sein sollte.

Zum Jahresende kehrten die beiden Frauen voller Eindrücke nach Deutschland zurück, der Aufenthalt im »Vaterland aller Werktätigen« sollte bestimmend für ihr weiteres Leben sein.

1925 heirateten Luise Doerwald und Fritz Schälike, meine Eltern. Und Lotte Kühn freundete sich mit Erich Wendt an, der ebenfalls im Verlag der Jugendinternationale arbeitete.

Lotte Kühn 1926 in Moskau beim Studium

## *»Na, dann seien Sie kühn und kommen später noch einmal«*

Von Walter Schulz*

* Walter Schulz (1895-1972), Mitglied der Zentrale des KJVD (1921-23), Redakteur der *Jungen Garde* und von KPD-Zeitungen in Berlin und Hamburg sowie Redakteur beim ZK der KJI (1923/24), 1924 Kandidat des Exekutivkomitees der KJI. 1933 Emigration Frankreich, 1944-53 Sowjetunion. Anfang 1954 Rückkehr in die DDR und bis 1961 Lektor im Dietz Verlag, danach, bis 1968, Sektorleiter in der Marx-Engels-Abteilung des IML. Seit 1968 Rentner

Neben Lotte Kühn und Luise Doerwald gehörten der Delegation der Kommunistischen Jugend (KJD), die 1922 am Kongreß der Jugendinternationale teilnahm, noch Karl Baumgärtel, Fritz Gäbler, Erich Wiesner und ich an. Zum Rahmenprogramm gehörte auch ein Besuch im Moskauer Marx-Engels-Institut im einstigen Palais des Fürsten Dolgorukow.

Der Chef des Hauses mit Namen Rjasanow führte die deutschen Jungkommunisten durch die Bibliothek und öffnete schließlich im Allerheiligsten einen Panzerschrank. Dem entnahm er mit einer Pinzette eine Handschrift von Marx. Ich entsinne mich noch gut daran: Es war ein kleines Notizheft, in dem er seine Thesen über Ludwig Feuerbach niedergeschrieben hatte.

Und Rjasanow breitete vor den staunenden Jugendlichen Ausgaben der »Rheinischen Zeitung« von 1842 und der »Neuen Rheinischen Zeitung« von 1848/49 und noch ein paar andere alte Zeitungen. Danach verschwanden sie wieder im Tresor.

Und Lotte sagte darauf naßforsch, wie Berliner nun einmal sind: »Ist das alles?«

Lotte Kühn (zweite Reihe, Zweite von links) mit der KJI-Delegation 1922. Rechts neben ihr Walter Schulz. Erste Reihe links: Freundin Luise Doerwald, später Schälike

Rjasanow blieb höflich und lächelte mild. »Ja, vorläufig. Sie sind noch jung und werden es erleben. Ihr werter Name?«

»Kühn.«

»Na, dann seien Sie kühn und kommen Sie später noch einmal wieder.«

Diesen erbaulichen Dialog konnte man auch in der »Jungen Garde«, dem Zentralorgan der Kommunistischen Jugend Deutschlands, am 15. Februar 1923 nachlesen.

## *»Ich mache meins, und Walter macht seins«*

Von Heinz Keßler*

Lotte und ich gehörten zur zweiten Gruppe deutscher Antifaschisten, die aus der Sowjetunion in die Heimat zurückkehrte. Die erste, die sogenannte Gruppe Ulbricht, war am 30. April 1945 gereist. Wir sollten mit dazu beitragen, das Leben nach dem Krieg neu zu organisieren. Die kleine Militärmaschine zählte vielleicht wenig mehr als zwanzig Plätze. Diese waren auch alle besetzt. Ich erinnere mich noch an Edwin Hoernle, Artur Pieck und Grete Keilson sowie an drei oder vier weitere Frauen. Nach einer Zwischenlandung in Minsk landeten wir nach etwa sechs Stunden Flug in Berlin-Tempelhof.

Ich kannte Lotte nur flüchtig und hatte sie gelegentlich in Moskau in der Zentrale des NKFD getroffen. Ich wußte, daß sie seit etwa zehn Jahren mit Walter Ulbricht zusammen war und sehr couragiert und professionell sein Büro führte, wobei dies nicht ganz korrekt ihre Aufgabe beschrieb: Sie war eigenständig politisch tätig und gehörte zu den Verantwortlichen der deutschen Emigration in Moskau. Insofern war sie nicht in diese Gruppe gekommen, weil sie Ulbrichts Frau war, sondern weil die Parteiführung sie in Berlin brauchte.

In den folgenden Jahren sollten wir uns besser kennenlernen. Die von mir mit gegründete Jugendorganisation FDJ hatte ein Heim in Oberhof, und da meine Frau Ruth und ich den Skilanglauf liebten, machten wir in jedem Winter dort Urlaub. Auch Lotte und Walter waren dort. (Später, in den 50er Jahren, als ich bei den bewaffneten Organen war, fuhren wir zum Wintersport nach Oberwiesenthal. Dort hatte, im Unterschied zu Oberhof, die NVA ein Heim.)

* Heinz Keßler, Jahrgang 1920, Mitbegründer des Nationalkomitees »Freies Deutschland« 1943, von 1950 bis 1989 bei den bewaffneten Organen, seit 1985 Verteidigungsminister der DDR, von 1986 bis 1989 Mitglied des Politbüros des ZK der SED

Skilaufen in Oberhof: vorn Walter Ulbricht, dahinter seine Frau

Mehrere Winter lang liefen wir also in Thüringen gemeinsam Ski. Obwohl Walter bereits Mitte 50 war, Lotte war zehn Jahre jünger, legte er stets ein ordentliches Tempo vor. Da hatten die beiden Jungs vom Personenschutz oft Mühe, im angemessenen Abstand hinterherzukommen. Im Schnitt schafften wir fünfzehn bis zwanzig Kilometer bei einer Tagestour. Und entgegen seiner sonstigen Gewohnheit, keinen Alkohol zu trinken, ließ sich Walter bei der Rast hin und wieder doch zu einem Grog hinreißen.

Bei den Gesprächen war Politik zwar nicht tabu, aber nicht unbedingt zentrales Thema. Hin und wieder machte ich zwar eine Bemerkung (»Die Partei könnte der FDJ wirklich mal mit einigen PKW helfen ...«), doch Walter tat, als überhörte er so etwas. Im übrigen hatte Lotte gleich klargemacht – und so hielt sie es konsequent bis an sein Ende –, daß sie nicht Walters Poststelle sei. Wer etwas von ihm wollte, sollte dies gefälligst selbst bei ihm vortragen. Doch nebenbei: Auch wenn er so tat, als habe er mein Bittgesuch nicht vernommen: Natürlich hatte er es registriert und nach dem Urlaub darauf reagiert.

1950 hatte man mich wiederholt zu überreden versucht, beim Aufbau von Streitkräften mitzuwirken. Ich lehnte das mit gleicher Ausdauer ab. Nicht, weil ich nicht die Auffassung teilte, daß der Aufrüstung in der Bundesrepublik die DDR entsprechen müßte. Ich war Jugendfunktionär und sah auf diesem Feld meine Perspektive. Wilhelm Pieck hat dann meinen Widerstand gebrochen. Als erstes sollte ich nach Moskau zur Militärakademie. Kurz vor der Abreise rief mich Lotte an. Ich möge mal zu Walter kommen. Da er krank sei, solle ich in der Wohnung im Pankower Majakowskiring vorbeischauen. Das war insofern ungewöhnlich, als üblicherweise Einladungen durch sein Sekretariat ausgesprochen wurden.

Walter hatte eine Bronchitis, saß auf einer Liege und wärmte sich mit einer Decke. Der Grund des Gespräches offenbarte sich rasch: Er wußte, daß ich für anderthalb Jahre nach Moskau ging und wollte mir Mut zusprechen. Also das mit der Sprache werde schon nicht so schlimm werden, meinte er tröstend, was natürlich doppelt komisch war: Er selbst beherrschte allenfalls zwei, drei Vokabeln und sprach sogar noch »charascho« falsch aus, er hatte wirklich kein Gespür für Fremdsprachen. Ohne Lotte, die exzellent russisch sprach, hätte er es in der Sowjetunion schwer gehabt. Sie dolmetschte nicht nur seine Gespräche, sondern wertete auch Zeitungen und Dokumente für ihn aus. Zum anderen hatte ich zwischen 1942 und 1945 als junger Mensch die Sprache rasch erlernt und fürchtete mich davor am wenigsten.

Nach einer Dreiviertelstunde hatten wir alles beredet und unseren Tee getrunken. Ich verabschiedete mich und ging. Lotte fragte draußen, wie es war, nicht jedoch, worüber wir gesprochen haben – das tat sie nie. Es gehörte zu ihrem Verständnis von Arbeitsteilung: Walter macht seins, und ich mache meins, da reden wir uns nicht wechselseitig hinein.

DEUTSCHER SPORT
Startkarte 13254
Lotte
46

Lotte Ulbrichts Startkarte für das Wintersportabzeichen der FDJ, 1950. Umscitig wurde bestätigt, daß sie den 3-km-Skilanglauf in der Kategorie »Frauen über 18 Jahre« erfolgreich absolviert habe

Winter 1952/53 in Oberhof: Walter Ulbricht mit Tochter Beate

## *Wenn sie was versprach, dann hielt sie es auch*

Von Bruno Kiesler*

* Bruno Kiesler, Jahrgang 1925, Landarbeiter und Traktorist, von 1950 bis 1954 Mitglied des FDGB-Bundesvorstandes und bis 1986 auch Volkskammerabgeordneter. Fernstudium an der Deutschen Akademie für Staat und Recht Potsdam-Babelsberg und am Institut für Agrarökonomie Bernburg. Leiter der Abteilung Landwirtschaft im ZK der SED. Ordentliches Mitglied der Deutschen Akademie der Landwirtschaftswissenschaften (1968-1983), danach (1982-1990) Sekretär der Liga für Völkerfreundschaft. Seit 1990 Rentner

Lotte Ulbricht lernte ich in Schwerin kennen. Dort tagte am 17./18. Dezember 1949 der 1. Kongreß junger Arbeiter der volkseigenen Betriebe in der Landwirtschaft. Hauptredner war Walter Ulbricht. Zwei Monate zuvor hatte sich die DDR konstituiert, Ulbricht erschien als Stellvertretender Ministerpräsident und wurde von seiner Frau begleitet.

In einer Beratungspause hatte ich mit beiden ein längeres Gespräch. Jahrzehnte später wurden solche »Begegnungen« für Pressefotos gestellt. Damals jedoch unterhielt man sich wirklich, und zwar über alles: Persönliches, Politisches, Privates. Als Marinesoldat während des Krieges hatte ich auch einige »hohe Tiere« getroffen, doch das war kein Vergleich. Die beiden konnten nicht nur gut zuhören und nachfragen, sondern hielten auch gemachte Zusagen ein – was ich später wiederholt dankbar erleben konnte.

In der Folgezeit begegneten wir uns häufiger. Ich wurde Abgeordneter der Volkskammer und 1959 Leiter der Abt. Landwirtschaft im ZK der SED. Regelmäßig trafen wir uns in Leipzig-Markkleeberg auf der Landwirtschaftsausstellung, der agra, die beide gern besuchten.

Bei unseren zahlreichen Begegnungen lernte ich Lotte als sehr prinzipienfeste Genossin kennen, offene Fragen gab es hinterher nie. Wie nicht wenige Leute in der SED war aber auch sie nicht frei von dogmatischen Auffassungen. Komplizierte Entwicklungsfragen in der Gesellschaft oder in der Wirtschaft beurteilte sie ein wenig schematisch und getreu der Linie. Bei solchen Diskussionen mußte man nicht minder hartnäckig den eigenen Standpunkt begründen und auf keinen Fall zurückweichen. Da hatte man bei ihr schon verloren. Man konnte durchaus einen in ihren Augen falschen Standpunkt haben, selbst darin verlangte sie allerdings Konsequenz und Standfestigkeit. Im Laufe der Jahre erwarb ich aber einige taktische Erfahrungen, wie man damit umgehen konnte.

Lottes Interesse galt vornehmlich den Frauen. Das erledigte sich nicht, als sie nicht mehr in der Frauenkommission des ZK arbeitete. Wenn wir uns trafen, wollte sie wissen, was wir zur Verbesserung der Lage junger Frauen unternähmen und wie die LPG-Bäuerinnen besser gefördert werden könnten.

Lotte Ulbricht in ihrer Wohnung in den 90er Jahren. Das Haus im Majakowskiring 12 bezog sie 1973, nachdem Walter Ulbricht gestorben war. Das heißt: Walter Ulbricht wohnte nie im Haus, in dem seine Witwe starb. Das Haus 28, in welchem sie bis 1958 lebten,war inzwischen abgerissen

Als wir uns 1998 in ihrer Pankower Wohnung sahen – daß es unsere letzte Begegnung sein sollte, konnten wir damals beide nicht wissen –, war sie geistig wach und aufmerksam wie immer. Und unverändert davon überzeugt, daß der Weg, den sie beschritten hatte, der einzig richtige war.

## *Der Karpfenaufpasser*

Von Jupp Angenfort*

Bei einem Kuraufenthalt in Bad Liebenstein machten meine Frau Mia und ich mit Lotte Ulbricht eine kleine Wanderung. Irgendwie kamen wir auf Neujahr und Karpfen zu sprechen. Dabei erzählte Lotte folgende Begebenheit:

Zum Neujahrsfest haben Walter und sie einmal einen lebenden Karpfen geschenkt bekommen.

»Ich fragte den Genossen, der den Fisch gebracht hatte, was ich bis Silvester mit dem Burschen machen sollte.

›Ganz einfach‹, sagte der, ›in die Badewanne mit ihm und schnell Wasser hineinlassen. So hat der Karpfen noch ein paar schöne Stunden.‹

Gesagt, getan. Der Karpfen schwamm munter in der Badewanne herum und fühlte sich offensichtlich wohl. Ich hatte noch eini-

* Josef Angenfort, Jahrgang 1924, Vorsitzender des Zentralbüros der FDJ in der BRD (1950-53). KPD-Funktionär (1951 bis 54), MdL in NRW, U-Haft von März 1953 bis Juni 1955 und Zuchthaus von 1955-57 wegen Tätigkeit für die verbotene FDJ und KPD, 1962 erneut Haft, Flucht 1962. Von 1989 bis 2002 Vorsitzender und seit 2003 Sprecher der VVN-Bund der Antifaschisten in NRW

ges für den Abend vorzubereiten. Nach einer Weile gab es einen kräftiges Platsch im Badezimmer. Ich schaute nach: Der Karpfen war aus der Wanne gesprungen. Ich tat ihn wieder hinein.

Das Theater wiederholte sich. Ich kam zu keiner vernünftigen Arbeit mehr.

»Walter, wir haben jetzt richtig sozialistisch gehandelt. Wir hatten ein Problem und haben es durch kollektive Arbeit gelöst.«

Walter saß in seinem Zimmer am Schreibtisch. Er las in einem Referat, zu dem er seine Meinung sagen sollte. Ich sagte zu ihm: ›Walter, wir haben ein Problem. Der Karpfen springt ständig aus der Badewanne. Für Probleme bist du zuständig. Löse es. Ich habe in der Küche zu tun.‹

Walter maulte. ›Wie stellst du dir das vor? Du siehst doch, daß ich hier beschäftigt bin.‹

›Ganz einfach‹, entgegnete ich. ›Du setzt dich mit deinem Referat neben die Badewanne, machst deine Striche und wirfst ab und zu einen Blick auf den Karpfen. Wenn der sich anschickt, aus dem Wasser zu springen, gibst du ihm einen Klaps auf den Rücken.‹

Walter knurrte, war nicht begeistert, fügte sich dann aber. Ich ließ sowohl die Badezimmertür als auch die Küchentür offen, um mitzubekommen, was der Genosse Erste Sekretär tat. Es passierte nichts Dramatisches. Walter hockte auf einem Stuhl neben der Wanne, las das Papier und notierte seine Bemerkungen am Rand. Und ab und an gab er dem vorwitzigen Karpfen eins hinter die Ohren.



Nach einer guten Weile erlöste ich Walter und holte den Karpfen in die Küche. Gewohnt, mit Lob und Tadel zu arbeiten, sagte ich: ›Walter, wir haben jetzt richtig sozialistisch gehandelt. Wir hatten ein Problem und haben es durch kollektive Arbeit gelöst.‹

Walter war einverstanden. Es blieb ihm auch nichts anderes übrig.«

Es wird wohl genau so gewesen sein. Ich habe Lotte immer energisch, einfallsreich und humorvoll erlebt. Notfalls machte sie aus dem ersten Mann der DDR sogar einen Karpfenaufpasser.

## *Streng und fürsorglich*

Von Helga Korff-Edel*

Es war keineswegs die hohe Politik, die uns zusammenführte. Eine Zeit lang trafen wir uns einmal in der Woche in der Sauna des Regierungskrankenhauses in der Scharnhorststraße (heute Bundesministerium für Wirtschaft). Das muß Ende der 70er, Anfang der 80er Jahre gewesen sein. Die Unterhaltung wurde von Lotte dominiert, und ich hatte ein ungutes Gefühl, als ich mich nach der Sendung unseres Fernsehmehrteilers »Verflucht und geliebt« zum ersten Mal wieder auf der Holzpritsche niederließ. Ich ahnte, die Hauptdarstellerin Renate Krößner in der Rolle einer jungen Arbeiterin würde Lotte nicht gefallen haben, und ihre Urteile waren schonungslos. Sie war ein Arbeiterkind aus Rixdorf und wußte, so meinte sie, ganz genau, was für Arbeiter und Bauern in ihrem Staat gut war. Auch in der Kunst. Und was nicht nutzte, das schadete. Verteidigung war da aussichtslos, ich habe es auch gar nicht versucht, unsere lautere Absicht zu erklären. Ich habe ihr Donnerwetter über mich ergehen lassen.

Andererseits aber sparte Lotte auch nicht mir Lob, wenn sie das für angebracht hielt. Ich erlebte es, als wir im Herbst 1968 anläßlich der Verleihung des Nationalpreises für »Wege übers Land« zu einem festlichen Mittagessen ins Haus des Staatsrates eingeladen waren.

Der außerordentliche Erfolg dieses Fünfteilers hatte uns völlig unvorbereitet getroffen. Man hofft immer auf große Wirkung der jahrelangen Arbeit, kann sie aber vorher nicht genau abschätzen.

Mir jedenfalls waren Anerkennung und Auszeichnung so auf den Magen geschlagen, daß ich am Tisch des Staatsratsvorsitzenden

* Helga Korff-Edel, Jahrgang 1924, Studium der Garmanistik und Theaterwissenschaften, Dramaturgin am Stadttheater Zittau. In den 50er Jahren Chefdramaturgin am Hans-Otto-Theater in Potsdam und am Theater der Freundschaft in Berlin, ab 1963 Dramaturgin beim Deutschen Fernsehfunk (DFF) in Berlin-Adlershof. Vier Jahrzehnte Zusammenarbeit mit dem Schriftsteller Helmut Sakowski (»Wege übers Land«, »Verflucht und geliebt«, »Daniel Druskat«). Witwe des Schriftstellers Peter Edel (1921-1983; »Die Bilder des Zeugen Schattmann«, »Wenn es ans Leben geht«)

und seiner Frau saß und keinen Bissen herunterbrachte. Lotte merkte, daß ich im Essen nur herumstocherte, und als sie hörte, was los war, wurde eine der Kellnerinnen herangerufen und beauftragt, ein Kännchen warme Milch für mich zu bringen, nachdem ich versichert hatte, die würde ich zu mir nehmen können. Diese unkonventionelle Fürsorge hat mich gerührt.

In den wenigen Begegnungen erlebte ich Lotte stets fürsorglich und streng, sie war ihrer selbst sicher und prinzipientreu.

## *Jede Tätigkeit ist verantwortungsvoll – auch die einer Putzfrau*

Von Prof. em. Dr. Herta Kuhrig*

* Herta Kuhrig, Jahrgang 1930. Studium am Franz-Mehring-Institut Leipzig (1949-53), wissenschaftliche Tätigkeit an der Hochschule für Ökonomie in Berlin (1952-57) und an der Akademie der Wissenschaften der DDR, Arbeitsbereich Frauenforschung (1964-1990). Seither Rentnerin

Wenn ich an Lotte denke, sehe ich sie oben an der Schmalseite eines langen Tisches sitzen, an dem die Frauenkommission tagte. Ich höre, was sie sagte, was sie wollte, was sie anregte, was sie kritisierte, und wie engagiert sie alles tat. Und natürlich auch spüren ließ, daß sie nicht ohne »Hinterland« war. Die Frauen der DDR hatten ihr damals eine Menge zu verdanken. Und das hat nachgewirkt. Auch als sie nach der Absetzung ihres Mannes nicht mehr in die Frauenkommission berufen worden war.

Ich selbst hatte es nicht einfach im Umgang mit Lotte. Wahrscheinlich weniger als Mensch, sondern als eine Genossin, die in der Kommission Verantwortung für die Frauenforschung trug. Lottes Grundhaltung war kritisch und sehr offen. Der Wissenschaft gegenüber war sie einerseits sehr fordernd, aber nicht ohne Mißtrauen und nicht ohne Voreingenommenheit. Das bekam ich in starken Dosen unverdünnt zu spüren. Ich fühlte mich oft mißverstanden, beleidigt, ja gedemütigt. Es war ohnehin die Zeit, wo nicht nach Befindlichkeit gefragt wurde. Ihre Kritik war hart und unerbittlich, bestimmt auch dogmatisch, ohne Rücksicht. Aber es ging ihr ehrlich um die Sache und nicht um Spiele mit ihrer Macht. Es ging ihr um die Frauen und ihre Lebensbedingungen. Natürlich in den Zusammenhängen der zu jener Zeit für wahr befundenen Denkrichtungen.

»Ihre Kritik war hart und unerbittlich, bestimmt auch dogmatisch, ohne Rücksicht. Aber es ging ihr ehrlich um die Sache und nicht um Spiele mit ihrer Macht. Es ging ihr um die Frauen und ihre Lebensbedingungen.«

Einzelne Begebenheiten, Argumentationen usw. sind mir kaum noch in Erinnerung. An eine aber denke ich oft: Es gab eine Vorlage über die Entwicklung und den Einsatz von Frauen in »Verantwortungsvolle Tätigkeiten«, es ging um die Erhöhung des Anteils von Frauen in Leitungsfunktionen. Das rief Lotte auf den Plan. Sie hatte nichts gegen das Anliegen der Vorlage, wohl aber gegen den Titel: Jeder Mensch, jede Frau, die ihre Arbeit anständig mache, übe eine verantwortungsvolle Tätigkeit aus, erklärte sie kategorisch, jede Putzfrau, jede Verkäuferin …

Ich denke nicht ganz ohne Ressentiment, aber voller Hochachtung an sie.

Dresden Anfang der 60er Jahre, Besuch an der TU

## *»Genossin, kümmere dich um deine Kinder!«*

Von Sonja Kurella*

Alfred schilderte einmal in einem Geburtstagstrinkspruch sehr anschaulich, wie Lotte als ganz junges Mädchen in Moskau angekommen ist, russisch lernte, immer einen Zettel und Bleistift in der Jackentasche hatte, aufschrieb, wenn sie eine neue Vokabel gehört hatte usw.

Ich erinnere mich ferner, daß Lotte einmal zu mir kam (vermutlich war Alfred im Krankenhaus, sonst wäre sie zu Alfred gegangen), als Walter schon Ehrenvorsitzender der Partei war. Sie borgte sich von mir Alfreds Buch »Dimitroff contra Göring«, erschienen im Dietz Verlag Berlin 1964. Walter wollte das Buch noch einmal lesen, weil er in Erinnerung hatte, daß in diesem Buch die Geschichte der KPD in der Weimarer Republik kritisch behandelt wurde (entweder von Dimitroff oder Alfred). Wenig später waren wir kurz vor ihrem Umzug noch einmal nach Wandlitz eingeladen.

* Sonja Kurella, Jahrgang 1924. Neulehrerin (1948 bis 49), Studium an der Leipziger Universität (1949-51), danach (1952-56) Mitarbeiterin im ZK der SED, 1956-58 Abteilungsleiterin in der SED-Bezirksleitung Leipzig. Ehe mit Alfred Kurella (1958-1975). Lehrerin an der Schauspielschule Berlin (1973-78), Leiterin des Alfred-Kurella-Archivs (1980-85). Seither Rentnerin

Lotte Ulbricht mit Pionieren beim Dank fürs Ständchen

Walter erklärte mit Hinweis auf das Buch gegenüber Alfred sichtlich neidisch: »Dir haben sie erlaubt, kritische Einwände zu bringen, mir erlaubten sie das nicht.«

»Die Frauenkommission in Gestalt von Lotte Ulbricht breitete über manche zu unrecht kritisierte junge Mutter schützend ihre Hände.«

Als ich als junge Frau – geschieden, mit zwei kleinen Jungen – in der Kulturabteilung (1952) zu arbeiten begann, war diese für Kulturprogramme bei Kongressen aller möglichen Organisationen verantwortlich. Das brachte es mit sich, daß ich manchmal mehrere Wochenenden hintereinander arbeiten mußte. Daraufhin beschwerte sich mein ältester Sohn, der die 1. Klasse besuchte, bei meinem Parteisekretär Armin Zeißler. Der gab die Kritik an die Zentrale Parteileitung weiter, daß ich mich als alleinerziehende Mutter zu wenig um meine Kinder kümmere. Die Folge war nicht etwa, daß ich freigestellt wurde, sondern – wie im Parteiapparat üblich –, daß ich kritisiert wurde, weil ich mein Leben nicht besser organisiert habe.

Dies wiederum führte dazu, daß ich mich wegen dieser unsachlichen Kritik bei der »Arbeitsgruppe Frauen« beschwerte.

In Gestalt von Lotte Ulbricht breitete die Kommission ihre schützenden Hände über mich.

## *»Sie sind nicht mein Privatsekretär!«*

Von Harry Ott*

Während meiner Tätigkeit in der Abteilung Internationale Verbindungen des ZK der SED, als Sekretär der FDJ-Organisation des Zentralkomitees, als Botschafter und Stellvertretender Außenminister bin ich »Lotti«, wie wir sie nannten, zu verschiedenen Anlässen begegnet.

Dabei lernte ich zwei Seiten an ihr kennen. Wenn sie, was mehrmals geschah, Gast in unserer FDJ-Organisation »Walter Husemann« war, berichtete sie lebhaft und spannend aus ihrer Jugendzeit und ihrem Leben. Sie wirkte engagiert und überzeugend. Bei offiziellen Zusammenkünften trug sie vorgefertigte Reden vor, da war sie die »Genossin Ulbricht«. Jedes Wort war überlegt, die Rede durchdacht und logisch, aber irgendwie auch unterkühlt und etwas entfremdet. Sie wollte die Rolle der gütigen und erfahrenen Landesmutter ausfüllen und bemühte sich, Anerkennung und vor allem Vertrauen zu erlangen. Sie wollte durchaus geliebt werden.

Zugleich konnte sie mitunter auch schroff sein und gegen diese Intentionen handeln.

Als Sekretär von Partei- und Staatsdelegationen, die in die Sowjetunion reisten, hatte ich auch das Damenprogramm für Lotti zu

* Harry Ott, Jahrgang 1924, Studium am Institut für Internationale Beziehungen in Moskau (1953-59), stellvertretender Leiter der Abt. Internationale Verbindungen im ZK der SED (1966-74), DDR-Botschafter in Moskau (1974-80), Ständiger Vertreter der DDR bei der UNO in New York (1982-88) und zugleich Vize-Außenminister. Seit 1989 Konsultant für verschiedene Unternehmen im In- und Ausland

10 ноября в Мемориальном музее немецких антифашистов, находящемся в городе Красногорске, в присутствии группы немецких ветеранов-коммунистов состоялось торжественное вручение бюста Эрнста Тельмана его дочерью Ирмой Габель-Тельман. Передача бюста в дар музею приурочена к 70-летию Великой Октябрьской социалистической революции.

— Мы глубоко тронуты,— заявила Ирма Габель-Тельман,— что группу немецких антифашистов пригласили в Москву на октябрьские праздники. Уверена, если бы отец не погиб, он был бы безмерно счастлив увидеть, каких грандиозных успехов за эти годы достигли Советский Союз и с его помощью народ ГДР.

На снимке: перед началом церемонии.

Фото Б. ХАСЯНОВА.

Ausriß aus der »Iswestija« vom 10. November 1987 anläßlich des 70. Jahrestags der Großen Sozialistischen Oktoberrevolution: Parteiveteraninnen in Krasnogorsk. Lotte Ulbricht links außen. Thälmanns Tochter Irma bei der Übergabe einer Büste ihres Vaters. Neben ihr Paul Wandel

organisieren. Mit ihren reichen Kenntnissen und einem feinen Gespür für komplizierte oder delikate Probleme zeigte sie sich nicht nur in den internen Besprechungen als große Stütze für den Delegationsleiter, also Walter Ulbricht. Sie half ihm aus schwierigen Lagen und beeinflußte viele Entscheidungen positiv. Zugleich war sie sehr ehrgeizig und wollte alles ganz genau wissen. Sie belehrte dabei den Sekretär der Delegation und nahm dessen – also meine – Vorschläge und Hinweise nur mit größter Skepsis auf. Als ich einmal eine von ihr vorbereitete Rede um einige Bemerkungen ergänzen wollte, lehnte sie das brüsk ab und benutzte wie stets, wenn sie unzufrieden war, die distanzierende Anrede »Sie«, obgleich wir uns doch sonst duzten. »Merken Sie sich, Genosse Ott, alle notwendigen Änderungen habe ich bereits in die Rede eingefügt. Und außerdem sind Sie nicht mein Privatsekretär!«

Als die Delegation zum Staatsempfang lud, beschwerte sie sich bei mir, daß niemand von den Gästen sie offenkundig kenne und darum auch nicht begrüßte. Ich solle sie gefälligst vorstellen. Ich machte sie höflich darauf aufmerksam, daß sie Gastgeberin sei und laut Protokoll die Gäste zu begrüßen habe – nicht umgekehrt. Ich erntete einen zornigen Blick und kategorischen Widerspruch. Der Unmut schwand jedoch, als der Protokollchef ihr zahlreiche hohe Gäste zuführte und diese ihr vorstellte. Da war die Welt wieder in Ordnung.

## *Wer ihr nach dem Munde redete, war bei ihr unten durch*

Von Joachim Rieß*

* Joachim Rieß, Jahrgang 1930, Geschichtsstudium an der Leipziger Universität (1949-53), danach, bis 1990, wissenschaftlicher Mitarbeiter am IML. Seither Rentner

Wie Lotte arbeitete ich jahrelang im Institut für Marxismus-Leninismus (IML) in Berlin und erlebte sie dort in vielen Arbeitsberatungen. Sie war lebhaft, redegewandt, aber auch sehr dominant. Oft ergriff sie das Wort und brachte hin und wieder einen Redner mit Zwischenrufen aus dem Konzept. Nicht immer hatte sie Recht, und nicht jede Bemerkung war treffend, mancher trug schwer an einem Wort, daß sie ihm an den Kopf warf. Jedoch überschritt sie nie die Grenze zur Beleidigung oder zur Ungerechtigkeit.

Und was ihre Stärke war: Sie akzeptierte andere Meinungen – wenn denn diese mutig und beherzt vorgetragen wurden. Sie konnte es nicht leiden, wenn man ihr nach dem Munde redete.

# *Neugier auf Leben*

Von Elisabeth Ittershagen*

* Elisabeth Ittershagen, Jahrgang 1938, von 1954 bis 1989 Büroanlernling, Sekretärin, Archivarin am IML. Von 1990 bis 1992 Archivarin am Institut für Geschichte der Arbeiterbewegung beim Parteivorstand der PDS, danach, bis 2001, bei der Stiftung Archiv der Parteien und Massenorganisationen der DDR im Bundesarchiv (SAPMO). Seither Rentnerin

Im September 1991 fuhren wir mit dem Reiseunternehmen »Holiday« für eine Woche nach Paris. Für Lotte Ulbricht war es noch einmal eine Begegnung mit ihrer Vergangenheit als politische Emigrantin, als sie – damals noch Lotte Kühn – von 1935 bis 1938 in Paris lebte und arbeitete. Sie war dort Mitarbeiterin der KPD-Auslandsleitung und persönliche Sekretärin von Walter Ulbricht.

Neben dem reichhaltigen Programm des Reiseunternehmens blieben noch Zeit und Muße für eigene kleinere Unternehmungen, die mit Lottes Führungen durch Straßen und Gassen zu geschichtsträchtigen Plätzen dieser pulsierenden 10-Millionenstadt ausgefüllt wurden. Individuelle Ziele waren unter anderem der Friedhof Père Lachaise, wo auch Freunde aus den Exiljahren ihre letzte Ruhestätte fanden. Bei Restaurantbesuchen und kleineren Einkäufen war sie unsere Dolmetscherin.

Natürlich stand auch der Besuch des Louvre im Programm. Wir bewunderten die 1989 eingeweihte Glaspyramide und waren begei-

Lotte Ulbricht und Elisabeth Ittershagen (r.) vor dem Portal von Notre Dame in Paris, 22. September 1991

Beim Spaziergang durch den Park des Schlosses Chenonceau bei Paris, 24. September 1991

In Versailles

stert von den Kunstschätzen wie der Mona Lisa, der Nike von Samothrake und der Venus von Milo.

Die Busreisen durch das Loiretal und nach Versailles genoß Lotte Ulbricht.

Sie war auch stets eine gefragte Gesprächspartnerin. Ich erinnere mich an einen jungen Mann aus einer Spandauer Apotheke, der auf der Heimfahrt nach Berlin neben ihr saß und sie über die DDR intensiv befragte.

Im Mai 1992 – sie hatte gerade ihren 89. Geburtstag gefeiert – unternahmen wir mit ehemaligen Arbeitskollegen des Instituts eine mehrtägige Busfahrt an Rhein und Mosel. Die Atmosphäre im Bus war sehr angenehm. Es wurde diskutiert, gelacht und manches Lied gesungen. Ziel war die Stadt Breisig, das Hotel »Laternchen« mit Blick auf die Burg Rheineck. Vor hier erfolgten täglich Fahrten in verschiedene Städte. Wir lernten Koblenz mit der Festung Ehrenbreitstein und Cochem kennen, fuhren nach Alken zur Weinprobe und entlang des Rheins hinauf zum Niederwalddenkmal. Hier, bei wunderbarer Sicht und sehr schönem Wetter, die Luft war frühlingshaft und warm, aßen wir zu Mittag. Unvergessen bleibt, wie Lotte mit uns den nicht leichten Abstieg zum Rheingaugebirge durch die Weinberge nach Rüdesheim, in die wunderschöne Drosselgasse, bewältigte. Später hat sie immer wieder von diesen schönen Erlebnissen berichtet.

Kennengelernt hatte ich Lotte Ulbricht Ende 1959, als sie ihre Tätigkeit im IML begann. Gelegentlich gab es Gespräche. Sie wußte, daß ich Mitglied der FDJ-Leitung war, und eines Tages, es war im Frühjahr 1960, faßte ich Mut und fragte, ob sie uns unterstützen würde. Unsere FDJ-Gruppe hatte eine Patenschaft mit dem Jugendclubhaus in der Gartenstraße in Berlin-Mitte. Heute weiß ich nicht mehr, zu welchem Thema ich sie bat, dort zu sprechen. In Erinnerung geblieben ist mir ihre Antwort: »Alle Aussagen, die ich dort treffe, werden als Aussagen von Walter Ulbricht gewertet.«

Natürlich verstand ich ihre Haltung, aber ich war auch traurig. Sie meinte, wenn sie aber dennoch helfen kann, würde sie es gern tun.

Ihr Interesse an unserer FDJ-Arbeit in diesem Clubhaus ließ in der Folgezeit nicht nach. Im Gegenteil, sie war interessiert, daß wir als junge Mitarbeiter des Parteiapparates nicht die Verbindung zu

Nach der Besichtigung des Schlosses von Versailles – auf dem Rückweg zum Bus. Die 88jährige Lotte Ulbricht absolvierte ein bemerkenswertes Pensum

diesen Jugendlichen verlieren und freute sich, als sie erfuhr, daß wir gemeinsame Urlaubstage im Zeltlager an der Ostsee verbrachten.

In diesem Zusammenhang fällt mir eine Episode ein, die sich am 1. Mai 1960 zutrug. Die Mitarbeiter des IML trafen sich in der Oranienburger Straße in Berlin-Mitte. Wir FDJler natürlich im Blauhemd. Auch Lotte Ulbricht kam zum Stellplatz. Bis zum Beginn der Demonstration war noch einige Zeit, und man unterhielt sich. Auf einmal riefen von der gegenüberliegenden Straßenseite einige Jugendliche meinen Namen. Ich reagierte nicht, weil es mir gegenüber den älteren Genossen unangenehm war, daß diese Jugendlichen – im damaligen Modetrend mit Bürstenfrisur, engen Dreiviertelhosen, Boogi-Woogi-Schuhen und Leder- bzw. Lederoljakken – mich kannten. Lotte fragte: »Rufen sie dich, Elisabeth?«

»Ja, es sind Jugendliche aus der Gartenstraße.«

»Na, und warum gehst du nicht hin und sprichst mit ihnen?«

Ich ging.

Nach einigen Tagen kamen wir noch einmal auf diese Begebenheit zurück. Und sie erzählte mir, wie sie sich unter den Bedingungen der Jahre 1927/29 als Instrukteurin für Jugendfragen im KPD-Unterbezirk Berlin-Neukölln in den Betrieben von Aschinger und Schultheiß-Patzenhofer für die Rechte der Jugendlichen eingesetzt hatte.

Nach ihrem Ausscheiden aus dem Arbeitsprozeß 1973 hatte ich weiter Kontakt zu ihr, vor allem im Zusammenhang mit dem Arbei-

Lotte Ulbricht bei einer Zusammenkunft der PDS in Pankow, 15. September 1992

ten von Prof. Dr. Heinz Voßke an einer Biographie über Walter Ulbricht, an der ich mitwirkte.

Auch nach 1989 blieben wir in Verbindung. Oftmals saßen wir um ihren großen runden Tisch im Wohnzimmer und unterhielten uns über alles Mögliche, vor allem aber über die neuen Gegebenheiten des gesellschaftlichen Umbruchs. Sie war neugierig, wie die Menschen diese Zeit erlebten. Ihre sehr kritische und selbstkritische Haltung über die Fehler in der DDR waren für mich anfangs erstaunlich. Letzlich haben mich ihre Gedanken überzeugt, mir Mut gemacht und mich darin bestärkt, auch diese für uns neuen Verhältnisse zu meistern.

## *»War Marx in Algier?«*

Von Marlene Vesper*

Lotte, die zeitlebens mit Frauenfragen beschäftigt war, fand es sehr in Ordnung, daß wir 1990 nicht aufsteckten und als dfd den Neubeginn wagten. Wir sahen uns in der Pflicht, anderen mit Rat und Tat zur Seite zu stehen, ihnen Halt zu geben in Zeiten, wo manch eine in Hilflosigkeit versank. Ich schaute also regelmäßig bei ihr vorbei, um den Monatsbeitrag zu kassieren und über die Arbeit unseres Pankower dfd-Arbeitskreises zu berichten. Und ich las ihr zuweilen vor.

Einmal brachte ich Lotte mein soeben erschienenes Buch »Marx in Algier« vorbei. Schon mit dem Titel versetzte ich sie in Erstaunen. »War der denn überhaupt dort?« Dann wollte sie mehr wissen, und ich las ihr vor, was ich über den Kuraufenthalt von Karl Marx im Frühjahr 1882 in Algier in Erfahrung gebracht hatte. 16 Briefe, die Marx damals an Engels richtete, sind überliefert. So wußten wir auch den Namen seines Arztes: Dr. Charles Eugéne Stéphan. Aber mehr nicht.

Auf dem Friedhof in Mustapha Supérieur in Algier fand ich das Familiengrab, wo er 1906 bestattet wurde. Der gebürtige Deutsche hatte Marx von Mitte Februar bis Ende April 1882 behandelt – in den Briefen an Engels steht sein Name 31mal.

Ich besuchte das Familiengrab und traf dort den Friedhofsverwalter, der mir später einen Zettel zusteckte. Auf dem stand ein Name und eine Telefonnummer. Eine alte Dame danke für meine

* Marlene Vesper, Jahrgang 1932. Journalistikstudium in Leningrad (1951-57), danach tätig als Korrespondentin der »Berliner Zeitung«, »Freie Welt«, für Hörfunk und DDR-Fernsehen. Von 1980 bis 1990 als Journalistin tätig bei der IDFF. Seither Rentnerin

Blumen auf dem Grab und bitte um einen Anruf. So hatte ich diese Begegnung in meinem Buch wiedergegeben und Lotte vorgelesen.

»Na, und«, drängte sie ungeduldig, »hast du sie angerufen?«

Ich hatte. Und später war ich zu Besuch bei Madame Varaigne, einer zierlichen Mittneunzigerin, die mich durch ihr Haus führte. Es war die Tochter von Dr. Stéphan. Sie erinnerte sich lebhaft an ihren Vater …

Wie ich mich eben auch lebhaft an Lotte Ulbricht erinnere und daran, wie sie stets Anteil nahm an Entdeckungen und Neuigkeiten, die uns täglich erreichten.

## *»Na, Amerika ist ja nicht so weit«*

Von Annelie Thompson*

* Annelie Thompson, Jahrgang 1944, ist die Tochter von Lottes Stiefschwester Emmi Sucker. Deren Tochter Anneliese heiratete einen Amerikaner und ging 1969 in die USA. Sie lebt seither in Texas

In den 50er Jahren war ich als Kind oft im Majakowski-Ring 28. Ich spielte mit Beate, manchmal verreisten wir auch zusammen. Tante Lotte und Onkel Walter waren viel beschäftigt. So hatte Beate eine Nanny, Tante Grete. Sie war sehr liebevoll. Ich habe deswegen Beate beneidet. Dann brach der Kontakt ab, ich habe Tante Lotte erst nach vierzig Jahren, 1992, zum ersten Male wieder gesehen.

März 1997: Annelie Thompson ist zum zweiten Male Gast bei »Tante Lotte« in Berlin

Ich fuhr mit einem Taxi und einer Freundin nach Pankow. Die Nummer 28 im Majakowskiring gab es nicht mehr. Ich klingelte an mehreren Türen, auch bei Egon Krenz, von dem ich nicht wußte, wer er war. Schließlich traf ich ein zwölfjähriges Mädchen, das mir half. Sie wies auf das Haus gegenüber: Da wohne Lotte Ulbricht.

Ich klingelte. Sie steckte den Kopf zum Fenster heraus, ich habe sie gleich erkannt. Tante Lotte war noch immer eine schöne Frau.

Wir haben seit dieser ersten Begegnung gemeinsam nette Stunden verbracht – leider nur Stunden. Wenn man ihr mit Zuneigung begegnete, spürte man auch ihre Liebe.

Ich versprach ihr zu schreiben und daß wir uns wieder treffen würden, und sie sagte darauf: »Na, Amerika ist ja nicht so weit.«

Ich hoffte, daß sie uns auch einmal besuchen käme, doch ihre Gesundheit wurde immer schlechter und ließ eine weite Reise nicht mehr zu. Doch sie hat weder über Krankheiten noch über ihr Schicksal geklagt, sie war, wie man bei uns in Amerika sagt, kein »complainer«.

## *Die Strafe der Langsamkeit*

Von Irmgard Rothaar*

* Irmgard Rothaar, Jahrgang 1929, war eine Nachbarin von Lotte Ulbricht in Pankow. Trotz der Nähe – sie betreute sie intensiv und fuhr sie am Ende mit dem Rollstuhl durch den Bürgerpark – blieb man beim korrekten »Sie«

Die Gespräche zwischen uns waren intensiv und wurden von ihr sehr lebhaft geführt. Wenn ich meinte, ihr widersprechen zu müssen, reagierte sie heftig. Aber schon nach kurzer Zeit kehrte wieder Frieden ein und es ging weiter mit kurzen Berichten, Betrachtungen und Kommentaren. Bei den Themen sprang sie oft aus der Gegenwart – wesentliches Thema: die PDS und deren Erscheinungsbild – in die Vergangenheit. Für mich war das alles sehr interessant und das »Zuckerbrot« zum Dienst.

Am Beginn unserer Bekanntschaft – der ich zunächst sehr skeptisch gegenüberstand – erzählte sie mir eine Episode, die sich am Wochenende zuvor zugetragen hatte. Am Sonntag war ihr, wie immer, das »Essen auf Rädern« gebracht worden. Der offenkundig neue, uninformierte Mitarbeiter des Dienstleisters wußte nicht, daß das Gartentor von innen geöffnet werden und das Essen im Vorraum des Hauses abgestellt werden mußte. Er klingelte also wiederholt.

»Ehe ich aber die Haustür geöffnet hatte, war der junge Mann

In Bad Elster 1995 mit einer anderen Kurpatientin, die mit ihr fotografiert werden wollte, weil sie seinerzeit als Arbeiterin an einer Frauentagsfeier mit Lotte Ulbricht teilgenommen hatte

schon weg. Hat ja heutzutage niemand mehr Zeit. Er hatte das Essen kurzerhand auf den Torpfeiler gestellt, mit dem Joghurt-Becher als Krone. Da reichte ich nicht hinauf. Mit meinem Stock konnte ich auch nicht nachhelfen: Den brauchte ich ja als Stütze. Na, dachte ich, wartest du also so lange, bis jemand vorbeikommt und dir das Essen herunterreicht. Es kam aber niemand. Ich roch den Rotkohl und stellte mir die Hähnchenkeule vor, spürte schon den Nachtisch auf meiner Zunge … Ich stand und wartete. Die Zeit verrann, ich wurde immer hungriger. Kein Mensch weit und breit. Nach geraumer Zeit, das Essen war gewiß schon kalt, kam ein Radfahrer vorbei. Ich bat ihn um die Hilfeleistung. Er holte mit Schwung und sichtlich belustigt mein Essen vom Pfeiler und trug es ins Haus.«

Tja, schloß Lotte Ulbricht ihren Bericht, »so kann es einem gehen, wenn man zu langsam ist«.

Da merkte ich, daß Lotte Ulbricht einen feinen Humor hatte, womit das Eis gebrochen war. Und so waren wir einige Jahre zusammen, auch in Schnee und Regen, das machte uns beiden nichts aus. Sie war eine beeindruckende, starke Persönlichkeit mit einer unerhörten Disziplin gegen sich selbst, die ich mit großer Bewunderung registrierte.

## *Kurschatten*

Von Ursula Seidler*

* Ursula Seidler, Jahrgang 1935, Diplomgesellschaftswissenschaftlerin, war mit Lotte Ulbricht befreundet und betreute diese in den 90er Jahren. Zwischen 1991 und 2001 fuhren sie gemeinsam viermal zur Kur nach Bad Elster

In Bad Elster gab es wiederholt Episoden, die auch noch später, wieder zurück in Berlin, für Heiterkeit sorgten.

Lotte Ulbricht wartete auf die Massage und las, wie üblich, das *Neue Deutschland*. Neben ihr saß eine Patientin, die das Regionalblatt studierte. Als sie fertig war und die Zeitung zusammenfaltete, kamen beide Frauen ins Gespräch.

»Haben Sie schon gelesen«, hob die Frau an, »Lotte Ulbricht macht auch Kur in Bad Elster.«

Lotte Ulbricht gab sich überrascht. »Ach, steht das in Ihrer Zeitung?« Und um den Gesprächsfaden nicht abreißen zu lassen, schob sie nach: »Muß doch schon sehr alt sein. Und dann noch zur Kur? Wo soll die den abgestiegen sein?«

Die Frau gab sich informiert. »Sicher im Haus am See. Da haben die doch schon immer gewohnt. Da ist alles vom Feinsten.«

Der Masseur kam ins Wartezimmer und blickte in die Runde. »Kommen Sie bitte, Frau Ulbricht. Jetzt sind Sie dran.«

Ähnlich verblüfft reagierte ein Herr. Wir hatten Quartier in der Pension »Marienbrunnen« genommen und saßen zum Frühstück an einem Vierertisch. Ein Paar steuerte unseren Tisch an. Der Mann

Ursula Seidler und Lotte Ulbricht, Bad Elster 1995

fragte, ob sie sich setzen dürften. Na sicher. Sodann stellte er sich vor. Sie kämen aus Berlin, sein Name sei W. und dies sei seine Frau Gerda.

Lotte stellte sich ebenfalls vor. »Ich bin Lotte Ulbricht aus Berlin.«

Der Mann reagierte sichtlich irritiert, überlegte eine Weile und fragte nach. »Sie heißen wie die Frau von Walter Ulbricht?«

Nein, winkte diese ab. »Ich bin die Witwe von Walter Ulbricht.«

Dem Mann fiel der Unterkiefer herunter.

»Da vergeht Ihnen wohl der Appetit?« setzte Lotte Ulbricht fröhlich nach.

Offenkundig. Der Mann erhob sich. »Komm, Gerda, wir müssen zur Behandlung.«

Wir frühstückten von da an allein.

Allerdings war eine solche Begegnung – es war der erste Kuraufenthalt nach der Wende – Ausnahme und nicht Regel. Die meisten Menschen, die wir im Kurpark oder in der Umgebung des alten Badehauses trafen, erkannten Lotte Ulbricht. Und es amüsierte sie, wenn man zu ihr in der 3. Person sagte: »Ist das nicht Lotte Ulbricht?« Sie reagierte darauf vergnügt in der gleichen Weise: »Ja, sie ist es.«

März 1999

Sie nahm am kulturellen Leben des Kurortes teil, besuchte Konzerte und Theateraufführungen. Oft wurde sie von Kurgästen angesprochen, meist Frauen. Manche erinnerten an Feiern zum 8. März, die man gemeinsam begangen hatte, oder sie sprachen über jene Zeit, als sie in der DDR noch Arbeit hatten. Lotte Ulbricht machten solche Begegnungen und solche Gespräche sichtlich glücklich. Da blühte sie auf, wie man so sagt.

Einmal nahm ich vor unserer Reise nach Bad Elster Kontakt zum dortigen Roten Kreuz* auf und bat um einen Rollstuhl. Lotte hatte inzwischen Mühe, sich allein fortzubewegen. Als wir eintrafen, stand das Gefährt bereit. Und wir nutzten es reichlich. Eines Tages waren wir an der Marienquelle.

Ich kam dabei mit einer Frau ins Gespräch. Sie wußte nicht, wer ich bzw. meine Begleiterin war. Sie plauderte drauflos und erzählte, bei ihr am Tisch habe es geheißen, daß Lotte Ulbricht in Bad Elster kure. Das habe sie nicht glauben wollen. »Die lebt doch in der Schweiz und wird wohl kaum hierher kommen«, schüttelte sie ungläubig den Kopf.

Ich wies auf den Rollstuhl. »Das ist Lotte Ulbricht.«

* Das Signum des internationalen Hilfswerkes, das 1864 in Genf gegründet wurde, ist die Umkehrung der Schweizer Flagge (weißes Kreuz auf rotem Grund). Es führen 148 nationale Rot-Kreuz-Gesellschaften, auch das DRK

Lotte Ulbricht (r.) mit Regencape und unterm Regenschirm von Elisabeth Ittershagen vor der Kirche Sacré-Cœur in Paris

Darauf die Frau. »Na sehen Sie das Kreuz da? Das ist die Schweizer Fahne. Habe ich doch recht.«

»Nein«, antwortete ich lachend. »Der Rollstuhl ist aus Oelsnitz und vom DRK.«

Mitunter wurde ich für Lottes Tochter gehalten. Ein Mann fragte mich einmal ganz unverblümt, in welchem Verhältnis ich zu Lotte Ulbricht stehe. Ich sagte kurz, ich sei ihr Bodyguard. Er musterte mich skeptisch und ging wortlos weg. Vielleicht glaubte er das wirklich.

Ich erzählte das Lotte. Sie schüttete sich aus vor Lachen, sagte dann aber: »Uschi, bring das in Ordnung. Es wird schon genug dummes Zeug über mich erzählt, da müssen wir nicht noch die Vorlagen liefern.«

Sie hatte ja, wie oft, recht. Ich wollte das »in Ordnung« bringen – aber der Mann blieb verschwunden. Er muß es aber auch für sich behalten haben. Im Unterschied zu anderen Enten stand diese nämlich nicht in der Zeitung.

# *Erinnerungssplitter*

Von Heinrich Gemkow*

Bekanntlich war Lotte Ulbricht seit 1959 wissenschaftliche Mitarbeiterin am IML. Arbeitsmäßig ergaben sich zwischen ihr und mir aufgrund der bestehenden Aufgabenteilung keine Kontakte, jedoch sportmäßig. Inwiefern? In die damals oft sehr ausgedehnten Parteiversammlungen führte sie die seinerzeit vielerorts praktizierte Pausengymnastik ein. Kaum war eine Versammlungspause verkündet, forderte sie lautstark »Fenster auf!« und begann mit dem ihr eigenen Temperament als »Vorturnerin« zu agieren. Was blieb – zumindest den im Saal Gebliebenen – anderes übrig, als fleißig gemäß dem Vorbild mit Atem- und Lockerungsübungen die Lungen zu lüften und die grauen Zellen aufzufrischen – zu Nutz und Frommen jedes einzelnen und oft auch der nachfolgenden Diskussion.

Anfang der 70er Jahre verlor Lotte Ulbricht ihren Mann Walter und damit ihre ehrenamtliche Funktion als »First Lady« der DDR. Sie wurde nunmehr medizinisch betreut im Regierungskrankenhaus in der Scharnhorststraße. Da beobachtete ich nicht selten, wie Lotte, auf ihren Wagen wartend, von Zeitgenossinnen oder Zeitgenossen, die zuvor allzu gern ihre Nähe gesucht und sich mit ihr im Gespräch gezeigt hatten, sie plötzlich nicht mehr kannten. Das war keine feine Art, auch nicht meine Art. So ergab sich am Krankenhausausgang manches kurze Gespräch, inhaltlich wenig bedeutend, aber warmherzig im Ton, während die eine auf ihren Wagen, der andere auf den Bus 157 wartete.

Gut anderthalb Jahrzehnte später: Das IML veranstaltete anläßlich des 40. Jahrestages der Institutsgründung für seine Veteraninnen und Veteranen – so hießen damals die heutigen Senioren – ein festliches Essen im Konferenzzentrum des inzwischen abgerissenen Palasthotels gegenüber dem Dom. Ein feierlicher Anlaß, aber eine fast makabre Situation. Wir schrieben den 6. November 1989, fast jede und jeder im Saal war aufgrund der politischen Lage in der SED und in der DDR aufs höchste verunsichert. Zwar hoffte man, aber begann auch zu zweifeln, ob SED und DDR durch Reformen noch zu retten waren. Ich »durfte« als Gastgeber fungieren, Lotte Ulbricht war meine »Tischdame«. Mir schlug das Herz bis zum Hals, aber sie verhielt sich bewundernswert souverän, war offen

* Prof. Dr. Heinrich Gemkow, Jahrgang 1928. Nach Kriegsgefangenschaft Besuch der Arbeiter- und Bauernfakultät (ABF) in Halle (1946-51), danach Studium der Germanistik, Geschichte sowie Pädagogik. 1952/53 wissenschaftlicher Mitarbeiter am Museum für Deutsche Geschichte in Berlin, danach bis 1990 am IML, seit 1964 dessen stellvertretender Direktor. 1990 Vorruhestand, seit 1993 Rentner

Lotte Ulbricht 1993 beim »Frühlinks-fest« der PDS in Pankow

und kritisch im Gespräch über das aktuelle Geschehen und strahlte zugleich spürbar Zuversicht aus.

Dann sahen wir uns mehrmals flüchtig beim »Pankower Frühlinksfest« der PDS, das sie regelmäßig, bald eine Gehhilfe benutzend, besuchte. Eines Tages – ich übermittelte telefonisch meine Geburtstagsglückwünsche – lud sie mich in ihr Haus ein. Ich folgte der Bitte und befürchtete ein wenig eine kontroverse Diskussion. Aber zu meiner freudigen Überraschung gab es ein sehr offenes und sehr kritisches, von beiden Seiten auch selbstkritisches Gespräch über die zurückliegenden reichlich 40 Jahre, in dem sich ein bemerkenswerter Gleichklang in der Sicht auf die Vergangenheit, insbesondere auf die widersprüchliche und so folgenschwere Abhängigkeit der SED von der KPdSU, der DDR von der Sowjetunion, ergab.

Es war meine ausführlichste und für mich wichtigste Begegnung mit Lotte Ulbricht, die lange in mir nachhallte. Ich hatte sie dabei als einen Menschen kennengelernt, der die Charakterstärke aufbrachte, auf den eigenen Lebensweg kritisch zurückzublicken. Wie schwer das war und ist, wußte und weiß ich nur zu gut.

## *Schwieriges Verhältnis*

Von Hans Modrow*

* Dr. Hans Modrow, Jahrgang 1928. Nach Rückkehr aus sowjetischer Kriegsgefangenschaft Schlosserlehre in Hennigsdorf, dann Jugendfunktionär und verschiedene Leitungsfunktionen in der SED, darunter ZK-Mitglied (1967-89) und 1. Sekretär der SED-Bezirksleitung Dresden. Von November 1989 bis April 1990 (vorletzter) DDR-Ministerpräsident, später Mitglied des Bundestages, seit 1999 des Europa-Parlamentes. Seit Februar 1990 Ehrenvorsitzender der PDS

Im Sommer 1973 bestellte mich Honecker unerwartet zu sich. Ich war zu jener Zeit bereits zwei Jahre Abteilungsleiter unter Werner Lamberz und für Agitation und Propaganda zuständig. Honecker fragte mich, ob ich im Oktober nach Dresden gehen wolle (wobei Fragen dieser Art nur eine Antwort zuließen). Werner Krolikowski, der dortige 1. Sekretär der SED-Bezirksleitung, werde in Berlin benötigt. Ich willigte ein. Lamberz meinte mich trösten zu müssen und sah meine Abschiebung pragmatisch. Als Bezirks-Chef habe man größere Chancen denn als Abteilungsleiter, ins Politbüro aufzusteigen. So sah es auch der sowjetische Botschafter Abrassimow, der mir Dresden als Aufstieg weiszumachen versuchte.

Nur Lotte Ulbricht, soeben verwitwet, blieb auf dem Teppich und erklärte altersweise (immerhin war sie schon 70) und wohl auch zutreffend: Wer bei Hofe nicht gern gesehen ist, lebt als Fürst fern vom Hofe besser.

Wir kannten uns seit 1949. Als junger Schlosser aus Hennigsdorf nahm ich am 2. Jungaktivistenkongreß in Erfurt teil. An einem

Lotte Ulbricht neben Werner Krolikowski, von 1960 bis 1973 1. Sekretär der SED-Bezirksleitung Dresden, seit 1971 Mitglied des Politbüros und ab 1988 Sekretär des ZK der SED sowie Mitglied des Staatsrates. Aufnahme vermutlich 1962/63

Hans Modrow hielt als Ehrenvorsitzender der PDS in den 90er Jahren Kontakt zu Lotte Ulbricht. Sie telefonierten miteinander, oft schaute er bei ihr vorbei. Lotte Ulbricht sah für sich im Parteienspektrum keine Alternative. Gleichwohl war sie über den Zustand der PDS und ihr Erscheinungsbild unzufrieden. Modrow empfing dann stellvertretend die Kritik der gutinformierten Genossin Ulbricht. Die PDS sei zu wenig offensiv und beschäftige sich zuviel mit sich selbst, sagte sie. Nabelschau, ob nun politisch oder anders motiviert, war ihr höchst zuwider

Abend gab es eine Diskussionsveranstaltung mit Maxim Valentin, dem Chef des Berliner Maxim-Gorki-Theaters. Lotte Ulbricht saß im Saal und beteiligte sich nicht an der Debatte. Anschließend sprach sie mich jedoch an. Ich hätte in der Sowjetunion die Antifa-Schule besucht, sei nun Arbeiter – ich müsse unbedingt Ökonomie studieren, mein Ingenieurdiplom machen und dann in die Wirtschaft oder in die Politik gehen. Solche Leute brauche man dort. Ohne Bildung könne man auch keine ordentliche Politik machen.

Als FDJ-Kader hatte ich im Jahr darauf in dieser Sache mit dem FDJ-Vorsitzenden ein Gespräch. Honecker sagte: »Paß mal auf. Es gibt die einen, die studieren, und es gibt die anderen, die dafür sorgen, daß die, die studieren wollen, auch studieren können. Du gehörst zur zweiten Kategorie.« Damit war das Thema vom Tisch.

Ich war aber davon überzeugt – und bin es mehr denn je –, daß Lotte mit ihrem strategischen Hinweis nicht nur dem alten Bebelschen Grundsatz folgte (»Wissen ist Macht«), sondern begriffen hatte: Ohne hinlänglich qualifiziertes Personal kann man keinen Staat machen.

Als ich dann im ZK die Abteilung Agitation leitete, rief sie wiederholt bei mir zu Hause an. Walter war zwar nicht mehr Erster Sekretär, wohl aber noch Staatsratsvorsitzender. Sie beklagte sich, wenn ein öffentlicher Auftritt wieder einmal verschwiegen worden war. Nein, es gab keinen offiziellen Beschluß, Lotte und Walter Ulbricht kaltzustellen. Aber ADN machte keine Meldung, wenn es nicht ausdrücklich gewünscht war. Und wenn der Auftrag nicht an die Nachrichtenagentur herangetragen worden war, mußte diese auch nicht Sorge haben, »von oben« kritisiert zu werden, wenn sie diese Meldung »vergessen« hatte. Ich gab die Wünsche stets an Werner Lamberz weiter, und der trug sie vermutlich zu Honecker. Wenn selten, von der Regel abweichend, bei ADN eine Meldung erschien, mußte ich sie, mit stiller Duldung von Lamberz, auf meine Kappe nehmen. Und das war's.

Dieses System aus vorauseilendem Gehorsam und feinem Gespür für seelische Befindlichkeiten (»Vermutlich findet es der Neue nicht so gut, vom Alten was in der Zeitung zu lesen.«) war wirksamer als ein Politbürobeschluß. Alle Beteiligten verhielten sich entsprechend. Im ZK-Apparat, in der Nachrichtenagentur und in den Redaktionen. Ich kann mich an keine Sitzung der Agitationskommission erinnert, wo dieser Bannfluch ausgesprochen worden wäre. Aber hierzulande galten auch unausgesprochene Beschlüsse.

## *Optimistische Unterwäsche*

Von Eberhard Fensch*

* Eberhard Fensch, Jahrgang 1929, geboren in Stettin, Journalistikstudium in Leipzig, FDJ-Funktionär, Leiter der Wirtschaftsredaktion von Radio DDR von 1961 bis 1968, danach, bis 1989, Stellvertretender Leiter der Abt. Agitation des ZK der SED, zuständig für Rundfunk und Fernsehen

Ich kann mich an zwei Begegnungen mit Lotte Ulbricht erinnern, die – mit dem Abstand von Jahren und dem Wissen von heute – anders gesehen werden müssen, als ich sie seinerzeit wahrnahm. Denn was vielleicht damals als prüde erschien, erwies sich à la longue als weitsichtig und durchaus modern.

Leipziger Herbstmesse1964. Rundgang von Walter und Lotte Ulbricht durch das Ringmessehaus, in dem die Textilbranche ihr Domizil hatte. Ich bin als Rundfunkreporter dabei und erlebe die zierliche, aber resolute Frau zum ersten Male leibhaftig. Es gibt eine Modenschau. Models, damals Mannequins geheißen, führen Damenunterwäsche vor. Es dominieren dunkle Farben, vornehmlich schwarz und grau.

Ich merke an ihrer Reaktion: Etwas erregt den Unwillen von Lotte Ulbricht. Sie tuschelt mit ihrem Mann. Schließlich ergreift sie das Wort. Sie kritisiert die »tristen Farben« der Kollektion und verlangt bunte Töne, die dem »optimistischen Lebensgefühl« der DDR-Frauen entsprächen.

Walter Ulbricht pflichtet ihr zunächst zögerlich, dann bestimmt bei. Lange Gesichter bei den Herstellern, auch beim Außenhandelsminister. Es folgt die Versicherung, man werde die Kollektion farblich überarbeiten.

Jung und unerfahren, wie ich bin, stürme ich ins Leipziger Funkhaus. Das ist doch mal eine Geschichte. Lotte will keine graue Damenunterwäsche, sondern rote Slips, fliederblaue BH, lindgrüne Hemdchen …

Im Funkhaus erwartet mich der für die Wirtschaftsagitation im Zentralkomitee zuständige Genosse.

»Hör mal zu«, sagt der Genosse Emil Dusiska, »kein Wort von Lotte Ulbricht an die Öffentlichkeit.« Die Unterwäsche werde exportiert, und wenn die im Ausland graue und schwarze Unterwäsche haben wollen, sollen sie die auch kriegen. Man dürfe sich den Export nicht durch solche abstrusen Vorstellungen kaputtmachen lassen. Schon gar nicht von einem optimistischen Lebensgefühl der DDR-Frauen.

Frühjahr 1969. Ich bin inzwischen in den ZK-Apparat berufen und dort auch für das Fernsehen verantwortlich. Einmal nimmt mich Werner Lamberz* beiseite. Er ist mein Chef und im Politbüro für die Kultur zuständig. »Sorg mal dafür, daß im DDR-Fernsehen auch mal erotische Filme zu sehen sind«, raunt er mir unter vier Augen zu. »Ein bißchen nackte Haut macht auch unseren Menschen Spaß. Aber«, und er dämpft seine Stimme, »nur im Sommer.«

Ich schaue fragend.

»Dann ist Walter auf der Krim. Dort kriegen sie unser Fernsehn nicht. Und Lotte muß nicht intervenieren.«

Ich verstehe nur Bahnhof. Wie kommt Lamberz darauf?

»Erich Honecker hat gemeint, so etwas wäre nicht schlecht, wenn er während Ulbrichts Abwesenheit amtiere. Du verstehst ...«

Wir wurden also freizügiger. Und das später sogar auf Dauer. Lotte Ulbricht rief mich prompt an. Sie machte ihrem Herzen Luft und monierte diese oder jene für sie zu offenherzige Szene. Ich habe ihre Einwände »verständnisvoll«, aber ohne Konsequenzen zur Kenntnis genommen.

Zu Beginn der 80er Jahre waren wir zufällig gemeinsam im gleichen Sanatorium. Wir wanderten durch die Thüringer Berge. Bei unserer Unterhaltung begriff ich endlich, daß da nicht etwa Prüderie im Spiel war. Sie betrachtete das Fernsehn als Medium, mit dem man die große Chance besäße, den kulturellen Reichtum der Menschheitsgeschichte in die ganze Welt zu tragen. Auch dorthin, wo keine Zeitung und kein Lehrer hinkäme. Fernsehen müsse informieren, bilden und unterhalten. Stattdessen aber: Indios in abgelegenen Andendörfern, Fellachen in einer ägyptischen Oase, Bauern in Indien usw.: Sie werden zugedröhnt mit amerikanischen Seifenopern und irgendwelchen albernen Gameshows, mit Serien und billigem Sex. Alles hat nichts mit ihnen und ihrem Leben zu tun. Könne man da etwa behaupten, daß das Fernsehen hilfreich bei der Verbesserung ihres Daseins wäre? Nackte Haut, schön und gut – aber reiche das? Unter Aufklärung verstehe sie etwas anderes.

Wie muß diese Frau unter dem heutigen »Spaßfernsehen« gelitten haben.

* Werner Lamberz (1929-1978), seit 1967 Mitglied und Sekretär des ZK der SED, gehörte seit 1971 dem Politbüro an und war dort für Ideologie zuständig. Kam 1978 bei einem Hubschraubeabsturz in Libyen ums Leben

Mit Inge Pardon im Februar 2000

# *»Ich lasse aus, was mich erheben könnte....«*

Von Inge und Michael Pardon*

* Dr. Inge Pardon, Jahrgang 1948, Diplomlehrerin für Deutsch und Geschichte, Archivassessorin, jetzt selbständig. Dr.-Ing. Michael Pardon, Jahrgang 1947, Informatiker, bis 1990 Berufsoffizier, half bei der Betreuung von Lotte Ulbricht und ist der Spiritus rector dieses Buches

Inge Pardon: Ich lernte Lotte Ulbricht erst 1992 im Parteiarchiv kennen. Bis 1996, als sie ihr Testament änderte, war ich ihr offensichtlich so ans Herz gewachsen, zu ihrer Vertrauten geworden, daß sie mir die Pflege des gesamten dokumentarischen Nachlasses aus dem Hause Ulbricht anvertraute und mich, ohne mein Wissen, als ihre Alleinerbin einsetzte. Was war geschehen?

Als die Auseinandersetzungen um die Zukunft des Zentralen Parteiarchivs, jener unikalen Sammlung von Dokumenten zur Geschichte der Arbeiterbewegung und ihrer Persönlichkeiten, von Schriftgut der SED und Bibliotheksbeständen 1992 ihren Höhepunkt erreichte, luden wir die Einleger von Nachlaßbeständen zu einem Gespräch in unser Haus. Lotte Ulbricht hatte sofort zugesagt. Mit ihr kamen auch Hans Grotewohl und Hilde Eisler, Sonja Kurella und der Enkel von Kurt Eisner, Hansi Scheringer, Erich Selbmann, Ilse Jarowinsky, Fritz Stude, Hans Mahle, Fred Stempel, die Tochter von Hermann Axen und über zwanzig weitere Nachlaßerben.

Die Begehrlichkeiten mancher Institutionen, verschiedener Archive des In- und Auslandes und Interessen anderer Parteien waren groß – die finanziellen Möglichkeiten der PDS, des Eigentümers, hingegen bescheiden. Gemeinsam mit Gregor Gysi und Klaus Höpcke diskutierten wir das »Wie weiter mit dem Parteiarchiv?«. Anwesend war auch der Vertreter des Bundesarchivs, Klaus Oldenhage.

In der Diskussion bezog Lotte Ulbricht eine ganz klare Haltung. Sie werde ihren und den dokumentarischen Nachlaß von Walter Ulbricht der PDS vererben, weil sie Vertrauen zu deren Archivaren habe.

Lotte war damals die älteste unter den Anwesenden, und ich bot ihr an, sie nach Hause zu chauffieren. Sie nahm überrascht an. Aus 10 Minuten Autofahrt bis Pankow wurde über eine Stunde Zusammensein im Auto, weil wir vor ihrem Haus noch so sehr in unser Gespräch vertieft waren.

Angeregt vom Treffen mit den Genossinnen und Genossen im Institut, waren wir uns beide vor allem in der Bewertung des diskutierten Überlebenskonzeptes für Archiv und Bibliothek einig: Eine Stiftung* unter dem Dach des Bundesarchivs – gemeinsam mit den Archivalien anderer Parteien und von Massenorganisationen der DDR – könnte eine reale Chance sein und den Zerfall abwenden. Mit diesem klaren politischen Urteilsvermögen, ihrem realistischen, unverstellten Blick auf die Dinge unterschied sie sich von manchen Genossen, Parteijournalisten und Historikern, die uns damals mit weltfremden Standpunkten aufhielten und grotesken Vorwürfen des Verrats kamen.

* Stiftung Archive der Parteien und Massenorganisationen der ehemaligen DDR (SAPMO), Sitz in Berlin

Natürlich haben auch wir gesehen, daß der Vorgang beispiellos war, eigentlich ein Unding. »Als ob der Papst sein Archiv beim Freidenkerverband einlegen würde«, meinte pointiert Dr. Henryk Skrzypczak, Vorsitzender unseres Fördervereins. Archiv und Bibliothek der Arbeiterbewegung im Schoße des bürgerlichen Staates, der gerade sie immer bekämpft hat! Weder CDU noch SPD würden mit ihren Parteiarchiven in staatliche Obhut gehen.

Im Auto verabschiedete sich Lotte von mir mit der Frage, ob ich gemerkt habe, daß viele der Nachlaßerben auch höchst besorgt um uns, die Archivare, gewesen seien. Und sie unterstrich erneut, das alles könne nur stattfinden, wenn ich, »wenn Deine Mitarbeiter, wenn die Personen unseres Vertrauens bei den Beständen bleiben. Ihr müßt Eure Arbeitsplätze behalten.«

Ich war gerührt, daß sie so irdisch dachte, ganz pragmatisch und sehr direkt in dieser Sache war.

Ich nahm ihre Einladung, sie doch mal zu besuchen, gern an.

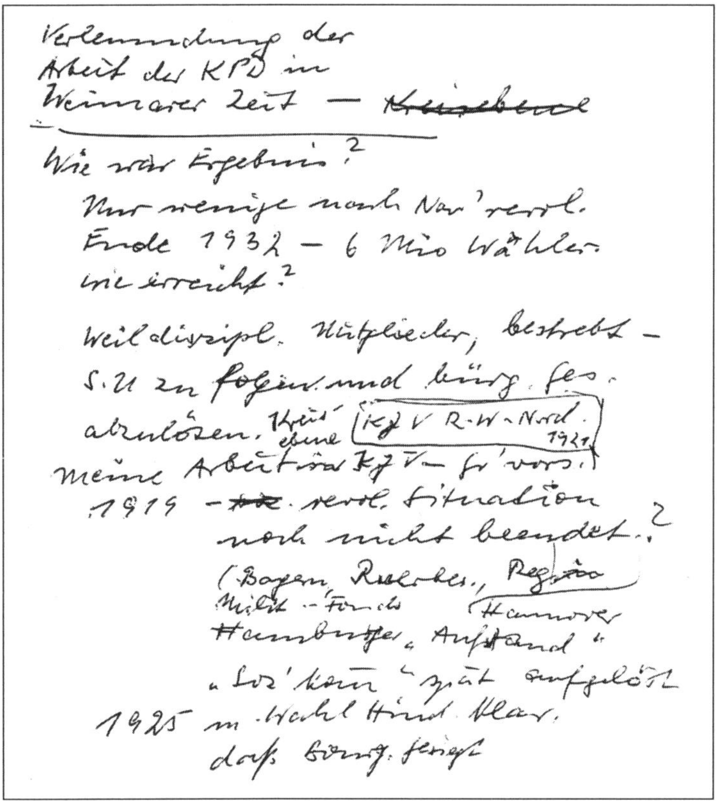


Notizen Lotte Ulbrichts, mit denen sie sich auf das Diktat ihrer Erinnerungen vorbereitete

Als ich Lotte Ulbricht an ihrem 90. Geburtstag am 19. April 1993 besuchte, gehörte ich bereits zum großen Heer der Arbeitslosen in Ostdeutschland.

Ich hatte nun viel Zeit – auch für Lotte Ulbricht. Obwohl man mit ihr stundenlang interessant telefonieren konnte (manchmal rief sie noch spätabends gegen 23 Uhr an), waren ihr Besuche lieber.

Wenn ich kam, erwartete sie mich schon – sie war chic gekleidet, trug Schühchen (Größe 34), ihr schlohweißes Haar war fein frisiert. Sie ließ es sich nicht nehmen, eigenhändig Cappuccino zu rühren. Mitunter tranken wir auch Sekt aus jenen schönen böhmischen Kristallgläsern mit dem breitem Goldrand. Die hatte Klement Gottwald* einmal Walter Ulbricht geschenkt, weil der Papst sie nicht haben wollte.**

Meine Sonntagnachmittage bei Lotte waren für sie nicht nur Stunden des Erinnerns und Dozierens. Sie lebte auf. Ihr Langzeitgedächtnis funktionierte zu ihrer und meiner Freude fabelhaft. Ich

* Klement Gottwald (1896-1953), ab 1929 Generalsekretär der KPTsch, ab 1945 ihr Vorsitzender, ab 1949 Staatspräsident

** Der Vatikan hatte das Präsent aus Prag mit der Begründung zurückgewiesen, daß man von Kommunisten keine Geschenke annähme

konnte und sollte Fragen stellen, und aufs Stichwort sprudelten Geschichten aus ihr heraus. Schnell merkte ich, daß es nicht ratsam war, unvorbereitet bei ihr zu erscheinen. Sie brauchte kein Auditorium, sondern einen Diskussionspartner, der es auch wagte gegenzuhalten.

Bis ins ganz hohe Alter hat sie sich meist schriftlich auf jedes Gespräch vorbereitet, sogar auf Telefonate. Und nicht etwa nur das Gestern wurde erörtert. Sie war voller Wißbegier über das Hier und Heute und hat natürlich gespürt, wie sehr mir an ihrem scharfsinnigen Urteil, ihrer Sicht auf die Dinge, ihrem Denken in großen politischen Zusammenhängen gelegen war. Sie hat stets viel gelesen (später mit beleuchteter Lupe oder sich vorlesen lassen), bekam viele Neuerscheinungen geschickt und wußte immer bestens Bescheid, weil sie oft bis weit nach Mitternacht politische Sendungen in Rundfunk und Fernsehen verfolgte.

Für Lotte Ulbricht war die über uns gekommene »neue« Gesellschaftsordnung eine alte Erfahrung. Unerschöpflich insofern ihr Erfahrungsschatz, endlos unsere Gespräche über Arbeitslosigkeit und soziale Unsicherheit, Kämpfe und Strategien der Linken, Kriegsgelüste der Herrschenden, die Lage auf Kuba und immer wieder die Sowjetunion. Beide hatten wir dort Jahre unseres Lebens verbracht, allerdings zu verschiedenen Zeiten.

Lotte duldete bei unseren Gesprächen kein Tonband, was ich sehr bedauerte. Es blieben also nur Notizen und das, was sie mir diktierte.

Wir haben von 1996 bis 1999, mit einigen größeren Unterbrechungen an jenem Text gearbeitet, der dem Buch vorangestellt ist. Da ich leider – im Gegensatz zu Lotte Ulbricht – weder der Stenographie noch des Maschinenschreibens mächtig bin, blieb mir nichts weiter übrig, als handschriftlich niederzuschreiben, was sie sagte. Daheim fertigte eine Abschrift im Rechner. Den Ausdruck übergab ich beim nächsten Termin zur Korrektur. Das Resultat ist auch im Buch zu besichtigen.

Am 2. November 1996 erklärte sie programmatisch:

»Ich lasse aus, was mich erheben könnte.« Das duldete keinen Widerspruch. »Weißt du, ich denke sehr viel darüber nach, was ich selbst verpatzt habe.« Und: »Wir haben die Menschen überschätzt. Wie konnten wir annehmen, daß sie sich in so kurzer Zeit ändern. Naziideologie, bürgerliche Ideologie wirken über Generationen. Also wundere dich doch nicht! … Ich weiß auch nicht, ob mein

Leben nicht ganz anders verlaufen wäre, wenn ich in meiner Jugend anderen Einflüssen ausgesetzt gewesen wäre ...«

16.11.1996

Lotte klagte mal wieder über die »Dummheit des ND«. »Obwohl ich ihnen gesagt habe, daß sie für mich gestorben sind«, beabsichtigte sie, mit einem Leserbrief auf das Hager*-Interview zu reagieren. »Ich als einzige weiß, daß Walter Ulbricht Breshnew über seinen beabsichtigten Rücktritt informiert hat. Ich habe das übersetzt. Es war in Wandlitz. Wir waren nur zu dritt. Breshnew hat es unter Garantie Honecker erzählt; er erzählte ihm alles. Breshnew lehnte ab, der Zeitpunkt sei nicht gut gewählt. Im Umfeld des Gomulka-Rücktrittes hätte es wie eine Häufung und Krise ausgesehen ... Dann schrieben Honecker und andere nach Moskau ...«

Heute fand Lotte kein Ende. Sie schien kein bißchen müde. Sie berichtete, daß ein Journalist der »Welt« – sehr gut gekleidet, ausgesucht höflich – am Donnerstagmittag bei ihr geklingelt habe. Sie hätte aber wie immer am Fenster geantwortet, daß sie keine Interviews gebe. Der Redakteur habe sich dann, ohne aufdringlich zu werden, zurückgezogen.

30.11.1996

Lotte hatte außer dem Gedanken, die Zusammenarbeit mit Walter in drei Etappen (vor 1945, bis 1953, bis 1971) darzustellen, nichts vorbereitet. Sie ist schlecht drauf. »Scheißwetter« sagt sie zu dem Schneematsch. So etwas kommt ihr sonst nicht über die Lippen. Ich gehe darauf ein und werde gleich zurechtgewiesen »Hör mal, du mußt mit mir nicht übers Wetter reden.«

Ihre Bewegungen sind viel langsamer als sonst, und sie ist von Zweifeln geplagt. Sie will meine Meinung wissen: 1. Was soll überhaupt mit den Aufzeichnungen geschehen? 2. Soll ich mich zum Thema »Persona non grata« äußern? Schade ich da nicht der Partei und diskreditiere die SED-Führung? Wem nutzt das? Es geht doch nicht um mich.

Meine erste Reaktion kommentiert sie treffend: »Ich seh schon, du bist genau so schlau wie ich.«

Sie hat nur das Bedürfnis zu reden. Aufschreiben muß ich nichts. Nach Stunden erklärt sie: »Ich bin so froh, daß du da warst. Du bist so treu und kommst immer.«

Anruf von Lotte um 22.15 Uhr: »Bist du gut nach Hause gekommen? Bei dem Wetter!«

* Kurt Hager (1912-1998), Spanienkämpfer, 1949 Professor an der Berliner Humboldt-Uni, Mitglied des Politbüros von 1963 bis 1989 und dort nach dem Tod von Lamberz für Ideologie zuständig. Im bewußten Interview hatte er erklärt, Ulbricht habe zum Rücktritt gezwungen werden müssen

3.1.1997

»Ich hatte schon richtig Sehnsucht nach dir«. So empfängt sie mich an der Tür. Plötzlich: »Hast du gewußt, daß die Trümmerfrauen zunächst in der Mehrzahl von den Russen verpflichtete Nazi-Ricken* waren?«

* NS-belastete Frauen hießen bei der Antifaschistin Ulbricht nur »Nazi-Ricken«

Lotte hatte nicht schlecht überarbeitet; der Text ist lesbarer, verständlicher, menschlicher geworden. Eine ganze Reihe von Zetteln mit formulierten Gedanken soll ich einarbeiten und dann das Manuskript neu vorlegen.

6.4.1997

Lotte ist müde und unleidlich. »Wenn ich etwas nicht finde, bin ich wie ein Kind.« Gesucht hat sie Textstellen, die sie in Steno geschrieben hatte und die ich einfügen sollte. Es nervt sie alles, ich bin praktisch umsonst erschienen. Sie erzählt von ihrem Enkel, der zufrieden sei mit der heutigen Zeit, überall hinfahren könne, wenn er Geld habe.

Sie hat Annoncen studiert und Freunde und Bekannte gefragt, ob sie einen Job für mich haben. Hat sie mein Grauen gespürt vor der Angst, wieder arbeitslos zu werden?

13.6.1997

Lotte im frischen, rot gemusterten Kleid. Es geht ihr besser. Sie ist sichtlich mit sich zufrieden. Sie hatte am Text gearbeitet, Neues hinzugefügt und »viel geschafft«. Sie behauptet: »Ich glaube, wenn wir so weiterarbeiten, dann lebe ich länger.«

Sie überreicht mir ein Geschenk aus Bad Elster, eine blaue Glaskugel als Wasserspeicher für Grünpflanzen. »Ist das nicht schön und patent zugleich?«

Dann fragt sie unvermittelt, warum ich in ihrem Beitrag in der »Wochenpost« angestrichen habe: »in die Republik«*. Es folgt eine Diskussion über Berlin und den »Rest«. Sie stimmt mir nicht zu.

* In der DDR-Hauptstadt war man Berliner. Verließ man die Stadt, fuhr man »in die Republik« – als gehörte (Ost-)Berlin nicht zur DDR. Diese Lesart war, verständlicherweise nicht gewünscht, aber im Gebrauch. Selbst bei Lotte Ulbricht

Wir kommen auf ABM-Stellen zu sprechen. Frauen sind benachteiligt. »Ihre Stellen werden zuerst gestrichen. Viele trauen sich nicht, etwas zu sagen. Für Alleinerziehende ist Widerspruch existenzgefährdend. Und wie kümmert sich die PDS darum?«

Im ORB lief eine Sendung über Biermann. Ihr Fazit: »Das, was wir in langwierigen Prozessen geistiger Auseinandersetzung erkannt hatten, wozu wir standen, was wir durchzusetzen versuchten, haben wir anderen als selbstverständlich abverlangt, zu wenig erklärt. Woher sollten sie denn wissen? Das werfe ich mir heute vor! Fidel Castro erklärt den Menschen alles, ich habe das selbst erlebt.«

Meinen Cappuccino hat sie besonders lange, geradezu hingebungsvoll gerührt, und ich darf ihr Hühner-Nudeln für das Abendbrot aus dem Keller holen (»Sei so gut!«). Das passiert selten. Sie will demonstrativ möglichst alles selbst machen, und dauerte es noch so lange.

16. November 1997

Lotte ist äußerst liebenswürdig und freundlich. »Du bist an diesem Novembertag wie eine Sonne für mich. Es ist so schön, daß du da bist. Ich bin dir so dankbar, daß du das für mich tust. Du bist eine so Treue. Ich könnte mit niemandem anders so gut arbeiten. Du sagst mir ehrlich deine Meinung und hilfst mir.«

Das tut gut und entschädigt für viele ungerechte Rüffel.

Irgendwie hört sie auch wirklich ein bißchen auf mich, denn sie berichtet von einigen Schikanen, denen sie als »Persona non grata« ausgesetzt war. Natürlich geht es auch um sie, um wen sonst?

Mir fällt es inzwischen leicht, ihren oft herrischen Ton wegzustecken. Sie diktiert mir alles. Auch Kommata, Punkte und vor allem Absätze. Hinterher schimpft sie, daß ich zu viele Absätze geschrieben hätte und es ihr dadurch schwerfalle, den Text zu lesen.

Ein bißchen genießt sie das auch.

1998 werden meine abendlichen Notizen nach den Besuchen bei Lotte spärlicher. Streß und Überlastung im Zusammenhang mit dem Aufbau meines Instituts, an dessen Schicksal sie lebhaften Anteil nimmt.

Januar 1998

Die letzte Teile des Diktats geraten eher »überblicksmäßig«. Ich stelle Fragen, damit Lotte Beispiele erzählt, die Zusammenhänge verdeutlichen. – Sie hat sich heute wieder ewig lange beim Thema Bildung aufgehalten. Zum x-ten Male betont sie, daß sie aus einfachen Kreisen kamen, sowohl Walter als auch sie und viele Genossen. Daß sie immer und immer wieder lernen mußten, lernen wollten, und das mit Vergnügen getan haben, ihr ganzes Leben lang. Daß gerade viele Bürgerliche, Wissenschaftler*, ihnen nie aufholbar viel voraus hatten – auch an Kultur! Und sie, die Kommunisten, die Arbeiter, mußten den Staat leiten.

»Als Kind habe ich auf der Toilette die Zeitungsteile gelesen, die dort am Nagel hingen. Ich hatte Mitleid mit der Mutter, die ihren Sohn beweinte, der im Krieg gefallen war. Wer ihn dorthin geschick hat und warum habe ich damals nicht gefragt. Politische Aufklärung gab es in meinem Elternhaus nicht.«

* Aus den Briefen vieler »Bürgerlicher« an Lotte Ulbricht konnte man aber auch die Hochachtung herauslesen, die jene vor dieser großen Lernleistung empfanden

März 1998

Lotte meint, daß wir versuchen müßten, die Arbeit in diesem Jahr zu beenden. Sie fühle, daß sie immer schwächer werde. Am Telefon ist ihre Stimme fest wie bei einer 40jährigen.

Ich stelle Lotte eine Menge Fragen zum Diktierten. Wer war Knorin? Müßten wir nicht über Wehner etwas mehr mitteilen? Mit meinem Vorschlag, alle Abkürzungen in der nächsten Fassung auszuschreiben, ist sie sehr einverstanden.

Ich habe gesucht und im SED-Schriftgut keinen schriftlichen Beschluß über ihre Kaltstellung gefunden. Habe mich nicht getraut, ihr das zu sagen.

Mai 1998

Lotte erzählt, daß sie ihr Rechtsanwalt abholen und mit ihr auf sein Grundstück fahren möchte. »Sekt statt Blumen – geht das?« fragt sie mich.

Im Garten haben die sicher selber Blumen, gebe ich ihr recht.

Plötzlich erschrickt sie – sie hätte an diesem Tag ihren Enkel zum Kaffee eingeladen und die Termine verwechselt. Sie ärgert sich maßlos und wird ganz grantig, weil sie einen Fehler gemacht hat.

Es bedarf einer ganz entschiedenen Ermunterung, die im letzten Diktat mitgeteilten persönlichen Dinge nicht wieder zu streichen. Rede wie ein Buch. Trotzdem: Am Ende muß ich meine Kladde vor ihren Augen in kleine Stücke reißen.

Juni 1998

Lotte spricht von einem »Spiegel«-Redakteur, der ihr einen Artikel über die DDR geschickt habe. »Ich werde ihn anrufen. Er soll mir nichts mehr schicken«, sagt sie ärgerlich. »Diese Leute können uns nicht verstehen. Sie begreifen einfach nicht, daß wir für die Arbeiter da waren, ihr Leben verbessern wollten und verbessert haben. Arbeiter sind doch für die bürgerlichen Leute eben Menschen, die arbeiten – nicht Menschen, die die Gesellschaft verändern. Es hat keinen Zweck. Die begreifen das nicht.«

Warum sich Ossis und Wessis nicht verstehen

Mit dem mitgebrachten Eis ernte ich keinen Beifall. Sie fragt barsch: »Weißt du nicht, daß ich überhaupt kein Eis esse?« Wenigstens die Erdbeeren sind willkommen, sehr sogar. Sie putzt und schneidet sie eigenhändig. Das Eis hat sie schließlich genüßlich vollständig aufgegessen – sie habe gar nicht mehr gewußt, wie gut das schmecke, entschuldigt sie sich. An unserem Text machen wir nichts.

Oktober 1998

Heute komme ich bei Lotte ganz groß raus – mit selbstgemachtem Heringssalat. Den hatte sie sich gewünscht und zu meiner Freude sofort, also noch vor dem Kaffee, gegessen.

Heute entwickelt Lotte große politische und historische Zusammenhänge. Von den Deutschen hält sie nicht viel. »Die haben immer alles geschenkt bekommen. Die Reichseinigung konnte Bismarck von oben organisieren, nachdem deutsche Soldaten die Commune zusammengeschossen haben. Die Deutschen! Sie haben nichts zustandebekommen. Die Franzosen stehen da in einer anderen Tradition. Sie haben schon immer revolutionäre Massen auf die Beine gebracht; auch heute. Deswegen darf man für unsere Situation in Deutschland nicht Gorbatschow oder den westdeutschen Imperialismus verantwortlich machen.«

November1998

Feinarbeiten am Text. Ob er wohl immer dabei gewinnt? Zum Beispiel als Lotte Verbindungsfrau zur Sowjetischen Militäradministration war – gibt es keine Dokumente aus jener Zeit? »Du mußt doch die Zeit sehen! Wir hatten gar keinen Apparat. Wir haben Namenslisten für den Magistrat erarbeitet. Es funktionierte irgendwie. Die SMA hatte die Papiere. Wir hatten andere Sorgen, als ein Archiv anzulegen. Das kam erst später.«

Lotte bringt mich zur Haustür. Das Plaudern endet kaum.

Klein und aufrecht steht sie auf der Treppe und winkt mir lange nach …

Unsere gemeinsame Arbeit endet durch ihren Tod.

Sie ließ sich zu nichts drängen. So kamen wir manchmal monatelang nicht auf das Diktierte zu sprechen. Die Plauderrunden waren jedoch zur Instanz geworden. Nach der Jahrhundertwende allerdings zunehmend zu dritt – gemeinsam mit meinem Mann Michael oder mit Elisabeth Ittershagen.

LESEN MACHT GLÜCKLICH

Michael Pardon: Im Bahnhof Berlin-Zoo habe ich vor Abfahrt meines Zuges noch etwas Zeit und streife durch Zeitungsladen und Souvenirgeschäft. Da trifft es mich wie ein Blitz. Ich starre auf eine Postkarte. Sie zeigt Walter Ulbricht, ein Buch lesend, mit entspanntem Gesicht. Ein sehr schönes Foto, finde ich. »Lesen macht glücklich«. Die meinen das ironisch. Ich finde die Karte trotzdem gut. Und kaufe alle sechzehn Stück.

Was wird Lotte dazu sagen?

Vorsichtshalber fertige ich ihr eine Vergrößerung an. Zu meiner Überraschung und Freude huscht ein zärtliches Lächeln über das Gesicht der 97jährigen. »Ja, so war Walter. Er las gerne und hätte lieber oft so dagesessen.«

Das Foto, so sagt sie, wird 1967 oder 1968 entstanden sein. Der Staatsmann Ulbricht hatte die DDR auf einen erfolgreichen Weg gebracht. Da wirkt er sehr entspannt. Von den Intrigen Honeckers konnte er noch nichts ahnen. Ja, Lesen ist schön. Sie stellt die Karte auf den Tisch im Wohnzimmer, an dem sie auch zu lesen pflegt. Das Bild steht dort bis zum Ende.

Lotte Ulbricht erzählt mir von ihrer Jugend, als für Kinder aus armen Verhältnissen in Deutschland keine höhere Bildung möglich war. »Im Unterschied zum Arbeiter-und-Bauern-Staat DDR, wo es keine solche Kluft zwischen arm und reich gab und höhere Bildung gerade für Arbeiter- und Bauernkinder gefördert wurde.«

Den Ulbrichts blieb damals nur der »dritte Bildungsweg«: Lesen bis zum Umfallen, Diskussion mit anderen – die harte Universität des Lebens eben. Dichter, Wissenschaftler und Politiker mit guter bürgerlicher Bildung zollten solchen wie den Ulbrichts auch wegen ihrer bemerkenswerten Volksbildung Respekt …

Lotte Ulbricht hat wieder einmal etwas verlegt – diesmal den Schlüssel zu ihrem Safe im Bibliothekszimmer. Dort liegen Dokumente, das Testament, Wertsachen. Kein Schlüssel paßt. Einen Handwerker will sie nicht kommen lassen. »Du bist doch Ingenieur, mach mal!«

An einem späten Nachmittag fahre ich hinüber und gehe ins Haus, das wie gewöhnlich nicht verschlossen ist. Ich rufe ins Wohnzimmer meinen Gruß, denn oft macht sie um diese Zeit ein Nickerchen. Aus der Küche riecht es unangenehm.

Ich gehe der Nase nach und sehe die Herdplatte glühen. Ein Emailletopf ist festgeschmolzen, die Kaffeekanne darin zerplatzt. Daneben schmilzt ein Plastteil. Sofort drehe ich den Herd ab und lüfte.*

Dann wecke ich Lotte.

Ich beginne mich zu rechtfertigen, indem ich erkläre, soeben ihr Leben gerettet zu haben. »Das ganze Haus hätte abbrennen können.« – »Ach was«, winkt sie ab, »ich sterbe sowieso bald, was soll die Aufregung.« Ich male ihr die Schrecknisse eines Flammen- oder Erstickungstodes aus. Sie lenkt ein. »Du hast recht, so zu sterben

* »Unfälle« dieser Art häuften sich in den letzten Jahren in dem Haus mit den sieben Zimmern und wären hinlänglich Grund für eine Übersiedlung in ein Heim gewesen. Doch Lotte Ulbricht wehrte sich erfolgreich gegen den Auszug

wäre nicht schön.« Nun beginnt sie mich tatsächlich zu loben und meint, ich hätte einen Orden verdient. Aber dazu müsse ich ihr erst den Safe öffnen. »Dann leg mal gleich los. Ich habe wenig Zeit.«

Ohne Pause schaltet Lotte auf eine andere Lebenslage um.

Mit Spezialbohrer und Meißel habe ich den Tresor nach zehn Minuten geöffnet, das Schloß ist hin. Ich drehe mich um, Lotte steht schon hinter mir. Vertrauen ist gut, Kontrolle ist besser. Sie möchte ihren Safe allein sichten.

Als sie mit der Inventur fertig ist, fordert sie mich auf, mir einen schönen Orden auszusuchen. Es wären ja reichlich da ...*

* Inge Pardon hatte zu Lebzeiten eine Inventarliste angefertigt. Die Inventur nach dem Ableben Lotte Ulbrichts offenbarte große Lücken

2001 erscheint eine weitere Ulbricht-Biografie. Der Autor ist Chefredakteur der Sächsischen Zeitung, kommt aus dem Westen. Meine Frau und ich bereiten uns auf ein Gespräch mit Lotte über dieses Buch vor. In der Nähe ihrer Wohnung soll sogar eine Vorstellung erfolgen. Wir bieten ihr an, gemeinsam in die »literaturWerkstatt« zu gehen.

Nein, sagt sie, an der Besprechung werde sie nicht teilnehmen – wir mögen ihr aber berichten. Ob ich wisse, warum das Buch schlecht sei und sie nicht hingehe? Ich bitte um Auskunft, d. h. Belehrung.

Erstens könne dieser Autor objektiv keine gute Arbeit abliefern, denn er habe ja einen Auftrag. Zweitens würde ihre Teilnahme die Veranstaltung und das Buch ungerechtfertigt in der Bedeutung heben.

Außerdem solle ein alter Bekannter an der Lesung teilnehmen. Professor Wolfgang Leonhard. Diesem Renegaten wolle sie nicht begegnen, erklärt Lotte kategorisch. Er sei ein unzuverlässiger Aufschneider. Das hätten schon die Russen erkannt.

Als wir anschließend berichten, daß wir dem Autor und Leonard die Ulbricht-Postkarte mit der Bemerkung übergeben hätten, dies sei mit Lotte Ulbricht abgestimmt, muß sie lachen.

So gut gelaunt sahen wir sie nicht oft.

Und das Gesicht verfinstert sich umgehend, als wir sie auf eine eigene Biographie ansprechen. »Unsinn – ich bin nicht so wichtig!«

Viele Leute interessierten sich für ihr facettenreiches Leben, begründe ich den Wunsch.

Sie wird am Ende weich. »Meinetwegen. Macht aus meinem Nachlaß eine Zusammenstellung von interessanten Dokumenten aus unserem Kampf.«

Prof. Dr. Dr. h. c. PETER A. THIESSEN

1162 Berlin-Friedrichshagen, 30. August 73
Wißlerstraße 9
Telefon: 655 55 76

5/9.

Frau
Dipl.-Ges. Lotte Ulbricht
102 B e r l i n
Postfach 920

Liebe Lotte!

Das letzte Mal begegneten wir uns bei dem Beisammensein im kleinen Kreise nach der Trauerfeier für Walter. In der Erinnerung daran bin ich immer wieder sehr bewegt. Es war für mich ein Erlebnis besonderer Wirkung, mit den alten Kampfgefährten von Euch Beiden zusammen zu sein. Wieder ist mir zum Bewußtsein gekommen, wie sehr klassenbewußt sozialistisch erzogene Arbeiterkinder in der politischen Einsicht geschult und der bürgerlichen Schicht überlegen waren. Für die Zeit, in der ich bereits einige Gelehrsamkeit gewonnen hatte, muß ich mich politisch geradezu als einen Analphabeten bezeichnen, verglichen mit Eurer Gruppe der im Klassenbewußtsein aufgewachsenen Arbeiterkinder. Du verstehst, daß es für mich nicht nur sehr eindrucksvoll, sondern auch eine besondere Ehre war, von Euch als zugehörig angesehen zu werden.

Du sagtest mir, daß Du zunächst voraussichtlich verreisen würdest. Ich weiß nicht, welche Aufgaben Du Dir für diese und die nächste Zeit gestellt hast. Auf alle Fälle möchte ich gern möglichst bald wieder mit Dir Verbindung haben. Ich werde voraussichtlich von der zweiten Septemberwoche ab bis einschließlich der beiden ersten Oktoberwochen nicht in Berlin sein. Nach gemessener ärztlicher Weisung muß ich eine Arbeitspause abseits von Labor und Rechentisch einlegen. Zu erreichen bin ich während dieser Zeit in

2903 Glöwen/Prignitz,
Altes Forsthaus Damelack
Telefon: Glöwen 331
oder Breddin 271.

07

- 2 -

# Briefe an Lotte Ulbricht

*In Pressebeiträgen, die in den 90er Jahren regelmäßig über sie erschienen, wurde das Bild einer verbitterten, isoliert lebenden Frau zu vermitteln versucht. Weil sie nicht mit Journalisten sprach, meinten diese, sie spräche mit niemandem, und auch kein anderer habe den Wunsch, das Wort an Lotte Ulbricht zu richten. Das war eine der vielen falschen Nachrichten, die über Lotte Ulbricht verbreitet wurden. Sie erhielt beispielsweise sehr viel Post. Es schrieben ihr Bekannte und unbekannte Zeitgenossen, auch Prominente holten sich zuweilen Rat bei ihr. Nachfolgend eine kleine Auswahl*

Leipzig, 14. Januar 1976

»Hochverehrte Genossin Lotte Ulbricht!
Ich darf Bezug nehmen auf unsere Unterhaltungen anläßlich des 70. Geburtstages von Genossin Grete Fuchs und auf Deine freundliche Zusage, für unser Museum Erinnerungen an Genossen Georgi Dimitroff niederzuschreiben.
Ich bedanke mich schon jetzt dafür. (...)
Mit sozialistischem Gruß
Prof. Dr. Bernhard*, Direktor des Georgi-Dimitroff-Museum«

* (1926-2000)

Lotte Ulbricht mit Bekannten, 1993

Berlin, 2. Februar 1976

»Werter Genosse Bernhard!
Vielen Dank für Brief und Publikationen. Sie haben mich sehr interessiert. Vielen Dank natürlich auch für die guten Wünsche zum neuen Jahr. Was meine Erinnerungen an Gen. Dimitroff betrifft, so beinhalten sie nur ein Gebiet – meine Eindrücke an den ›Chef‹ des Instituts 205.

Ich bitte aber, mir Zeit zu lassen. Wenn ich sie niedergelegt habe (es sind höchstens 1-2 Seiten), schicke ich sie sofort.
Bis dahin alles Gute, weitere Erfolge in der verantwortungsvollen Arbeit.
Mit sozialistischem Gruß
Lotte Ulbricht«

Bei »Roswitha«, der Absenderin, handelte es sich offenkundig um eine angehende Schriftstellerin, die sich für ein Studium 1978 am Literaturinstitut »Johannes R. Becher« in Leipzig beworben hatte

Dresden, 21. November 1977

»Liebe, hochverehrte Genossin Lotte Ulbricht!
(...) Kurz nach unserem letzten Telefongespräch wurde meine Oma krank. Im Mai ist sie gestorben. Es war eine schlimme Zeit, Omi litt sehr. Ich hatte sie so lieb – wie das eben ist, wenn man bei den Großeltern aufwächst bzw. aufgewachsen ist.
Dazu kommt, daß sich der Konflikt zwischen meiner Mitstreiterin und mir kontinuierlich verschärft hat – und schließlich kann ich nicht immer nur meine Probleme bei Ihnen abladen. Aber Sie einfach umgehen und Ihnen etwas vormachen, das kann ich auch nicht. (...)
Übrigens: Die Diskussion über Ihren Aufenthaltsort nimmt kein Ende. Das klebt wie Kitt. Ich widerspreche einfach, das ist ja nicht auszuhalten! (...)
Sie fragten nach dem Studium. Die Unterlagen mit den einzureichenden Arbeiten sind in Leipzig; im April 1978 tagt die Immatrikulationskommission, danach erhalte ich Nachricht. Wenn es nach der Beurteilung ginge (beide, die von der Parteileitung und die vom Zirkel schreibender Arbeiter), gäbe es gar keine Frage, Das ist schon zum Rotwerden, so positiv. Ich hab vielleicht Augen gemacht. (...)
Die VIII. ist überall im Gespräch. Die meisten meiner Freunde hat diese Kunstausstellung ebenso schockiert *(Unterstreichung von L. U. und Fragezeichen am Rand – d. Hrsg.)* wie mich. Ich war zwar erst zweimal dort (im Albertinum bei der Malerei, Grafik, Plastik) und habe insgesamt erst 5 Stunden dort verbracht, aber die Werke, die mich beeindruckten, kann ich ganz bequem an zehn Fingern aufzählen. Wenn es überhaupt zehn werden. (...)
Haben Sie den Katalog der VIII. schon oder möchten Sie ihn vielleicht haben? (...)
Ganz herzliche Grüße von Ihrer Roswitha«

Stralsund, 19. April 1978

»Werte Genossin Ulbricht!
Bitte entschuldigen Sie, daß ich den Beutel an Ihre Tür gehängt habe. Es war so ca. 14.30 Uhr, und da wollte ich nicht klingeln, weil Sie um diese Zeit noch ruhen. Da auf mein Klopfen niemand hörte, hoffte ich, daß Frau Rosinsky ihn findet und für Sie abgibt. Ich mußte meinen Zug noch unbedingt erreichen und hatte es sehr eilig.
Am Freitag war ich im ZK und habe in eigener Sache etwas erledigt, dabei habe ich anschließend auch über die kursierenden Gerüchte* gesprochen und daß man diesen entgegentreten müßte. Heute habe ich mich daher sehr gefreut, als ich in der Zeitung die Gratulation des ZK las. Sicher wird bei vielen Lesern nun so einiges klargestellt.

* vermutlich, daß Lotte Ulbricht in der Schweiz lebt

Ida Rosinsky gratuliert zum 90. Geburtstag, 19. April 1993. Sie führte im Auftrage des Ministerrates den Haushalt bis zur »Wende«

Der letzte Besuch bei Ihnen war auch für mich eine große Enttäuschung. Ich hätte nie gedacht, daß er so enden würde. Einen uninteressanten Gesprächspartner zu haben, ist nicht angenehm. Da ich zwar ein guter Zuhörer, aber kein guter Unterhalter bin, zudem am Sonntag von 30 Stunden nur zwei geschlafen hatte, war ich sehr gehandicapt.

Ich habe auch darüber nachgedacht, warum Sie mich oft so wenig verstehen. Sicher liegt es daran, daß Sie sich gar keine realen Vorstellungen machen können, womit man sich herumschlagen und um welche manchmal sehr kleinlichen Sachen man kämpfen muß. Unter welchen Bedingungen ich studiert habe, kann sich kaum jemand vorstellen. Auch heute möchte ich oft lieber die Zeitung oder andere Beiträge lesen und studieren*, aber es ist leider keine Ruhe und Zeit dazu da, weil man sich mit anderen Dingen beschäftigen muß.

Manchmal war ich auch gekränkt, daß Ihnen meine Kleidung nicht gepaßt hat. *(Fragezeichen am Rand von L. U. – d. Hrsg.)* Doch dann habe ich mir gesagt, daß Sie ja gar nicht verstehen können, wenn manche noch kein Geld haben, um sich moderne Kleidung zu kaufen und sich jedes Stück schwer erarbeiten müssen. *(Fragezeichen am Rand von L. U. – d. Hrsg.)*

Es ist auch heute noch so, daß man die Menschen während der Arbeit richtig kennenlernt. Daher sicher auch die falschen Vorstellungen, die Sie von mir haben und worüber ich traurig bin.

Ihnen wünsche ich alles Gute.

Grete-Erika Henkel«

* Lotte Ulbricht pflegte Gäste zu examieren, ob sie auch die Tagespresse gelesen hatten. Zeigte er (oder sie) sich uninformiert, überschüttete sie den oder die Ertappte(n) mit Vorhaltungen

Dezember 1978

»Liebe Genossin Ulbricht!

Die Wochen und Monate vergehen zu schnell, und nun ist das Jahr gleich wieder zu Ende. Ich will hoffen, daß es Dir gut geht (...)

In breiten Kreisen unserer Pädagogen besteht die Meinung, die Kinder werden immer schlechter, dabei vergessen sie, daß jeder Mensch zu einem großen Teil das Produkt seiner Erziehung ist. Vor meiner Mutter muß ich heute noch den Hut ziehen: Sie zog 8 gesunde, intelligente Kinder auf und unter was für Bedingungen!

Wenn doch heute die Menschen, die Lehrer und Erzieher sein wollen, mehr Liebe und Verständnis und vor allem den richtigen Klas-

Auf der Hollywood-Schaukel mit Adoptivtochter Beate 1962/63

senstandpunkt hätten, dann wäre alles einfacher. Es wird konstatiert, es wird sich verständigt zu diesem und jenem Problem, aber bloß nicht um eine Sache gekämpft. So sieht es jedenfalls an der Basis aus. (…)
In großer Verehrung
Genossin Gisela Hollstein«

Stralsund 4. Oktober 1979

»Liebe Genossin Lotte Ulbricht!
(…) In meiner Klasse brachte bei einem pol.-aktuellen Gespräch ein Junge einen Witz über W. Ulbricht. Dies nahm ich gleich zum Anlaß, um über die Arbeit des Gen. Ulbricht zu sprechen.
Bei der letzten Wandzeitungsgestaltung machte mich eine Kolln. darauf aufmerksam, daß sie ein Bild angebracht hatte, auf dem W. Pieck, O. Grotewohl und W. Ulbricht gemeinsam zu sehen waren. Darüber habe ich mich gefreut. Die Kollegen ahnen ja nicht, daß ich einmal guten Kontakt zu Ihnen hatte.
Gesundheitlich geht es mir nicht besonders gut. Jedoch freuen wir uns immer wieder über unserer hübsche kleine Neubauwohnung.
(…)
So, jetzt muß ich gleich wieder zum Unterricht und am Nachmittag Horterziehung. Meine Kinder lieben mich sehr, auch mit den Elternhäusern haben wir guten Kontakt.
Alle guten Wünsche zum 30. Jahrestag unserer Republik,
es grüßt Sie
Grete-Erika Henkel.«

Weimar, 5. März 1980

»Liebe Genossin Lotte Ulbricht!
(...) Hast Du gestern den Chaplin-Film ›Der große Diktator‹ gesehen? Ich sah ihn in Jerusalem während des Krieges und hatte ihn in unangenehmer Erinnerung. Nun wollte ich diese kontrollieren, denn den Inhalt hatte ich bis auf 2 Szenen (Gardinenklettern und das Spiel mit dem Globus) total vergessen. Nun fand ich ihn erst recht unerträglich! Deutscher Faschismus aus amerikanischer Sicht (erstaunlich bei einem so klugen Mann wie Chaplin) und noch unerträglicher zu einer Zeit, wo der amerikanische Faschismus sich so kräftig herausmacht und der bundes-deutsche zeigt, wie lebendig er noch ist! Ich habe mit Mühe bis zum kitschigen Schluß durchgehalten. Und was ein Appell ›an das Gute im Menschen‹ nützt, wo die Monopole das Sagen haben, wissen wir ja nicht erst seit heute!
Ich wünsche Dir schöne, sonnige Tage und sehr gute Erholung in Oberhof (...)
Deine Lotte F.« *

* Lotte Fürnberg, Witwe des Schriftstellers und Lyrikers Louis F. (1909-1957), von 1949-52 Botschaftsrat der CSR in der DDR, 1954 Übersiedlung nach Weimar und dort stellv. Direktor der Nationalen Forschungs- und Gedenkstätte. Fürnberg galt als Vermittler zwischen deutscher und tschechischer Kultur. Er schrieb sowohl politische Gedichte, die das Pathos jener Jahre trugen (»Die Partei, die Partei, die hat immer recht«), als auch feinfühlige Natur- und Landschaftslyrik

Zella-Mehlis, 6. Mai 1980

»Werte Genossin Lotte Ulbricht!
Herzlichen Dank für Ihren Brief und das übersandte Buch. Wir waren ehrlich überrascht und erfreut, daß Sie sich an das Gespräch über Bebel erinnerten. Nun ist es erneut Lektüre meiner Frau. (...)
Beste Grüße von der ganzen Familie.
Ihr Genosse Ewald Seiler«

Berlin, 25. Mai 1980

»Verehrte, liebe Genossin Lotte Ulbricht!
Wie froh mir ist – danke für die Nachricht –, daß Dir nichts weiter fehlt als Arthrose in der Schulter. Ich war schon sehr besorgt, weil ich nichts hörte. Und daß Du nicht gern schreibst, wenn es Dir Schmerzen macht, vestehe ich gut.
Wie's mir geht? Ja, gesundheitlich nicht zum Besten. Im Augenblick wird gesucht, ob ich nicht was Schlimmes habe. Aber da bin ich eigentlich optimistisch. Sehr macht mir zu schaffen, daß ich kaum etwas zu tun bekomme. Das Schmerzlichste: auch Rezitationen an den großen Veranstaltungen von Partei und Regierung – mein größter Stolz und meine größe Freude – läßt man mich

nicht mehr machen. Nun, ich tue schon was. Ich habe ein Programm von Texten schreibender Arbeiter, welche ich zusammen mit einem jungen Kollegen da und dort zeigen kann. Das macht mir Freude und ist wohl auch nützlich.
Ich wünsche Dir weiter gute Gesundheit und eine erfolgreiche Kur im schönen Liebenstein!
Herzlichst Deine Mathilde Danegger* «

Berlin, 7. Oktober 1980

» Werte Genossin Lotte Ulbricht!
Anläßlich des XXXI. Jahrestages der Gründung der Deutschen Demokratischen Republik nehmen Sie die herzlichste Gratulation entgegen, verbunden mit den besten Wünschen für weitere Erfolge in Ihrer Arbeit, gute Gesundheit und persönliches Wohlergehen. P. Abrassimow** «

* Mathilde Danegger, 1903-1988, Schauspielerin vor 1933 in Wien und Berlin (bei Max Reinhardt), später in Zürich. War im sowjetischen Exil. Nach 1945 gehörte sie Brechts Berliner Ensemble an und spielte unter Wolfgang Heinz und Wolfgang Langhoff am Deutschen Theater

** Der sowjetische Botschafter Pjotr Abrassimow wurde wegen seines mitunter anmaßenden und selbstherrlichen Auftretens und seiner Eitelkeit als »Regierender Botschafter« bezeichnet. Nach Breshnews Tod 1982 wurde er auf Bitte Honeckers von Moskau abberufen. Als Abschiedsgeschenk ließ er sich von der DDR bei Moskau eine teure Datsche errichten, die auch von der DDR ausgestattet werden mußte. Funktionierten die Wasserhähne nicht, wurde er in der Moskauer DDR-Vertretung vorstellig

Berlin, 12. November 1980

»Liebe Genossin Ulbricht,
über Deine Gratulation zur Auszeichnung mit dem Nationalpreis für Wissenschaft und Technik habe ich mich ganz besonders gefreut. Die vorliegenden Ergebnisse waren nur möglich auf der Basis einer engen Zusammenarbeit mit sowjetischen Genossen, die zum 1. Mai 1980 ebenfalls mit dem Staatspreis der UdSSR ausgezeichnet wurden. So bin ich glücklich, daß ich seinerzeit der Entscheidung meines Vaters *(Prof. Dr. Peter A. Thiessen – d. Hrsg.)* folgte, auf der Seite des Fortschritts, des Sozialismus, zu arbeiten. Unser Kollektiv wird alles tun, um sich des erwiesenen Vertrauens würdig zu erweisen.
Mit herzlichsten Grüßen
Klaus Thiessen«

Berlin, im Dezember 1980

»Alle guten Wünsche für ein friedliches, erfolgreiches und gesundes Jahr 1981! Deine Ilse Rodenberg,
Präsident der ASSITEJ«*

Berlin, im Dezember 1980

»Mein liebes, verehrtes Lottchen!
Unser Staat, die DDR, wird der Wissenschaft und ihren Trägern auch 1981 großes Vertrauen schenken. Damit obliegt uns eine schwere Verantwortung. Um sie tragen zu können, werden wir alle unsere geistigen und moralischen Kräfte in den Dienst unserer Gesellschaft stellen. In diesem Sinne wünsche ich ein gutes 1981. Komm bald. In Erwartung Chris und Peter**«

* Ilse Rodenberg, Jahrgang 1906, bis 1957 Intendantin des Hans-Otto-Theaters Potsdam und von 1959-1973 des 1950 von ihrem Mann begründeten Theaters der Freundschaft Berlin. Bis 1987 Präsidentin der Internationalen Vereinigung der Kinder- und Jugendtheater (ASSITEJ)

** Prof. Dr. Dr. h. c. Peter Adolf Thiessen, 1899-1990, Physikochemiker, Professor in Göttingen, Münster und Berlin, 1945/56 in der Sowjetunion, arbeitete u. a. über Grenzflächen- und Festkörperchemie sowie Kernverfahrenstechnik (s. S. 204)

Handsigniertes Blatt von Prof. Walter Womacka, (Schöpfer u. a. der »Bauchbinde« am Haus des Lehrers in Berlin, des Brunnens auf dem Alex und des Gemäldes »Paar am Strand«, 1963.)
Von 1968 bis 1988 Rektor der Kunsthochschule Berlin-Weißensee.
Foto linke Seite: Ulbrichts zum Kaffee bei Hanni und Walter Womacka

Berlin, 20. Dezember 1980

»Sehr verehrte Frau Ulbricht!
Erlauben Sie mir, Ihnen zum Weihnachtsfest und zum Jahreswechsel alles Gute zu wünschen. (...)
Ich gedenke Ihrer in aufrichtiger Verbundenheit und Dankbarkeit
Ihr H. Kraatz«*

* Helmut Kraatz, Prof. Dr. sc. med., Dr. h. c., Dr. h. c. (1902-1983), Gynäkologe, Professor an der Humboldt-Universität zu Berlin 1951-1968, 1961-1981 Präsident des Rates für Planung und Koordinierung der medizinischen Wissenschaft beim Ministerium für Gesundheitswesen der DDR, arbeitete u. a. über gynäkologische Urologie und Krebs

Dresden, 20. April 1983

»Liebe Lotte!
Heute lasen wir, daß Du Deinen 80. Geburtstag hattest. Zunächst glaubten wir unseren Augen nicht zu trauen, denn als wir Dich kürzlich einmal sprachen und mit Dir zusammen waren, schienst Du uns so jung und frisch, daß man Dir die 80 Jahre gar nicht glauben möchte. Da es aber doch so ist, möchten wir Dir zu diesem Ehrentag und auch zu der hohen Auszeichnung mit dem Karl-Marx-Orden unsere herzlichsten Glückwünsche übermitteln und Dir vor allem weiter Gesundheit wünschen und die Kraft, noch recht viel und aktiv mitzuwirken, damit das, was Du einst mit gesät hast, doch recht bald zu einer guten Ernte kommt. (...)
In diesem Sinne und mit dem Wunsche, daß der Menschheit der Friede erhalten bleibt, grüßen wir Dich mit einem herzlichen Händedruck!
Max und Ruth Seydewitz*«

* Max Seydewitz (1892-1987), SPD seit 1910, Emigration, von 1947 bis 1952 Ministerpräsident Sachsens, Volkskammerabgeordneter 1949-87, von 1955 bis 1967 Generaldirektor der Staatlichen Kunstsammlungen Dresden, Schriftsteller wie seine Frau

Bruchmühle, 21. Mai 1985:

»Liebe Frau Ulbricht!
Am 21. 4. 85 waren Sie bei uns in Bruchmühle. Ich habe es leider verpaßt, für meine Ortschronik eine kurze Eintragung von Ihnen zu bekommen. Daher wende ich mich jetzt schriftlich an Sie (...)
Vielen Dank im voraus und viele Grüße, Jutta Schrage!«

Prof. Lieselotte Herforth, Rektorin der TU Dresden (r.) beim Besuch der Ulbrichts an der Technischen Universität in den 60er Jahren

Dresden, 25. Januar 1986

»Liebe Genossin Lotte Ulbricht!

(...) ich denke wirklich viel an Dich! Ich bin noch viel an der TU. Die Studenten wollen genau wissen, wie es damals war, als der Genosse Walter Ulbricht an der TU war. So zeige ich Fotos. (...) Ich finde es schön, daß unsere jungen Studenten so geschichtsbewußt leben. (...)

Hast Du eigentlich noch mal was für die Nachwelt aufgeschrieben? Wenn ja, was? Ich habe noch immer das schöne Buch von Deiner Reise und Deine ›Reden und Aufsätze‹ mit Deiner lieben Widmung! (...)

Bleibe schön gesund! Ganz, ganz herzlich grüßt Dich Deine Genossin Lilo*«

* Prof. em. Dr.-Ing. habil. Dr. h. c. Lieselott Herforth, Jahrgang 1916, Mitglied des Staatsrates und Volkskammerabgeordnete

Leipzig, 25. März 1986

»Liebe Genossin Lotte Ulbricht!

Fast zwei Jahre sind seit Deinem letzten Besuch in Leipzig vergangen. In dieser Zeit haben die Werktätigen unserer Stadt, allen voran die Kommunisten, mit Fleiß, Ideenreichtum und Können einen ganz konkreten Beitrag zur Fortführung unserer guten Politik zum Wohle des Volkes und zur Sicherung des Friedens geleistet.

Auf unserer Stadtdelegiertenkonferenz konnten wir eine stolze Bilanz vorweisen. Die Ergebnisse des fleißigen Arbeitens spüren die Leipziger in einer ständigen Verbesserung der Lebensbedingungen. So konnten seit dem X. Parteitag 42.032 Wohnungen errichtet bzw. modernisiert werden. In Grünau haben inzwischen 90.000 Bürger eine neue Heimstatt gefunden. Neue innerstädtische Umgestaltunsgebiete wie die Kolonnadenstraße, die Leipziger Ostvorstadt bestimmen immer stärker das Baugeschehen und zeigen, wie sich Alt- und Neubau harmonisch verbinden läßt.

Mit Leistungen in Höhe von 260 Mio Mark für die Verbesserung der Wohnbedingungen und über 29 Mio Mark für die Verschönerung der Wohnumwelt unterstützten die Leipziger Bürger 1985 diese Entwicklung durch die bisher höchsten Ergebnisse im ›Mach-mit‹-Wettbewerb.

Durch die Eröffnung neuer Versorgungseinrichtungen, Gaststätten und Cafés im Stadtzentrum und den Magistralen der Stadtbezirke, durch die Erweiterung und Niveauverbesserung der Naherholungseinrichtungen wurde unsere Stadt noch anziehender und liebenswerter.

Mit der Erarbeitung einer Chronik der Stadtparteiorganisation wollen wir der weiteren Erforschung und Pflege der revolutionären Arbeiterbewegung wirksame Impulse geben.
In einer breiten, lebendigen Volksaussprache mit allen Bürgern in Vorbereitung des XI. Parteitages und der Wahlen zur Volkskammer und den Bezirkstagen können wir mit Stolz auf die vielen Ergebnisse unserer guten Politik verweisen und die Verbundenheit mit unserer sozialistischen Heimat weiter ausprägen.
Ich möchte Dich mit diesen Ergebnissen und der weiteren Entwicklung unserer Stadt vertrautmachen und lade Dich sehr herzlich zu einem Besuch nach Leipzig ein.
Ich schlage Dir vor, diesen Besuch für den Juni zu planen und Dir für einige Tage Zeit zu nehmen.
Ich würde mich freuen, wenn Du meinem Vorschlag zustimmst und bitte Dich, mir den beabsichtigten Termin mitzuteilen.
Mit sozialistischem Gruß
Joachim Prag
1. Sekretär«

* Die kurze Antwort von Lotte Ulbricht auf die Einladung der SED-Stadtleitung ist Kommentar genug. Wie realitätsfern die Ausführungen des führenden Genossen der – nächst Berlin – größten Stadt der DDR waren, offenbarte der Gang der Geschichte

Berlin, 7. April 1986*

»Lieber Genosse Prag!
Über Deinen Brief vom 25. 3. habe ich mich sehr gefreut. Denn es freut mich immer, mich mit Fortschritten unseres sozialistischen Aufbaus durch eigenen Augenschein überzeugen zu können und Menschen kennenzulernen, die daran teilhaben.
Anfang Juni komme ich von der Kur zurück, so daß mir jeder Termin ab 14./15. Juni recht ist. Entscheidet bitte nach Euren Möglichkeiten und teilt mir Eure Vorschläge mit.
Mit freundlichem Gruß und Dank
Eure Lotte Ulbricht«

Berlin, 5. Dezember 1986

»Sehr verehrte gnädige Frau,
ich erlaube mir, Ihnen, auf bescheidene Weise, den Nikolaus zu machen.

Der Affe – das Kinderbuch »Onkel Mo« von Peter Hacks

Der Affe ist mein Letzterschienenes. Ich habe vorn nichts hineingeschrieben; vielleicht haben Sie einen kleinen Verwandten, der einen Affen benötigt.
Das große Buch schicke ich nicht, weil es groß ist; (in Wahrheit ist es durch prahlerisches Papier aufgeplustert und miserabel gesetzt).

Aber es enthält, auf pag. 89/90, einen Nachruf auf Walter Ulbricht – Quirinus war der Gründer des Römischen Staats, so heißt im ›Numa‹ der Gründer des sozialistischen ›Italien‹ Quirini. Da der Nachruf im Winter 1970, also bei Ulbrichts Leb- und Regierungszeit, geschrieben ist, enthält er nichts Schmerzliches. Das hat seinen Vorteil. Es könnte sein, daß er Ihnen Vergnügen macht.
Behagliche Feste und alles Schöne wünscht Ihnen, sehr verehrte gnädige Frau,
Ihr stets ergebener Peter Hacks«

Das große Buch – Peter Hacks, Sechs Dramen, Ausgabe des Claassen Verlags, 1978 (darin Erstdruck des Stücks »Numa«). Die Ulbricht betreffende Passage jetzt in »Hacks, Werke. Vierter Band: Die Dramen II«, Eulenspiegel Verlag 2003, S. 308 ff.

*Am 12. Mai 1987 lud sie der Genosse Oberst Klein von der NVA nach Prora auf Rügen ein. Das dortige Erholungsheim »Walter Ulbricht« feierte seinen 35. Geburtstag. Lotte Ulbricht dankte, gab aber zu bedenken, daß sie zwar bis zum 11. Juni zum Urlaub in Baabe sei, also gleich um die Ecke. »Nach Ihrem Veranstaltungsplan müßte ich mich 3 Tage nach meiner Rückkehr wieder auf den selben Weg machen. Ob ich mir das zumute, werde ich in Baabe entscheiden, d. h. nach Pfingsten.«*
*Sie war dann doch dort, zwar nicht zum Termin. Aber zum Jubiläum schickte sie allen Mitarbeitern einen freundlichen Gruß: »Ich wünsche Ihnen auch in Zukunft viel Freude in der Arbeit zum Wohle aller erholungssuchenden Militärangehörigen, die sich von ihrem verantwortungsvollen Dienst in diesem schönen Heim erholen wollen, von dessen Ordnung und Sauberkeit ich mich persönlich überzeugen konnte.«*

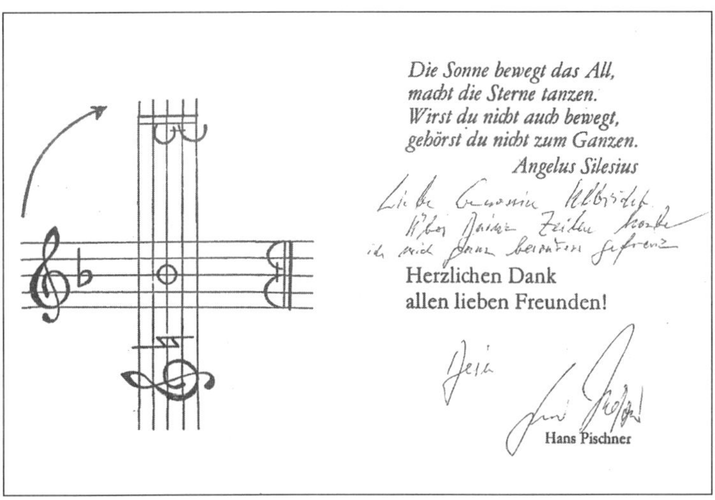


Prof. Dr. Hans Pischner, Jahrgang 1914, Cembalist von internationalem Rang und Musikwissenschaftler, Vize-Kulturminister der DDR (1956-63), Intendant der Deutschen Staatsoper Berlin (1963-84), Vizepräsident der Akademie der Künste (1970-78), seit 1975 Vorsitzender der Neuen Bach-Gesellschaft Leipzig, Präsident des Kulturbundes der DDR von 1977 bis zum Rücktritt 1989

* Handschriftliche Anmerkung, daß Lotte Ulbricht am 8. Mai telefonisch geantwortet hat

Leuna, 19. April 1989*

»Werte Genossin Lotte Ulbricht!
Anläßlich Deines Geburtstages möchte ich Dir, werte Genossin Ulbricht, die herzlichsten Grüße und Glückwünsche im Namen des Leuna-Kombinates und seiner Leitung sowie ganz persönlich übermitteln. Wir wünschen Dir vor allem beste Gesundheit und Wohlergehen für weitere viele Jahre.
Ich freue mich auf ein persönliches Kennenlernen anläßlich der Indienststellung des MS ›Walter Ulbricht‹ am 17./18. Mai in Rostock/Warnemünde.
Gegenwärtig weilt eine Delegation der künftigen Besatzung dieses Vollcontainerschiffes auf Einladung der Patenbrigade unseres Kombinates in Leuna. Diese Patenbrigade – ein Jugendkollektiv – trägt den Ehrennamen ›21. März‹.
In der beiliegenden Geschichte unseres Kombinates wirst Du unter anderem nachlesen können, daß das Erbe der revolutionären Märzkämpfer von 1921 in unserer Jugend weiterlebt. Diesem Anliegen soll auch die Patenschaft mit unserem MS ›Walter Ulbricht‹ dienen.
Mit sozialistischem Gruß
Dr. Daßler, Generaldirektor«

Weimar, 21. Februar 1992

»Liebe Lotte,
(...) Die Journaille! Hast Du mal Karl Kraus gelesen? Uns hat er in der Jugend begeistert, und was er von der Presse gehalten hat, stimmt noch heute bis auf den Punkt. Sie lebt doch von der Lüge. Man weiß es, und wenn es einen selbst betrifft, läßt man sich verletzten von ihrem Gift.
Etwa ein halbes Jahr vor der Wende hat ein westdeutscher Journalist ein Buch über deutsche Autoren aus Böhmen veröffentlicht, in dem er Louis** auf das infamste verleumdet hat. Die Lüge war so offensichtlich und relativ leicht zu widerlegen, aber auch damals ist mir niemand beigestanden, außer der sehr lieben Freundin Marianne Lange, durch Vermittlung von Emmi. Sie schrieb einen Artikel in der ›Weltbühne‹ – aber weder der Verband, noch die Akademie noch das Kulturministerium taten etwas.
Dann stand eines Tages der Schweinehund vor der Tür und wollte mich interviewen. Da habe ich ihn hinausgeworfen. Das tat mir gut. Es ist furchbar traurig und ein schlimmer Verlust, wenn gute Leute die Nerven verlieren wie kürzlich Prof. Riege*** aus Jena. Ich

** Louis Fürnberg

*** Prof. Dr. jur. habil Gerhard Riege, 1990 frei gewählter Rektor der Uni Jena, nahm sich als Bundestagsabgeordneter der PDS am 15. Februar 1992 das Leben, weil er als IM des MfS denunziert wurde

kannte ihn nicht persönlich, aber ich habe ihn sprechen gehört und Freunde von mir von der Uni Jena kannten ihn. Vielleicht hat er zu wenig Solidarität gespürt.
Liebe Lotte, bleibe gesund und so kraftvoll noch viele Jahre. Hab noch mal Dank, verzeih meine Schrift – ich schreibe im Liegen. Sei sehr herzlich gegrüßt Deine Lotte* «

* d. i. Lotte Fürnberg

Berlin, im Februar 1993

»Liebe Kameradinnen, liebe Kameraden!
(...) Andere fragen sich, ob angesichts der jüngsten Entwicklung, des Anwachsens der ausländerfeindlichen, antisemitischen und neonazistischen Tendenzen unser Kampf seinen Sinn verloren hat. Mancher fühlt sich allein gelassen, beginnt zu verzweifeln.
In dieser Situation möchten wir als Pankower Vereinigung ehemaliger Teilnehmer am antifaschistischen Widerstand, Verfolgter des Naziregimes und Hinterbliebener uns an Euch wenden. In unserer Vereinigung, die jetzt 306 Mitglieder zählt, machen wir tagtäglich die Erfahrung, daß wir aus politischen, menschlichen und auch gesundheitlichen Gründen stärker als zuvor den solidarischen Zusammenhalt benötigen. (...)
Zu unserem Angebot gehören wöchentliche Sprechstunden für Naziopfer und ihre Hinterbliebenen. Teilen Sie uns mit, wenn ein Hausbesuch gewünscht wird. (...)
Mit freundlichen Grüßen
Arno Munter, Vorsitzender«

Lotte Ulbricht 1993

Wismar, 27. Juni 1993

»Meine liebe Frau Ulbricht!
Am 30. Juni würde Ihr lieber Mann nun schon 100 Jahre alt werden (...) Nun habe ich ihm direkt an sein Bild im Bücherschrank eine kleine Vase mit unseren ehemaligen Frauentagsblumen gestellt, denn was er einst für uns Frauen getan hat, das zeigt sich erst wieder so richtig in den letzten Tagen. Auf dem Tisch gegenüber vom Bücherschrank steht ein Strauß Rosenknospen für ihn, er kann direkt darauf sehen. (...)
Ich wünsche Ihnen alles Gute, sehr viel Gesundheit, verbunden mit ganz lieben Grüßen Ihre Christa Wehnert.«

Den 15. August 1994

»Liebe Lotte,
ich habe mich über Deinen Geburtstagsgruß sehr gefreut. Leider hatte ich damals Deinen 90. verpaßt. Allerdings hatte ich zu dieser Zeit ein großes Unglück und eine schwere Operation zu überstehen. Jetzt nun bin ich an den Rollstuhl gebunden und kann Dich auch nicht mehr besuchen, denn diese Strecke wäre mir nicht möglich zurückzulegen.
Du bist mit Deinen 91 Jahren noch erstaunlich voller Energie. Wir, Christa und ich, wünschen Dir jedenfalls das Beste. (...)
Mit herzlichem Gruß
Dein Joachim Werzlau*«

Jänschwalde, 6. September 1994

»Sehr geehrte Frau Ulbricht!
Ich heiße Sebastian** und bin 14 Jahre alt. Außerdem habe ich noch 6 Geschwister. Mein jüngster Bruder ist am 22. Nov. 1989 geboren, und meine älteste Schwester ist 26 Jahre. Also wir sind 2 Jungen und 5 Mädchen.
Meine Mutti und auch mein Vati sind beide fast 49 Jahre alt.
Über meine Eltern habe ich auch erfahren, wie es war, als Genosse Walter Ulbricht, als Ihr Mann Staatsoberhaupt der damaligen DDR war. Meine Eltern haben nur Gutes gesagt, und auch über Sie, Frau Ulbricht.
Als ich durch Zufall die BILD-Zeitung in die Hände bekam und den Artikel über Sie las und auch die 2 Photos, wo Sie drauf sind, und wo Ihr Haus abgebildet ist, habe ich wieder meine Eltern gefragt, wie es damals war.

* Joachim Werzlau, Komponist, Jahrgang 1913, seit 1952 freischaffend, komponierte FDJ-Lieder, Bühnenmusiken, Opern und zahlreiche Filmmusiken (»Karbid und Sauerampfer«, »Jakob der Lügner«)

** Der 14jährige Absender des berührenden Briefes zeichnete mit voller Adresse. Es ist nicht bekannt, ob und in welcher Weise Lotte Ulbricht geantwortet hat

Jetzt sind wir ein ganzes Deutschland, aber meine Eltern haben das nicht gewollt, auch wir Kinder nicht. Wir waren gern Pioniere, und meine älteren Geschwister waren gern in der FDJ.
Überall gibt es jetzt Raubüberfälle, Morde und noch mehr. Überall gibt man an, mit den Westautos, wo haben solche Leute bloß das Geld dazu her?
Mein Vati arbeitet im Kraftwerk, und was er verdient, brauchen wir für Miete, Lichtgeld, Essen und Sachen. Da bleibt nichts übrig.

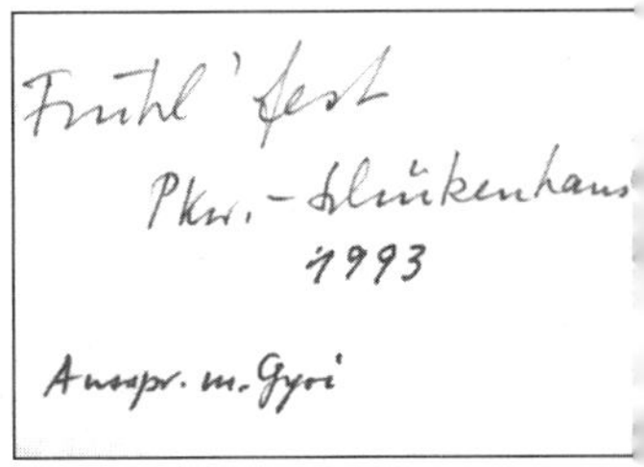
Frühl'fest
Pkw.-Glückenhaus
1993
Ausspr. m. Gyri

Mein Vati hat zwar die Fahrerlaubnis, und da meine Mutti seit 2 Jahren krank ist und jeden 2. Tag zum Arzt nach Cottbus muß, brauchen wir dringend ein Auto, aber nicht mal ein gebrauchtes Auto können wir uns für 8.000 DM kaufen. Und Kredit kriegen wir nicht, da mein Vati nicht so viel verdient.
Aber wir sind auf niemanden neidisch, der mehr hat. Wir haben uns und sind glücklich. Meine Mutti kann sich mit den jetzigen Verhältnissen nicht abfinden, denn die DDR war viel sicherer, und wir sind auch im Sinne der ehemaligen DDR erzogen worden und möchten auch so bleiben.
Nur daß wir aus unserem Haus rausmußten, weil die Erben (Wessis) es so wollten, das war sehr schlimm für uns, denn wir sind dort auf dem Dorf großgeworden, da sind wir geboren.
Mutti sagt, auf dem Bild in der Zeitung sehen Sie viel jünger aus.
Ich muß Schluß machen.
Bitte schreiben Sie mir mal.
Ihr Sebastian«

München, 24. Juni 1995

»Sehr geehrte Frau Ulbricht,
seien Sie nochmals herzlich bedankt für das kurze, aber dafür umso interessantere Gespräch auf Ihrer Türschwelle. Auf Torges Nachttisch liegt bereits ein Buch über die Geschichte der Arbeiterbewegung. Vielleicht haben wir ja noch einmal die Gelegenheit, etwas ausführlicher darüber zu reden. (…)
Dominik Wichmann & Torge Hamkens«

Ziegenhals, 15. Oktober 1995

»Werte Genossin Ulbricht,
am Sonntag, dem 19. November 1995, findet im Sporthaus Ziegenhals (Ernst-Thälmann-Gedenkstätte) die Jahresmitgliederver-

Walter Ulbricht (Dritter von links) stand am 25. Januar 1933 mit dem KPD-Vorsitzenden Thälmann (r.) auf der Tribüne vor dem Berliner Karl-Liebknecht-Haus. Fünf Tage später wurde Hitler zum Reichskanzler ernannt. Am 7. Februar fand eine (illegale) Tagung der Parteiführung im Lokal »Sporthaus Ziegenhals« bei Niederlehme statt. Wenig später wurde Ernst Thälmann verhaftet

sammlung des Freundeskreises ›Ernst-Thälmann-Gedenkstätte‹ e. V. statt. Wir würden uns sehr freuen, Dich zu dieser Versammlung als unseren Gast begrüßen zu können. (...)
Heinz Schmidt, Vorsitzender«

Benshausen, 5. Dezember 1995

»Liebe Genn. Lotte Ulbricht!
Ich habe gerade meine Weihnachtsbäckerei beendet, und da soll eine kleine Probe auf die Reise nach Berlin gehen. Die Plätzchen sind für Sie, liebe Genn. Ulbricht, und Frau Seidler für eine gemütliche Kaffeestunde in der Vorweihnachtszeit bestimmt.
Recht herzliche Grüße von Rosemarie Krause«

Köln, 6. Mai 1996*

»Sehr geehrte Genossin Ulbricht,
aus der Presse ist mir bekannt geworden, daß Sie vor kurzer Zeit ihr 93. Lebensjahr vollendet haben. Hierzu möchte ich Ihnen – nachträglich; ich bitte dies zu entschuldigen – herzlichst gratulieren. Mögen Sie hundert Jahre alt werden und noch mehr, und sich dabei stets bester Gesundheit erfreuen!
Wenn ich korrekt unterrichtet bin, dann haben Sie anläßlich des Ablebens von Erich Honecker erklärt, daß er ›das Erbe meines

* Der Brief ging bei der Kommunistischen Plattform der PDS mit Bitte um Weiterleitung »an die Witwe von Walter Ulbricht (persönlich)« ein und wurde von Michael Benjamin weitergegeben

Mannes‹ verspielt habe. *(Handschriftliches Fragezeichen von L. U. am Rand – d. Hrsg.)* Dies sehe ich genauso. (…)
Mit freundlichen Grüßen
Samy Yildirim«

Berlin, 31. Oktober 1996*

»Werter Genosse Yildirim!
Genossin Lotte Ulbricht hat mich gebeten, Ihren Brief zu beantworten. Sie hat sich über ihn gefreut, dankt Ihnen dafür sehr. Sie bittet Sie sehr, das lange Schweigen nicht übelzunehmen.
Sie dürfen sicher sein, daß sie ihren Idealen bis ans Ende ihres Lebens treu bleiben wird.
Sie bittet Sie allerdings auch, die Veröffentlichungen in der bürgerlichen Presse, die als ihre angeblichen Aussagen zitiert werden, nicht für wahr zu halten. Genossin Ulbricht hat es seit Beginn der ›Wende‹ abgelehnt, irgendeiner Zeitung Interviews zu gewähren. Was als solche zitiert wird, ist stets Erfindung des betreffenden Journalisten.
Mit den besten Wünschen für Ihren Kampf um eine bessere Gesellschaft
Ihre …«

* Die Antwort liegt nicht als Kopie, sondern als handschriftlicher Entwurf vor – den Lotte Ulbricht selber angefertigt hatte. Neben der diplomatisch-höflichen Zurückweisung ihrer vermeintlichen Kritik an Honecker distanzierte sie sich durch die Art ihrer Reaktion auch von den politischen Positionen des Briefeschreibers, der sich als Anhänger Stalins zu erkennen gab und Ulbrichts Sturz durch Moskau, wo das Erbe Stalins verspielt worden sei, als Beleg für dessen Stalinsche Standfestigkeit nahm

Den 5. Juli 1997

»Liebe Lotte,
(…) Wir haben uns sehr über Deinen Brief aus Bad Elster gefreut, gerade weil auch der – außerhalb des üblichen Rituals von Hin- und Hergeschreibe zu Feiertagen – uns spüren ließ, daß Du uns nicht vergessen hast. Und das ist ein schönes Gefühl. (…)
Daß Du Dir Gedanken und Sorgen machst um die Probleme und die Perspektive auch von Bad Elster ist nur allzu verständlich. Uns fällt es oft schwer, an Stätten einst pulsierenden DDR-Lebens zurückzukehren oder auch nur im Fernsehen zu erleben, wie jene, die sich wortreich über unsere marode Hinterlassenschaft auslassen, es sich wohlgefallen lassen und sich spreizen im Schauspielhaus am Gendarmenmarkt, im Gewandhaus, in der Semper-Oper und all den Stätten, die liebevoll und mit den Mitteln und durch die Kraft derer wieder aufgebaut wurden, die dann allerdings mehrheitlich nach der Banane riefen und heute fünftes Rad am Wagen sind.
Manche Enttäuschung blieb da nicht aus. Auch wir haben nicht wenige hinnehmen müssen. Wie viele haben sich flugs abgeseilt,

sind ans andere Ufer gekrochen oder haben sich sonstwie als schäbig erwiesen.
Ich sehe absolut keine Veranlassung, mich dafür zu schämen, seit frühester Jugend darum bemüht gewesen zu sein, das verhindern zu helfen, was jetzt über uns gekommen ist, mich für eine bessere, gerechte Gesellschaft eingesetzt zu haben. Und ich bin sicher, daß das Heute nicht das letzte Wort der Geschichte ist. Hoffen wir, daß Nachfolgende es besser machen. (...)
Ganz herzlich
Deine Hannelore und Manfred«*

* Manfred Banaschak, einst Chefredakteur des theoretischen Organs »Einheit«

Eichwalde, 17. April 1998

»Liebe Genossin Lotte Ulbricht,
wir möchten Dir zu Deinem großen Geburtstag, der Vollendung des 95. Lebensjahres, alles erdenklich Gute wünschen (...)
Mit Deiner aufrechten sozialistischen Gesinnung und Deiner Liebe zum Menschen hast Du viele angespornt und vielen ein gutes Beispiel ehrlichen politischen Wirkens gegeben. Nicht wenige werden sich erinnern und Dir auch für Dein Wirken für unsere gute Sache danken, wie wir es hier auch tun möchten. Du hast für den Sport immer ein offenes Herz gehabt, und das strategische, ideenreiche und zielstrebige politische Wirken von Walter für den Sport wird in der Geschichte bleiben. (...)
Da wir in Thüringen zu einem Treffen mit DDR-Wintersport-Veteranen unterwegs sind, werden wir in Oberhof, das Du ja in guter Erinnerung haben wirst, irgendwie auf Deine Gesundheit trinken. Die alten Sitten werden hoch gehalten!
Viele Grüße Brigitte und Günter Erbach«*

* Günter Erbach, bis 1989 Staatssekretär für Körperkultur und Sport sowie Vorsitzender des Staatlichen Komitees für Körperkultur und Sport

Wismar, 30. Juni 1998

»Meine liebe Frau Ulbricht,
morgen wäre Ihr lieber Mann 105 Jahre alt geworden, und ich möchte ihm in Gedanken ein herzliches Dankeschön sagen. Für all seinen Kampf, seine Mühen, und sein hohes Verantwortungsgefühl für die Menschen.
Er hat es geschafft, daß wir ein friedlicher und freundlicher Staat geworden sind.
Alle hatten Arbeit, Wohnung, konnten in Urlaub fahren und alles war schön geregelt. Die Jugend hatte ihren Sport, um der Freude willen daran und nicht des Geldes wegen. Es gab kein Verbre-

chertum und jeden Tag eine andere Hiobsbotschaft. Wollen wir die guten Zeiten im Herzen bewahren und ihn nicht vergessen. Wie geht es Ihnen, liebe Frau Ulbricht? Auch Sie haben ein hohes Alter geschafft, und ich wünsche Ihnen von Herzen, daß es noch höher wird, dazu recht viel Gesundheit und nur gute Stunden für die Zukunft, verbunden mit ganz lieben Grüßen, Ihre Christa Wehnert.«

Edith Fritz, die Autorin des Briefes, und ihr Mann Kurt Fritz im Gespräch mit Walter und Lotte Ulbricht in Oberwiesenthal., 1964/65. Neben Ulbricht (mit Pudelmütze) Paul Roscher

Chemnitz, 15. Dezember 1998

»Liebe Genossin Lotte Ulbricht!
Heute schreibt Dir eine Genossin, die Dich und Deinen Walter in guter Erinnerung hat, die nach dem Verrat an unserer DDR selig gebeutelt wird – genau wie Du und viele ehrliche Menschen, die aber stolz und glücklich sind über unser so sicheres Leben in der DDR. Oft hole ich mir Bilder hervor, woran ich mich erfreue. 1964 oder 65 war es, als ich Dich kennenlernte. Wir gingen spazieren, als wir Euch am Eisstadion in Oberwiesenthal trafen. Gemeinsam feierten wir Silvester auf dem Eschenhof (…) Mein Kurt hatte ein Ferkel besorgt und es Walter mit den besten Wünschen überreicht. Walter meinte, wir sollten es füttern. ›Dann machen wir Schlachtfest.‹ So mußten wir das Ferkel nach Mitternacht wieder mitnehmen. Ich hatte es auf dem Schoß, als uns Euer Kraftfahrer nach Hause fuhr. Da wurde es plötzlich naß. Der Fahrer lachte nur und meinte, das mache nichts, das werde ausgelüftet.

Im Eschenhof wurde von Walter Ulbricht auch die Idee eines Hauses auf dem Fichtelberg geboren. So entstand das Fichtelberghaus, was Idioten heute abgerissen haben. (...)
Mein Kurt, Sekretär für Land- und Forstwirtschaft, ist nun schon 21 Jahre tot, und ich lebe allein. Wie schwer das ist, wenn der liebste Mensch gehen muß, weißt Du auch. Aber ist es nicht gut so, daß sie diesen Verrat nicht mehr erlebt haben? Bei Euch kam noch anderes dazu, was ich sehr schmerzlich empfunden habe. (...)
Wünsche Dir hiermit schöne Feiertage und alles Liebe und Gute
Edith Fritz«

Hambach, 3. Juni 2001

»Liebe Lotte,
es gibt keinen besonderen Anlaß, Dir zu schreiben. Weder Weihnachten, Neujahr noch ein Geburtstag stehen bevor. Wir wollen Dich einfach grüßen, Dir Gutes wünschen und wieder mal von uns hören lassen. (...)
Uns freut es immer, wenn wir von diesem oder jenem hören, daß es Dir – bei allen Beschwernissen, die sich halt mit den Jahren einstellen – gut geht, daß Du wohlauf bist. Ein wenig dazu beigetragen hat gewiß Deine sportliche Aktivität in vielen Jahren. Ich werde nie das Bild vergessen, wenn ich morgens durch den Majakowski-Ring zur Arbeit fuhr und Du bereits auf dem Balkon

»Unserer verehrten Lotte – Sigmund Jähn, 8.5.80« schrieb der Fliegerkosmonaut der DDR auf diese Karte

Gymnastik betriebst. Das hat bei mir einen tollen Eindruck gemacht. Jedes Mal nahm ich mir vor, Deinem Beispiel zu folgen. Doch es blieb stets beim guten Vorsatz.(...)
Viel Freude machen uns unsere Tochter und die Enkel. Nach wie vor schmeißt Hannelore den ganzen Laden, kocht, putzt und wäscht für die ganze Bande. Und ich kümmere mich bei frischer, mitunter allzu frischer Luft (wie heute) um den Garten, mache den Clown für die Kleinen und arbeite ansonsten noch immer zweimal in der Woche in einem hiesigen Verlag, um meine Strafrente aufzubessern und geistig nicht zu verrosten. (...)
Dir, liebe Lotte, wünschen wir nur Gutes, Gesundheit und viel Freunde. Wir denken gern an Dich. Grüß bitte auch alle Genossen, die sich noch an uns erinnern.
Ganz herzlich
Hannelore und Manfred«*

Hildesheim, 24. September 2001

»Liebe Frau Ulbricht,
ich freue mich, wenn Sie mein Päckchen erhalten haben.
Vor kurzem feierte Leni** ihren 99. Geburtstag! Inzwischen ist sie wieder zum Tauchen auf die Malediven abgereist.
Über ein Lebenszeichen von Ihnen würde ich mich sehr freuen.
Gute Besserung!
Herzlichst
Ihr Frank Brandenburg«

* Das sind Hannelore und Manfred Banaschak

** Der Sohn eines früheren Sportkameraden Walter Ulbrichts meldete sich nach der »Wende« bei Lotte Ulbricht. Er schaute gelegentlich mit Blumen vorbei, schickte auch zur Beisetzung ein Gebinde. Für die Geschenke Lotte Ulbrichts revanchierte er sich u. a. mit einem Bildband von Leni Riefenstahl. Die »Nazi-Zicke« käme ihr nicht ins Haus, erklärte Lotte Ulbricht und reichte das Buch umgehend weiter.
Leni Riefenstahl, Jahrgang 1902, Filmregisseurin und Fotografin, Propagandafilme für die Nazis

# Begehrlichkeiten

Lotte Ulbricht Anfang der 80er Jahre

Lotte Ulbricht hat sich hartnäckig der Presse im vereinten Deutschland verweigert. Sie fürchtete – wohl nicht grundlos – unfair behandelt zu werden. Als Ulbrichts Witwe gehörte sie zu jenen *Unpersonen des Unrechtsstaates*, für die die meisten Blätter, besonders die gewendeten, in der Regel nur dümmliche Häme und unmotivierten Haß übrig hatten. Lotte Ulbricht übersah allerdings, daß die Kunst, die Karl Kraus einst dem Gewerbe nachsagte (»Journalismus heißt, auf einer Glatze Locken drehen«), noch immer beherrscht wurde. So zitierte man denn, auch wenn sie nichts sagte, die Nachbarn, den Fleischer, den Gärtner und all jene, die bereit waren, das zu erzählen, was man hören wollte (oder wovon angenommen wurde, daß es interessieren könnte).

»Der Maler, der Walter Ulbricht in Öl verewigt hat und noch heute nicht genannt werden will, erinnert sich: ›Sie fand partout, daß Walters Hände zu groß geraten seien. Sie ließ nicht locker, herrschte mich an, bis ich sie kleiner machte.‹« (taz, 18. September 1995)

»Lotte Ulbricht sei kalt gewesen, intrigant, herrschsüchtig – das sagt Beates Tochter Andruschka heute.« *(Wer soll denn das sein? – d. Hrsg.)* (»Badische Zeitung«, 21./22. Oktober 1995)

Lotte Ulbricht soll auf die Frage eines namentlich nicht näher bezeichneten Reporters, was sie beim Tod ihrer Adoptivtochter empfunden habe, geantwortet haben: »Was soll ich empfinden? Ich sage gar nichts. Ich habe mit den Jahren ein dickes Fell bekommen.« (taz, 18. September 1995)

Beate Matteoli habe sich ihretwegen »in den Alkohol geflüchtet. Über ihre Adoptivmutter Lotte Ulbricht sagte sie: ›Ich hasse sie, sie hat mir keine Liebe gegeben.‹« (super illu, 19. Juli 2001)

Ein Mitglied des Politbüros (ohne Namen) erinnert sich noch gut an Lotte: »Die ist kalt im Herzen. Sie müssen sich den tiefen Sturz vorstellen, von der First Lady zum Niemand. Erst wird ihr Mann kaltgestellt, dann stirbt er, sie vereinsamt, die beiden hatten nie Freundschaften gepflegt.« (taz, 18. September 1995)

Oder man gab sie dem öffentlichen Gespött preis. Eine Boulevard-Zeitung, die angeblich größte Berlins, zitierte am 15. Juni 1995 unter der Headline »Lotte Ulbricht als Eva-Mattes-Ersatz?« den Theatermann Einar Schleef, er wolle nicht ausschließen, daß

Lotte Ulbricht in seinem Projekt »Faust III« nach Heiner Müller »sowie Walter und Lotte Ulbricht« eine Rolle übernehme. Als Begründung führte das Blatt seine Bemerkung an: »Sie ist ein Fan von mir, hat auf dem Pankower Künstlerbasar 1965 eine meiner Zeichnungen für 10 Mark gekauft.« Und: »Ich habe vor 25 Jahren Lotte Ulbrichts ›Eine wunderbare Reise‹ gelesen und kann heute noch ganze Passagen auswendig.«

Was vielleicht durchaus sachlich gemeint war, wird durch die Dichtung der Gossen-Goethes zur tödlichen Waffe.

In der nachfolgenden kleinen Auswahl von Briefen, die Lotte Ulbricht in den 90er Jahren in ihrem Briefkasten fand, wird verschiedenes deutlich.

Zum einen: Nach dem Ende der DDR wurden auch deren einst prominente Bewohner offenkundig zu Objekten der Begierde. Es nervte gewiß nicht nur eine Frau, die auf die Hundert zuging, fortgesetzt mit Wünschen nach Autogrammen und Interviews behelligt zu werden. Hier lag ein Grund für die ausdauernde Verweigerung Lotte Ulbrichts für Gespräche mit Journalisten.

Zum anderen: Auffällig ist die Art des Vortrags. Nicht wenige Westdeutsche glaubten offenkundig, nicht nur ein ganzes Land übernommen zu haben, sondern auch deren Einwohner inklusive Lotte Ulbricht. Man behandelte sie wie Freiwild, bar jeglichen Respektes. Und welch Anmaßung und naßforsche Begehrlichkeit

**Lotte Ulbricht: „In den Westen will ich nicht…“**

Eine Rentnerin wird im Rollstuhl durch Berlin geschoben. Es ist **Lotte Ulbricht** (95), Witwe des 1973 verstorben DDR-Staats- und Parteichefs Walter Ulbricht (80). Eine Diakonie-Krankenschwester holt sie jeden Morgen von ihrem Wohnhaus im Stadtteil Pankow ab, bleibt mit ihr 30 Minuten draußen. „Ich möchte aber nur durch Ostberlin fahren. In den Westen will ich nicht", sagt sie. Anschließend wird ihr die linke Tageszeitung „Neues Deutschland" vorgelesen. Danach Mittagessen. Gestern gab es Pute mit Klößen und Rotkohl. Am 27. September wird Lotte Ulbricht zur Bundestagswahl gerollt. „Meine Stimme kriegt die PDS", sagt sie.

**Foto: Jürgen Ritter**

»Abgeschossen« und »verwurstet«: Die Unbelehrbare, die nicht in den Westen will …

schimmerte da zuweilen durch den oberflächlichen Zuckerguß. Manche kamen auch ohne Umschweife zur Sache: Biete 1 Million für Ihr Haus und Schluß.

Drittens schließlich: Die Post kam von überall her – aus allen Teilen Deutschlands, aus Frankreich und Österreich, Norwegen und Kanada. Das spricht, bei aller Kritik, für die bemerkenswerte Popularität dieser Frau. Ihr Mann war vor Jahrzehnten von der politischen Bühne abgetreten, auf der sie selbst nie eine offizielle Rolle gespielt hatte. Und dennoch hatten viele sie nicht vergessen.

Wohl wahr: Dafür sorgten auch die Bilder und Nachrichten, die von diversen Blättern gelegentlich verbreitet wurden. Die Paparazzi umlagerten ihr Haus. Man »schoß« sie regelmäßig ab, wenn es einen Jahrestag oder ein anderes Ereignis zu würdigen gab. Journalisten stahlen sich ins Haus mit alten Dienstausweisen des Zentralorgans der Partei, obgleich sie nun beim Zentralorgan des Boulevards arbeiteten.

Manche erschienen mit Blumensträußen, in denen Mikrofone versteckt waren. Und einmal, als sie Geburtstag hatte und die Türen offenstanden, schlüpfte einer mit anderen Gratulanten an die Geburtstagstafel. Als er die Torte verzehrt hatte und auch Lotte Ulbrichts Nachbarinnen die Frage, wer das denn sei, nicht beantworten konnten, richtete sie das Wort direkt an den fremden Gast. Er sei Journalist, erklärte er heiter, und wolle einmal sehen, wie sie ihren Namenstag begehe. Die Geschichte erschien dann in einem Hamburger Nachrichtenmagazin.

Das weckte nicht unbedingt Zuneigung zu dieser Zunft und traf am Ende alle.

Aber nach ihrem Ende kann auch ein Geheimnis gelüftet werden. Das wird manchen hart treffen – weshalb es ja auch ausgeplaudert werden soll: Lotte Ulbricht sperrte, leichtsinnig, wie sie im Alter nun mal war, ihre Pforte nie ab. Das heißt, jeder hätte mit Kamera und Notizblock eindringen können, so er denn gewollt hätte. Behaupte nun niemand, dem diese Chance entging, er hätte es aus Respekt unterlassen. Wegelagerern ist bekanntlich solche Hemmung fremd. Sie wären Lotte Ulbricht gern auf die Pelle gerückt – wenn sie sich denn getraut hätten. Doch vor ihrem Stock und der Polizei fürchtete sich eben mancher.

Und das war auch gut so.

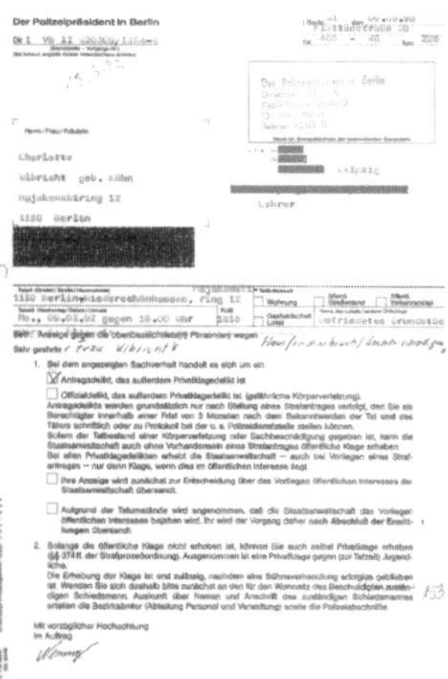
Der Polizeipräsident in Berlin

Herrn/Frau/Fräulein
Charlotte
Ulbricht geb. Kühn
Majakowskiring 12
1110 Berlin
[redacted]

[redacted] Leipzig
[redacted]
Lehrer

Tatort: 1110 Berlin-Niederschönhausen, ...ring 12
Tatzeit: Mo., 09.03.92 gegen 10.00 Uhr
befriedetes Grundstück

Betr.: Anzeige gegen die obenbezeichnete(n) Person(en) wegen Hausfriedensbruch/Sachbeschädigung

Sehr geehrte Frau Ulbricht!

1. Bei dem angezeigten Sachverhalt handelt es sich um ein
☒ Antragsdelikt, das außerdem Privatklagedelikt ist
☐ Offizialdelikt, das außerdem Privatklagedelikt ist (gefährliche Körperverletzung).
Antragsdelikte werden grundsätzlich nur nach Stellung eines Strafantrages verfolgt, den Sie als Berechtigter innerhalb einer Frist von 3 Monaten nach dem Bekanntwerden der Tat und des Täters schriftlich oder zu Protokoll bei der o. a. Polizeidienststelle stellen können.
Sofern der Tatbestand einer Körperverletzung oder Sachbeschädigung gegeben ist, kann die Staatsanwaltschaft auch ohne Vorhandensein eines Strafantrages öffentliche Klage erheben.
Bei allen Privatklagedelikten erhebt die Staatsanwaltschaft – auch bei Vorliegen eines Strafantrages – nur dann Klage, wenn dies im öffentlichen Interesse liegt.
☐ Ihre Anzeige wird zunächst zur Entscheidung über das Vorliegen öffentlichen Interesses der Staatsanwaltschaft übersandt.
☐ Aufgrund der Tatumstände wird angenommen, daß die Staatsanwaltschaft das Vorliegen öffentlichen Interesses bejahen wird. Ihr wird der Vorgang daher nach Abschluß der Ermittlungen übersandt.

2. Solange die öffentliche Klage nicht erhoben ist, können Sie auch selbst Privatklage erheben (§§ 374 ff. der Strafprozeßordnung). Ausgenommen ist eine Privatklage gegen (zur Tatzeit) Jugendliche.
Die Erhebung der Klage ist erst zulässig, nachdem eine Sühneverhandlung erfolglos geblieben ist. Wenden Sie sich deshalb bitte zunächst an den für den Wohnsitz des Beschuldigten zuständigen Schiedsmann. Auskunft über Namen und Anschrift des zuständigen Schiedsmannes erteilen die Bezirksämter (Abteilung Personal und Verwaltung) sowie die Polizeiabschnitte.

Mit vorzüglicher Hochachtung
Im Auftrag

Anzeige Lotte Ulbrichts wegen Hausfriedensbruch und Sachbeschädigung vom 9. März 1992 gegen einen Eindringling

Bad Schwartau, den 2. Juli 1989

»Sehr geehrte Frau Ulbricht,
Mein Name ist Guido E., und ich verfolge seit Jahren mit größter Aufmerksamkeit die Entwicklung der DDR. Da ich Herrn Walter Ulbricht stets sehr bewundert habe und ihn immer verehrt habe, habe ich nun eine Bitte an Sie: Ich würde mich sehr über eine Originalunterschrift von Herrn Ulbricht freuen.
Falls es Ihnen nicht möglich ist, mir diese Unterschrift zu schicken würde ich mich auch sehr über eine Unterschrift von Ihnen freuen, wenn es Ihre Zeit erlaubt, bitte mit Widmung.
Damit Ihnen keine Unkosten entstehen, habe ich einen frankierten Rückumschlag beigefügt. (Ich hoffe, das Porto reicht.) Mein allergrößter Dank gebührt Ihnen schon im voraus für eine Unterschrift Ihres Mannes bzw. von Ihnen selbst. Vielen Dank!
Mit freundlichen Grüßen
Guido E.«

Dieser Brief kam, als es die Mauer noch gab und die DDR noch nicht zur Disposition stand. Als jedoch die Post aus Hamburg kam, waren bereits alle Messen gesungen

Hamburg, 22. Mai 1990

»Liebe Frau Ulbricht!
Ich erlaube mir hiermit, Ihnen mit einer außergewöhnlichen Bitte zu schreiben.
Bin leidenschaftlicher Autogramm-Sammler und besitze auch von Ihrem verstorbenen Gatten ein Bild mit Autogramm – aber leider nicht echt, sondern eingedruckt.
Meine Bitte an Sie: Wenn Sie zufälligerweise noch alte Bilder oder Briefe (oder ähnliches) mit der Originalhandschrift von Walter Ulbricht besitzen und sich evtl. davon trennen könnten, so wäre ich für Überlassung für meine recht umfangreiche Sammlung sehr dankbar.
Auch suche ich alles handschriftliche von Prominente dieser Erde. Sollten Sie noch irgendetwas besitzen und dies evtl. entbehren können, so würde ich mich darüber sehr freuen.
Selbstverständlich will ich nichts umsonst haben, sondern würde auch gern etwas an Sie bezahlen. *(Am Rand: handschriftliches Fragezeichen von Lotte Ulbricht – d. Hrsg.)*
Ich würde mich freuen, wieder von Ihnen zu hören.
Für Ihre Zukunft wünsche ich Ihnen alles erdenklich Gute und verbleibe mit herzlichen Grüßen aus Hamburg
Rainer D.
Anbei ein vierfacher Kartengruß aus Hamburg«

Quebec (Kanada), 30. Juni 1990

»Sehr geehrte Frau Ulbrichts,
seit 15 Jahren interessiere ich mich an internationale Verbindungen und besonders an der Zukunft des Wirtschafts und Politiks Europas. Ihre persönliche Verpfändung zu einer bessere Welt für alle ist immer so merkwürdig.
Das ist warum ich möchte Ihre Autogramm mit ein Foto und ein Foto Dr. Ulbrichts für meine Sammlung zu bekommen. Ich bitte Sie um Entschuldigung aber mein Deutsch ist nicht sehr gut. Ich arbeite viel zu mich zu verbessern.
Vielleicht werden Sie meinen Wunsch erfüllen können.
Mit freundlichen Grüßen
Jean-Rémy D.«

»Frau Lotte Ulbricht
Witwe des DDR-Gründers
Str. unbekannt
DDR 1000 Berlin-Pankow

8689 Röslau, den 28. September 1990

Sehr geehrte Frau Ulbricht.
Sicher sind Sie erstaunt, von einem Unbekannten Post zu erhalten. Bevor ich mich erkläre, möchte ich mich Ihnen vorstellen. Mein Name ist Walter K., geboren am 11.03.37 in Schweidnitz. Meine Mutter war eine geborene Milde, geboren am 14.02.06 in Leutmannsdorf. Mein Vater war Willi K., geboren am 18.03.04 in Potsdam. Meine Mutter verstarb 1977, mein Vater ist nach Kriegsende nicht heimgekehrt. Nun zu meinem Anliegen, eine Bitte an Sie.

Obskure Ansinnen dieser Art waren Ausnahme. Aber im Kontext der übrigen Anfragen und Anfeindungen nervten auch sie

Als ich neulich Ihren Namen in der Zeitung gelesen habe, kamen mir Erinnerungen an meine Kindheit. Meine Mutter hat in meiner Kindheit des öfteren gesagt: Walter Ulbricht, der DDR-Gründer, ist dein Onkel. *(Am Rand: handschriftliches Fragezeichen von Lotte Ulbricht – d. Hrsg.)*
Meinen Vater konnte ich nicht fragen, meine Mutter lebt nicht mehr. Meine letzte Hoffnung sind Sie, liebe Frau Ulbricht, denn Sie könnten mir über dieses Verwandtschaftsverhältnis Auskunft geben.
Frage 1: War Ihr verehrter Gatte ein Stiefbruder meines Vaters?
Frage 2: Wer waren die Eltern Ihres Gatten und meines Vaters?
Frage 3: Oder sind Sie, verehrte Frau Ulbricht, vielleicht die Schwester meines Vaters?

Fast täglich traf Post ein. Nicht auf jeden Brief reagierte die Empfängerin

Wie auch immer das Verwandtschaftsverhältnis sei, ich bitte Sie um eine ehrliche Auskunft.
Sollten Sie Dokumente oder Unterlagen hierfür haben, wäre ich für eine Kopie dankbar. Für Unkosten komme ich natürlich auf.
Für was ich das brauche? Nun, mein Sohn Frank K. hat eine Ahnentafel sprich Stammbuch angeforscht. Da klafft natürlich bei meiner Abstammung eine große Leere, denn woher soll ich die Herkunft meiner Väter wissen.
Liebe Frau Ulbricht, für Ihre Anwort sage ich Ihnen im voraus denke.
Mit freundlichen Grüßen
Walter K.
*(Handschriftliche Bemerkung:* 9.10. nur Rückkuvert leer zurück *– d. Hrsg.)*

Berlin, 3. Januar 1991

»Sehr geehrte Genossin Ulbricht,
ich bin Historiker und habe an der ehemaligen Akademie für Gesellschaftswissenschaften gearbeitet.
Das Archiv der amerikanischen Hoover Institution in Stanford ist an mich mit der Bitte herangetreten, namhafte Persönlichkeiten der ehemaligen DDR zu befragen. Außerdem arbeite ich an einem Projekt ›Von der SED zur PDS‹.
Ich würde mich sehr freuen, wenn Du mir die Möglichkeit zu einem längeren Gespräch einräumen würdest. Mein Vorschlag wäre Ende Januar, vielleicht am 22., 14 Uhr.
Mit freundlichem Gruß und allen guten Wünschen für 1991
Heinrich B.«

Berlin, 13. Januar 1991

»Werter Heinrich B.!
Bisher habe ich sämtliche Ansuchen auf Interviews bzw. Gespräche abgelehnt und denke das auch in Zukunft zu tun. Ich bitte, mir das nicht übelzunehmen.
Mit Gruß
L. Ulbricht«

Dresden, 28. Mai 1991

»Sehr verehrte Frau Ulbricht,
Ihre hoffentlich stimmende Adresse mit kleinem Foto entnahm ich der Zeitung. Ich möchte Sie höflichst bitten, mir beiliegende 3 Karten handzusignieren, Sie würden mir eine große Freunde bereiten. Von Ihrem Gatten wird sicher keine Unterschrift für mich mehr übrig sein.
Ich wünsche Ihnen alles Gute und grüße Sie aus Dresden freundlich
Helga F.«

Mitunter verhielt sich Lotte Ulbricht wie ein Eulenspiegel: Sie verweigerte der Schreiberin ein Autogramm – aber signierte die Absage mit ihrem Namen

Berlin, 11. Juni 1991

»Werte Frau F.!
Besten Dank für Ihre guten Wünsche. Ein Autogramm kann ich Ihnen nicht schicken, da ich grundsätzlich keine Autogramme gebe. Das überlasse ich denen, die sich für entsprechend wichtig halten.
Freundlichen Gruß
L. Ulbricht
Darf ich Sie darauf aufmerksam machen, daß alles, was BILD berichtet, aus den Fingern gesogen ist, da ich bisher kein einziges Interview gegeben habe.«

Oberhof, 30. Oktober 1992

»Sehr geehrte Frau Ulbricht,
bezugnehmend auf unser kurzes Gespräch erlaube ich mir, Ihnen mitzuteilen, daß die Stadt Oberhof ein Wintersportmuseum einrichtet. Auch Ihr Ehemann Walter Ulbricht soll in der Ausstellung des Museums seinen Platz finden. Viele Oberhofer erinnern sich heute noch mit Dankbarkeit daran, was Walter Ulbricht auch persönlich für den Ort getan hat. Als Freund und Förderer des Wintersports weilte er oft in Oberhof.

Skiläufer Walter Ulbricht auf der Oberhofer Piste – und dabei der Tochter Beate Hilfestellung gebend, Winter 1952/53

Als Ehrengäste besuchten Sie, werte Frau Ulbricht, zusammen mit Ihrem Mann die Meisterschaften in Oberhof von 1949 bis 1968. Die Wintersportmeisterschaften der DDR und die Meisterschaften in den Nordischen Disziplinen jener Jahre wollen wir besonders würdigen. Vielleicht besitzen Sie noch Fotos oder andere Erinnerungsstücke an Ihre Aufenthalte in Oberhof?
Gern möchte ich einige Leihgaben von Ihnen in den Bestand des Museums übernehmen. Im Interesse des Anliegens möchte ich auch persönlich bei Ihnen vorsprechen und bitte Sie, mich am 16. November 1992 im Verlaufe des Nachmittags zu empfangen.
Mit freundlichen Grüßen
Jan Knapp
Verantwortlicher Mitarbeiter für das Wintersportmuseum,
Stadt Oberhof, Kurverwaltung«

Berlin, 4. November 1992

»Sehr geehrter Herr Knapp!

Vielen Dank für Ihren Brief vom 30. Oktober. Es freut mich sehr, daß Sie in Oberhof ein Wintersportmuseum einrichten wollen. Es könnte für die Jugend besonders interessant werden. Was Ihre Bitte nach Material betrifft, muß ich Sie leider enttäuschen. Alles Bildmaterial, das ich von meinem Mann hatte, habe ich vor einem reichlichen Jahr an das damalige Zentrale Parteiarchiv übergeben. Die Sportsachen selbst (Skier, Stiefel etc.) habe ich längst verschenkt. Ich habe mich beim Archiv erkundigt. Die Freunde dort sind gern bereit, passendes Material für Sie herauszusuchen, bitten aber um nähere Angaben, was Sie besonders interessiert. Gleichzeitig bitten sie, sofort zu antworten, da das gesamte Personal zum 31. 12. 1992 gekündigt ist und niemand weiß, was im nächsten Jahr wird. Schreiben Sie bitte an folgende Adresse: Verbund Archiv-Bibliothek-Technische Werkstätten beim Parteivorstand der PDS, Frau Inge Pardon, Wilhelm-Pieck-Str. 1, 1054 Berlin.

Das Archiv schickt Ihnen das Material zu, Sie können es auch persönlich in Empfang nehmen. Ein Besuch bei mir erübrigt sich also.

Mit freundlichem Gruß

Lotte Ulbricht

PS. Darf ich daran erinnern, daß bei den 1. Meisterschaften in Oberhof auch Herr Manfred v. Brauchitsch als ›Wessi‹ anwesend war? Über die Folgen für ihn hat er ausführlich in seinem Buch ›Ohne Kampf kein Sieg‹ berichtet.«

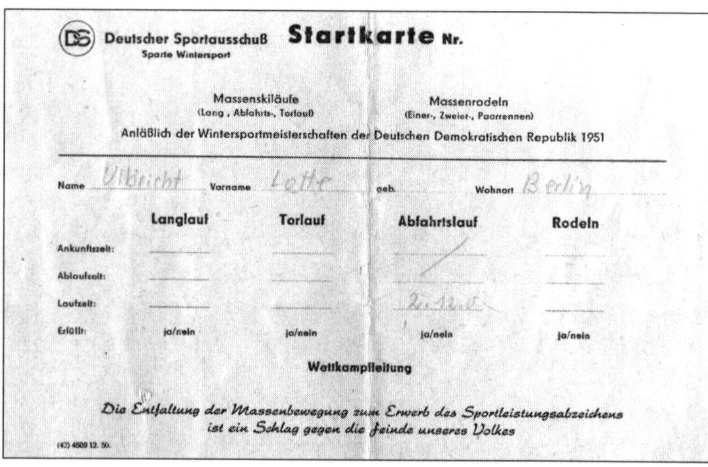

DS Deutscher Sportausschuß **Startkarte** Nr.

Sparte Wintersport

Massenskiläufe (Lang-, Abfahrts-, Torlauf) — Massenrodeln (Einer-, Zweier-, Paarrennen)

Anläßlich der Wintersportmeisterschaften der Deutschen Demokratischen Republik 1951

Name Ulbricht Vorname Lotte geb. Wohnort Berlin

| | Langlauf | Torlauf | Abfahrtslauf | Rodeln |
|---|---|---|---|---|
| Ankunftszeit: | | | / | |
| Ablaufzeit: | | | | |
| Laufzeit: | | | 2.12.0 | |
| Erfüllt: | ja/nein | ja/nein | ja/nein | ja/nein |

Wettkampfleitung

*Die Entfaltung der Massenbewegung zum Erwerb des Sportleistungsabzeichens ist ein Schlag gegen die Feinde unseres Volkes*

(42) 4609 12. 50.

Startkarte Lotte Ulbrichts zu den Wintersportmeisterschaften der DDR 1951. Sie absolvierte den Abfahrtslauf in 2 Minuten und 12 Sekunden

»Frau
Lotte Ulbricht
c/o PDS
Kleine Alexanderstraße 28
Berlin 1020

Post kam auch aus Norwegen – allerdings auch nur von einem Autogrammsammler

Beidstad, 18.11.1992

Dear Your Excellency,
my name is Einar Gelius, and I am living in a little village named Beitstad in Norway. My ancestor is the first king of Norway, Harald Harfagre.

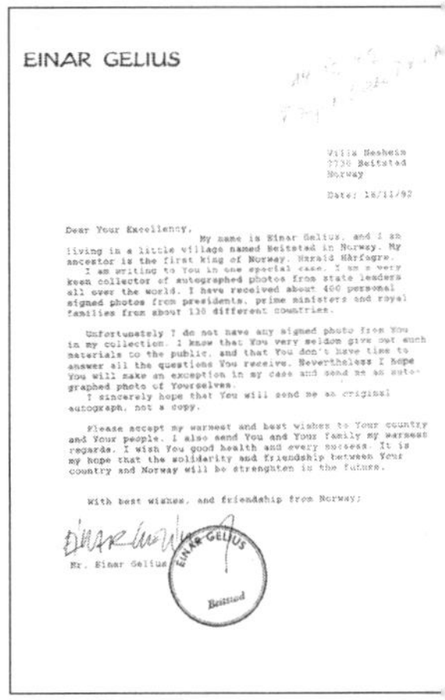
EINAR GELIUS

Villa Mesheim
7730 Beitstad
Norway

Date: 18/11/92

Dear Your Excellency,
My name is Einar Gelius, and I am living in a little village named Beitstad in Norway. My ancestor is the first king of Norway, Harald Hårfagre.
I am writing to You in one special case. I am a very keen collector of autographed photos from state leaders all over the world. I have received about 400 personal signed photos from presidents, prime ministers and royal families from about 130 different countries.

Unfortunately I do not have any signed photo from You in my collection. I know that You very seldom give out such materials to the public, and that You don't have time to answer all the questions You receive. Nevertheless I hope You will make an exception in my case and send me an autographed photo of Yourselves.
I sincerely hope that You will send me an original autograph, not a copy.

Please accept my warmest and best wishes to Your country and Your people. I also send You and Your family my warmest regards. I wish You good health and every success. It is my hope that the solidarity and friendship between Your country and Norway will be strenghten in the future.

With best wishes, and friendship from Norway;

Mr. Einar Gelius

EINAR GELIUS
Beitstad

I am writing to You in one special case. I am a very keen collector of autographed photos from state leaders all over the world. I have received about 400 personal signed photos from presidents, prime ministers and royal families from about 130 different countries.
Unfortunately I do not have any signed photo from You in my collection. I know that You very seldom give out such materials to the public. And that You don't have time to answer all the questions You receive. Nevertheless I hope You will make an exception in my case and send me an autographed photo of Yourselves.
I sincerely hope that You will send me an original autograph, not a copy.
Please accept my warmest and best wishes to Your country and Your people. I also send You and Your family my warmest regards. I wish You good health und every success. It is my hope that the solidarity and friendship between Your country and Norway will be strenghten in the future.
With best wishes and friendship from Norway
Mr. Einar Gelius«

Berlin, 4. Mai 1993

»Sehr geehrte Frau Ulbricht,
nachträglich wünsche ich Ihnen alles Gute zu Ihrem 90. Geburtstag, den Sie vor zwei Wochen – hoffentlich bei guter Gesundheit – gefeiert haben.
Ich arbeite an einer längeren Radio-Sendung über das Leben Ihres verstorbenen Mannes, Walter Ulbricht, die im Juni anläßlich seines 100. Geburtstages ausgestrahlt wird. Zwar werde ich darin auch auf seine Jugend in Leipzig und die Emigration zu sprechen

kommen, doch im Mittelpunkt wird die Zeit nach 1945 stehen. Jahre also, die Sie mit ihm geteilt haben.
Sie können mir sicherlich viel darüber erzählen. Doch ich weiß nicht, ob Sie das wollen. Vielleicht reizt es Sie, das Bild, das Hörer in ganz Deutschland von Ihrem Mann erhalten werden, mitzugestalten. Wie auch immer: Zumindest dort, wo es um Daten und Fakten geht, will ich den Hörern nichts Falsches sagen und möchte Sie, sehr geehrte Frau Ulbricht, deshalb um Unterstützung bitten. Mich interessiert zum Beispiel die Frage, in welchem Jahr Sie und Walter Ulbricht geheiratet haben. Wann hat er sich von seiner ersten Frau Martha scheiden lassen? Ist es wahr, daß er Dorle, der Tochter aus dieser Ehe, eine Nähmaschine geschenkt hat, bevor sie 1947 nach Westdeutschland ging?
Hat Walter Ulbricht mit Ihnen über seine Geschwister Erich und Hildegard gesprochen, die ja in New York bzw. Hamburg lebten? Stimmt es, daß er auch im Alter noch aktiv Sport getrieben hat? Ich will Sie nicht mit noch mehr Fragen überschütten. Nur eines wüßte ich gern noch: Wie haben Sie die Ablösung Ihres Mannes als Parteichef durch Herrn Honecker erlebt? Fiel ihm der Rücktritt schwer?
Damit will ich es bewenden lassen und meiner Hoffnung Ausdruck geben, etwas von Ihnen zu hören.
Mit freundlichen Grüßen
Frank S.«

»Der Spiegel

19. 5. 93

Sehr geehrte Frau Ulbricht,
wollen wir zusammen etwas machen zu Walter Ulbrichts hundertstem Geburtstag?
Was macht Ihre Gesundheit?
Beste Grüße Hans H.«

Frau Ulbricht wollte natürlich nicht – schon gar nicht nach einer derart billigen Anmache. Warum sollte sie auch wollen? Weil es »Der Spiegel« war?

Weinsberg, 16. Juli 1993

»Guten Tag, sehr geehrte Frau Ulbricht,
bestimmt denken Sie im ersten Augenblick: schon wieder so ein Sammler ... Nein. Ich bin seit vielen Jahren passionierter Thematiksammler im Bereich ›Politik-Politiker‹. Heute besitze ich sehr viele Belege aus beiden deutschen Staaten, die meisten signiert.
Zum 100. Geburtstag Ihres werten Gatten fertigte ich für meine

Privatsammlung einen philatelistischen Sonderbeleg an. Diesen gibt es nur ein Mal. *(Am Rand: handschriftliches Fragezeichen von Lotte Ulbricht – d. Hrsg.)*
Ich wäre Ihnen sehr dankbar, wenn Sie diesen beiliegenden Beleg persönlich signieren. Wäre wirklich sehr nett. Bestimmt können Sie mir diesen Wunsch erfüllen. Nochmals meinen besten Dank dafür. Ihnen alles Gute, Gesundheit und viel persönliches Wohlergehen!
Schöne Grüße aus Weinsberg
Klaus D.«

Ohne Datum

Sehr geehrte Frau Ulbicht *(so geschrieben – d. Hrsg.)*
Mit Sicherheit haben Sie die sehr gelungene Ausstellung über das Leben der Bewohner im ›Städtchen am Majakowskiring‹ gesehen, die derzeit im ehemaligen Wohnhaus von Wilhelm Pieck am Majakowskiring gezeigt wird. Ausführliche Gespräche mit dem Kurator der Ausstellung, Herrn Hans Michael Schulze, brachten uns auf die Idee, ein Filmprojekt über die verschiedenen Bewohner des ›Pankower Städtchens‹ zu machen.
In diesem Zusammenhang wäre es natürlich sehr schön, wenn wir Sie zu einigen der Bewohner befragen könnten, mit denen Sie am Majakowskiring gelebt haben, etwa zu Johannes R. Becher, wie Sie ihn als einen der Bewohner am Majakowskiring erlebt haben. Der Film wird von mir in Zusammenarbeit mit dem ehemaligen Fernseh-Regiesseur *(so geschrieben – d. Hrsg.)* Herrn Ulrich Kasten realisiert. Hans Michael Schulze steht uns als Berater zur Seite.
Über eine positive Antwort von Ihnen würden wir uns natürlich sehr freuen. Mit freundlichen Grüßen
Caroline W., Berlin«

»Lotte – der Besten unter den Guten. Weihnachten 1960« – Widmung Lilly Bechers auf der Rückseite des Bilderrahmes mit dem Foto ihres verstorbenen Mannes

Berlin, den 9. Juni 1994

Sehr geehrte Frau Ulbricht!

Ich bin Kunsthistoriker und möchte mich mit diesem Brief mit der Bitte um Auskunft und Antwort auf einige Fragen an Sie wenden. Ihre genaue Adresse konnte ich nicht in Erfahrung bringen. Ich hoffe aber, Sie dennoch unter dieser etwas allgemein gehaltenen Anschrift erreichen zu können. *(Handschriftlich: Fragezeichen am Rand – d. Hrsg.)*

Seit längerer Zeit beschäftige ich mich mit der Kunstgeschichte der DDR. Ich habe 1992 zu dem Thema der Wandmalerei in der DDR meine Magisterarbeit an der Freien Universität Berlin bei Professor Dr. Thomas W. Gaethgens angefertigt. Im Juni 1993 beteiligte ich mich an einem Symposion über Ernst Thälmann und das Berliner Thälmann-Denkmal. Auf diesem vom ›Aktiven Museum Faschismus und Widerstand in Berlin‹ und vom Kulturamt Prenzlauer Berg veranstalteten Symposion hielt ich einen Vortrag über die Darstellungen Ernst Thälmanns in der Denkmalplastik der DDR. Somit habe ich mich nun auch mit den in der DDR errichteten Denkmalen beschäftigt und bereite zur Zeit einen Aufsatz über die Geschichte der monumentalen Denkmale in der DDR vor.

um die 50

Bei der Recherche für diesen Aufsatz stieß ich in einem Zeitungsartikel über den Bildhauer Johann Friedrich Rogge an einen interessanten Ausspruch. Rogge berichtet in der Volkswacht Gera vom 30.1.1970:

»1953 sah ich mich erstmals bei sowjetischen Künstlern um, die uns vor allem in der Monumentalplastik weit voraus waren. Damals weilte ich mit einer Delegation in Moskau, und in unserem Hotel ›Sowjetskaja‹ bekamen wir unerwarteten Besuch: Walter Ulbricht und seine Gattin. Sie aßen mit uns gemeinsam zu Abend. Mir gegenüber saß Walter Ulbricht, neben ihm seine Gattin. Sie erzählte mir, daß sie eine Thomas-Müntzer-Plastik von mir besäße, und so kamen wir ins Gespräch. Als Walter Ulbricht hörte, daß ich sowjetische Kollegen besuchen wollte, sagte er mir: ›Studieren Sie vor allem die Monumentalplastik.‹« *(Handschriftlich: Fragezeichen am Rand – d. Hrsg.)*

Dieser überlieferten Ausspruch Ihres Gatten, »Studieren Sie vor allem die Monumentalplastik«, veranlaßt mich nun zu einigen Fragen, die die Kenntnis und das Verhältnis Walter Ulbrichts zur bildenden Kunst und zur Bildhauerei betreffen, und die ich also

mit diesem Brief an Sie richten möchte. Meine Fragen konzentrieren sich auf folgende zentrale Aspekte:
– Zunächst erstens die Frage nach der Kenntnis der sowjetischen Bildhauer und deren Werke. Gab es in der doch sehr dramatischen Situation des Exils in der Sowjetunion für einen politisch engagierten Emigranten überhaupt die Möglichkeit, die Skulpturen der sowjetischen Bildhauer kennenzulernen oder gar Kunstausstellungen zu besichtigen? *(Handschriftlich: Fragezeichen am Rand – d. Hrsg.)*
– Zweitens die Frage nach der Bekanntschaft mit bestimmten Bildhauern. Hatte Walter Ulbricht vielleicht schon während des Exils in Moskau Freundschaft mit sowjetischen Künstlern und Bildhauern schließen können? Freundschaften, die vielleicht auch in den Jahren nach Ihrer beider Rückkehr ins befreite Deutschland Bestand hatten?
– Drittens würde es mich sehr interessieren, welche Leistungen und Eigenschaften vielleicht Ihr Gatte an der sowjetischen Bildhauerei und an der sowjetischen Kunst allgemein schätzte? Welche Möglichkeiten blieben einem vielbeschäftigten Politiker wie Walter Ulbricht im Rahmen des sicherlich eng gesteckten diplomatischen Protokolls seine Kenntnis der sowjetischen Kunst und Bildhauerei zu vertiefen? Vielleicht konnte er ja auch am Rande von seinen Aufenthalten in der Sowjetunion bei einigen Künstlern Atelierbesuche vornehmen. *(Handschriftlich: Fragezeichen am Rand - d. Hrsg.)*
– Viertens: Gab es Künstler, Bildhauer, deren Werke Ihr Gatte vielleicht besonders geschätzt hat? Welche persönliche Auffassung von der Kunst hatte Walter Ulbricht jenseits offizieller Erklärungen? Führte seine Beschäftigung mit der Kunst – wie es der oben zitierte Auszug der Erinnerung von Johann Friedrich Rogges nahelegt – zum interessierten Ankauf von Gemälden und Skulpturen, zum Aufbau einer eigenen kleinen Sammlung? Reichte denn vielleicht sogar die Zeit zur eigenen malerischen Gestaltung, wie es zum Beispiel auch von Otto Grotewohl dokumentiert ist? Dies sind also Fragen, die ich mit meinem Brief an Sie richten möchte. Entschuldigen Sie bitte die Präzision der Fragen. Dies liegt in der Natur des Historikers. Wir wollen halt immer alles »ganz genau« wissen.

Vielleicht können Sie hier mit einigen Anmerkungen, Anregungen und Antworten zur Klärung meiner Fragen beitragen. Vielleicht

Postkarte aus Dallas von der Nichte Annelie Thompson, von Lotte Ulbricht vermerkter Eingang: 21.2.1995

haben Sie noch andere Gedanken, die Sie für die Erklärung des Kunstverständnisses von Walter Ulbricht für wichtig erachteten. Für jede Notiz und jeden Beitrag wäre ich Ihnen zu großem Dank verpflichtet. Ich hoffe, daß es Ihre Gesundheit soweit ermöglicht, mir bei meinen Forschungen mit einigen Ausführungen weiterzuhelfen. Falls Sie keine Zeit für eine schriftliche Antwort finden sollten, können Sie mich auch gerne anrufen. Doch bin ich zumeist unter der oben genannten Telefonnummer nur abends zu erreichen. Am Tage sitze ich nämlich in den verschiedenen Bibliotheken – auch das liegt in der Natur des Historikers.
So verbleibe ich mit den besten Grüßen in der Hoffnung einer baldigen Antwort, hochachtungsvoll
Martin S.«

Berlin, 26. April 1996

»Sehr geehrte Frau Ulbricht,
›Lassen Sie mich, lassen Sie mich in Ruhe sterben‹, mit diesen Worten haben Sie im vergangenen Herbst einen Reporter der ›taz‹ abgewiesen – einen von vielen Journalisten, mit denen Sie nicht reden wollen. Das ist mir bekannt.
Und trotzdem schicke ich Ihnen diesen Brief: Wenn Sie also auf Ihren Tod warten, was haben Sie zu verlieren, mit einer Journalistin, nämlich mir, über Ihr Leben zu sprechen? Ist nicht die Erinnerung und das Gedenken an einen Menschen Teil von ihm? Wol-

len Sie nicht, daß man Sie in Erinnerung behält, oder wollen Sie in bestimmter Erinnerung bleiben? Wenn dies der Fall ist, wäre ein Gespräch über Ihre Vergangenheit die Möglichkeit, Ihr Bild zu prägen!
Und wenn Ihnen das alles einfach egal ist, können Sie sich genauso gut mit mir treffen, wie Sie sich nicht mit mir treffen möchten.
Sehr geehrte Frau Ulbricht, bitte denken Sie darüber nach. Ich würde gern zu einem Gespräch zu Ihnen kommen.
Ich werde mich wieder bei Ihnen melden.
Mit herzlichen Grüßen
Annett H.
Redaktion STERN Berlin«

Lebenshilfe aus dem Westen: »Wenn Sie also auf Ihren Tod warten, was haben Sie zu verlieren, mit einer Journalistin, nämlich mir, über Ihr Leben zu sprechen?«

Berlin, 2. Mai 1996

Sehr geehrte Frau Ulbricht,
nochmal schreibe ich Ihnen mit der Bitte, Sie zu einem Gespräch besuchen zu dürfen. Möglicherweise hegen Sie ja auch Ablehnung gegen die sogenannte bürgerliche Presse. *(Handschriftliche Unterstreichung Lotte Ulbrichts und Fragezeichen am Brieffrand – d. Hrsg.)* In diesem Fall möchte ich sagen, daß es auch dort linke Journalisten gibt. Und außerdem wird dort dazu beigetragen, das Bild von historischen Persönlichkeiten zu erhalten oder zu verändern. Mit anderen Worten: Ein Gespräch mit mir böte auch Ihnen eine vorteilhafte Gelegenheit – nämlich ein anderes Licht auf die Machtablösung Ulbricht/Honecker zu werfen.
Mit herzlichen Grüßen
Annett H.
Redaktion STERN Berlin«

Lieselotte Ulbricht
Majakowskiring 12
13156 Berlin

Berlin, den 26.4.1996

Sehr geehrte Frau Ulbricht,

"Lassen Sie mich, lassen Sie mich in Ruhe sterben", mit diesen Worten haben Sie im vergangenen Herbst einen Reporter der "taz" abgewiesen - einen von vielen Journalisten, mit denen Sie nicht reden wollen. Das ist mir bekannt.
Und trotzdem schicke ich Ihnen diesen Brief: Wenn Sie also auf Ihren Tod warten, was haben Sie zu verlieren, mit einer Journalistin, nämlich mir, über ihr Leben zu sprechen? Ist nicht die Erinnerung und das Gedenken an einen Menschen Teil von ihm? Wollen Sie nicht, daß man Sie in Erinnerung behält, oder wollen Sie in bestimmter Erinnerung bleiben? Wenn dies der Fall ist, wäre ein Gespräch über ihre Vergangenheit die Möglichkeit, Ihr Bild zu prägen!
Und wenn Ihnen das alles einfach egal ist, können Sie sich genauso gut mit mir treffen, wie Sie sich nicht mit mir treffen möchten.
Sehr geehrte Frau Ulbricht, bitte denken Sie darüber nach. Ich würde gern zu einem Gespräch zu Ihnen kommen.
Ich werde mich wieder bei Ihnen melden.

Mit herzlichen Grüßen,

Annett [redacted]
Redaktion STERN/Berlin

Brief vom STERN an »Lieselotte Ulbricht«

Berlin, 22. Januar 1997

»Liebe Lotte Ulbricht,
ich habe eine nicht alltägliche Bitte.
Für ein Büchlein zur Geschichte von Liedern, vor allem aber um Lieder-Geschichten, sammle ich seit geraumer Zeit Material.
Worum ich bitte, ist verhältnismäßig leicht zu realisieren: Es geht um die Nennung der Ihnen liebsten zwei oder drei Lieder, wobei der Begriff ›Lied‹ dazu ganz weit gefaßt ist, er reicht vom Volks-

lied (der Jahrhunderte und Völker), Kunstlied eingeschlossen, über Gassenhauer, Chanson bis zum Schlager der 20er, 30er usw. Jahre, die Gegenwart nicht ausgeschlossen. Also: ›Ein feste Burg‹ und ›Veronika, der Lenz ist da‹, ›O alte Burschenherrlichkeit‹ und ›In the mood‹, ›Lilli Marlen‹ und das ›Moorsoldatenlied‹, ›Was machst du, mit dem Knie, lieber Hans‹ und ›Yesterday‹; ›Stille Nacht‹ und ›Erlkönig‹ oder, oder ...
Da ich kaum einen Menschen ohne Beziehung zur Musik kenne, viele indes, bei denen sich mit einem bestimmten Lied ein besonders schönes oder anderes, aber unvergeßliches Erlebnis verbindet, hoffe ich auch auf Ihre Antwort. Um die angesprochene Mini-Geschichte zu einem Lied wage ich nicht zu bitten – wiewohl's schön wäre.
Darf ich auf Erfüllung meiner zugegeben etwas verrückten Bitte hoffen? Ich wäre sehr dankbar.
Mit freundlichen Grüßen
Klaus S.
(Ich habe z. B. – als Kompositeur – das Lied ›Das ist der einfache Frieden‹ verbrochen. Auch ›Wir sind von den Jungen die Alten‹. Dies aber nur zur Identität bzw. zur Verdeutlichung meines ernsthaften Wunsches.)
P. S.: Die Bitte bezieht sich auf Ihre und – wenn möglich – Walter Ulbrichts Lieblingslieder (-musik)«
*Handschriftlich Lotte Ulbricht: tel. 11.2.97*

Rosa Michel, Ulbrichts Lebensgefährtin in Frankreich, ihre gemeinsame Tochter Mimi (r.) und deren Kinder Alain und Dominique, Aufnahme um 1970

»Madame
Lotte-Walter Ulbricht
Berlin-Pankow
10.000 Berlin (bitte weiterleiten. Merci.)
Allemagne

F-57600 Oeting, den 28. 4. 1997

Madame Ulbricht,
als französische Studentin erfreue ich mich zu den inbrünstigen Verehrerinnen Ihrer politischen und sozialen Aktivitäten als Landesmutter der DDR, Ihrer immer loyalen Einstellung zu Ihrem Vaterland, Ihrer Treue zum Sozialismus, und Ihrer so markanten Persönlichkeit zählen zu dürfen.
Darf ich mir heute erlauben an Ihre Liebeswürdigkeit zu appellieren, um Sie zu bitten, die beigefügten Kärtchen mit Ihrer Unterschrift beehren zu wollen?
Jahrelang habe ich alle Zeitungen und Berichte über Sie und den Präsidenten Walter Ulbricht gesammelt, und sie zu einem großem Album zusammengefaßt.
Sehr würde ich mich freuen, Madame Ulbricht, wenn Sie mir eine kleine Unterschrift, ein paar handgeschriebene Wörtchen, ein Kuvert, des unvergessenen WALTER ULBRICHT verehren könnten?
Er war ein großer Mann, der in die Geschichte eingehen wird, ein großer loyaler Verfechter des Sozialismus.
In der frohen Hoffnung auf Gewährung meiner Bitte verharre ich hochachtungsvoll, eine kleine Französin, von Herzen MERCI
M. B.
Ich hatte mir erlaubt, Ihnen 1995 zu schreiben, aber leider ohne Antwort.«

Lotte Ulbricht erlebte 1991 Paris im Regen

Großolbersdorf, 29. April 1997

»Sehr geehrte Frau Ulbricht!
Ich habe eine große Bitte an Sie und ich würde mich sehr freuen, wenn Sie mir diese erfüllen.
Mein größter Wunsch ist es, von Ihnen 1 oder 2 Autogramme (Unterschriften) zu bekommen.
Haben Sie vielleicht 1 oder 2 Fotos von sich, die Sie für mich unterschreiben und mir schicken könnten? Sollten Sie aber gar keine Fotos besitzen wäre es toll, wenn Sie auf 2 Briefkarten oder so etwas ähnliches unterschreiben würden.
Noch eine komische Frage: Haben Sie vielleicht sogar noch ein

Foto (mit oder ohne Unterschrift) von Ihrem Mann, welches Sie mir auch schicken könnten?
Bitte tun Sie mir den Gefallen und antworten Sie mir. Ich würde mich wirklich ganz sehr darüber freuen.
Vielen herzlichen Dank schon im Voraus.
Ich wünsche Ihnen weiterhin alles erdenklich Gute.
Mit freundlichen Grüßen
Heiko S.«

Berlin, 10. Dezember 1997

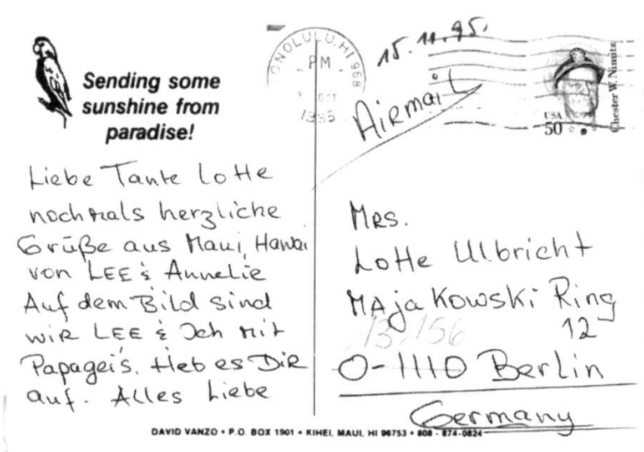


Urlaubsgrüße von der Nichte Annelie von der Insel Hawaii

»Sehr geehrte Frau Ulbricht,
ich bin Diplom-Historiker und Filmemacher der jüngeren Generation und habe vor kurzem ein Porträt über den Veteranen der Arbeiterbewegung, den jüdischen Widerstandskämpfer und späteren US-Bürger, Günter Reimann, für die ARD produziert. Sie kennen Herrn Reimann sicher aus seinen politökonomischen Analysen für das ›Neue Deutschland‹. Er ist im übrigen nur ein Jahr jünger als Sie …
Als Beleg meiner weltanschaulichen und handwerklichen Positionen darf ich Ihnen eine Kopie für den Videorecorder übersenden. Ich kenne Sie persönlich eigentlich schon seit Kindesbeinen, da Sie in den 70er Jahren häufig im Haus der Pankower Kavalierstraße 19A Frau Emmy Handke vom Ravensbrück-Komitee besucht haben, der ich als Junger Pionier so manche Gefälligkeit im Hause leisten konnte. *(Handschriftliches Fragezeichen am Rand – d. Hrsg.)*
Ob Sie sich allerdings noch an unsere Familie dort erinnern können, vermag ich nicht zu sagen.
Nach diesem für mich und die innenpolitische Kultur in Deutsch-

land nicht unwichtigem Stück Geschichts-Aufklärung möchte ich gern eine biographische Arbeit über Ihr ereignisreiches Leben, sehr verehrte Frau Ulbricht, beginnen …
Ich würde mich deshalb freuen, wenn ich an der Seite von Frau Karlen Vesper *(Handschriftlich unterstrichen und Fragezeichen am Rand – d. Hrsg.)* einmal die Möglichkeit erhielte, mich selbst und mein Vorhaben genauer bei Ihnen persönlich vorzustellen.
Mit den besten Wünschen für Ihr Wohlergehen.
Hochachtungsvoll
Dirk K.«

Die Anfrage war erfolgreich, Dirk K. wurde zum Gespräch eingeladen. Umgehend setzte er nach

Berlin, 11. Januar 1998

»Sehr geehrte Frau Ulbricht,
ich möchte mich zunächst ganz herzlich bei Ihnen für die Unterredung am gestrigen Tag bedanken.
Um noch einmal kurz mein Anliegen vorzutragen, gewähren Sie mir die folgenden Ausführungen:
Ich beschäftige mich derzeit intensiv mit dem Leben Ihrer Familie *(Handschriftlich unterstrichen und Fragezeichen am Rand – d. Hrsg.)*, da ich gern eine Dokumentation bzw. Porträt des Begründers der DDR, Walter Ulbricht, in Angriff nehmen möchte.
Natürlich ist mir bewußt, daß zahlreiche – zumeist weniger qualifizierte – Darstellungen in der Vergangenheit Ihre Bereitschaft, an so einem Vorhaben mitzuwirken, eingeschränkt haben.
Ich persönlich möchte mich aber auf gar keinen Fall dem Vorwurf aussetzen (…), Sie nicht von Anbeginn in das Projekt eingeweiht und Ihnen die Mit-Beteiligung angeboten zu haben.
Um etwas über mich selbst zu erfahren, brauchen Sie sich beispielsweise nur mit Helga Korff-Edel in Verbindung zu setzen, deren neue Telefonnummer ich Ihnen hiermit wie versprochen übermitteln darf: Berlin 2040XXX
Frau Korff-Edel, die mich ein paar Jahre kennt, wäre auch bereit, etwas über die Aufrichtigkeit meiner Absichten zu sagen …
Ich darf Ihnen deshalb ein erstes Thesen-Papier zu dem beabsichtigten Film übersenden, aus dem schon ziemlich konkret eine Haltung und die historisch-politische Einordnung hervorgehen.
In der Erwartung, daß ich demnächst mit konkreten Fragen auf Sie zukommen darf verbleibe ich
Mit freundlichen Grüßen Ihr Dirk K.«

Berlin, 22. Januar 1998

»Sehr geehrte Frau Ulbricht,
ich hoffe stark, daß die – zunächst noch skizzenhafte – Darstellung zu dem Dokumentarfilm über Ihren Mann *(handschriftliche Unterstreichung und Fragezeichen am Rand – d. Hrsg.)* auch Ihr eigenes Interesse geweckt hat.

An dem Drehbuch zu dem Film arbeite ich derzeit und möchte Ihnen aber vorweg schon sagen, daß Sie mit Ihrem unersetzbaren Wissen um den Lebensweg Ihres Mannes bis zum Jahre 1945 *(Handschriftliche Unterstreichung und Fragezeichen am Rand – d. Hrsg.)* für mich ein unverzichtbarer Gesprächspartner sind, wenn es darum geht, diese schwere und unverwechselbare Zeit zu schildern:

3. Unter welchen konkret historischen Verhältnissen lernten Sie und Ihr Mann sich damals kennen? Worin bestand Ihre Arbeit als Referentin bei der Kommunistischen Internationale?

4. Können Sie sich noch an die Lebensumstände im Moskauer ›Hotel Lux‹ ab 1938 erinnern? Wohnten Sie schon dort, als Sie an der Kommunistischen Akademie studierten?

5. Hatten Sie selbst mit der ›Verlagsgenossenschaft ausl. Arbeiter in der UdSSR‹ zu tun?

6. Wie erlebten Sie den Beginn des Feldzuges gegen die Sowjetunion am 22. Juni 1941?

7. Wie gestaltete sich der Kontakt zu den Kulturschaffenden aus Deutschland, die ebenfalls in Moskau weilten: Hans Rodenberg, Johannes R. Becher, Erich Weinert, Gustav von Wangenheim, Friedrich Wolf u. a.?

Sehr geehrte Frau Ulbricht, diese Fragen zunächst als ungefährer Ansatz, was mich in einem persönlichen Gespräch interessieren würde – natürlich werden die Fragen mit dem Fortgang der Arbeiten noch präziser.

Zum Schluß darf ich Ihnen noch eine Broschüre der PROVOBIS-FILM übersenden, die im Dokumentar- und Spielfilmbereich sehr viel mit ehem. DDR-Bürgern zusammenarbeitet und sich jetzt sehr stark für den Film über Ihren Mann engagiert …

Bis zum nächsten Kontakt verbleibe ich mit freundlichen Grüßen
Ihr Dirk K.«

Fast schaute es so aus, daß Dirk K. bereits am Ziel sei. Allerdings war diesem Schreiben eine handschriftliche Notiz von Lotte Ulbricht angefügt worden, womit sie sich offenkundig auf ein Telefonat mit dem Jungregisseur vorbereitet hatte:
»Tel. K.
Thesen zurück, falsche Adresse.
Abholen, auch Kassette.
So gesagt, daß keine Teilnahme«

»Der Spiegel

Berlin, den 7. März 1998

Sehr geehrte Frau Ulbricht,
über Ihren Mann ist ein neues Buch erschienen. Sollen wir es Ihnen schicken? Wollen Sie es lesen und wir reden dann über das Thema?
Geht es Ihnen gesundheitlich gut?
Mit den besten Wünschen
Hans H.«

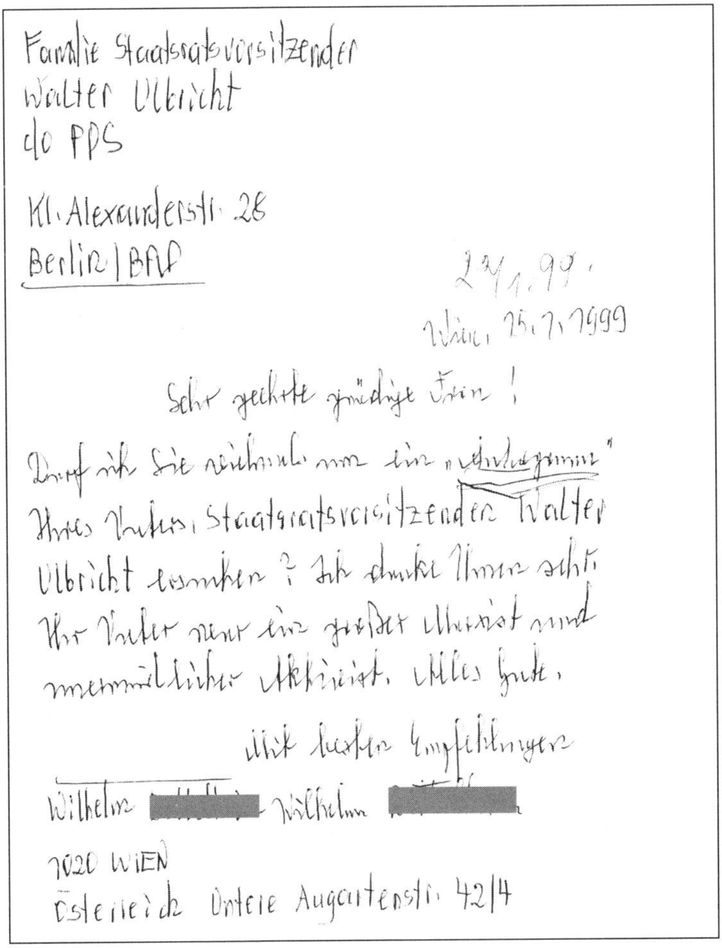
Familie Staatsratsvorsitzender
Walter Ulbricht
c/o PDS

Kl. Alexanderstr. 28
Berlin / BRD

27.1.99.

Wien, 25.1.1999

Sehr geehrte gnädige Frau!

Darf ich Sie nochmals um ein „Autogramm"
Ihres Vaters, Staatsratsvorsitzender Walter
Ulbricht ersuchen? Ich danke Ihnen sehr.
Ihr Vater war ein großer Marxist und
unermüdlicher Aktivist. Alles Gute.

Mit besten Empfehlungen

Wilhelm [redacted] Wilhelm [redacted]

1020 WIEN
Österreich Untere Augartenstr. 42/4

Unsittliches, aber wohl ernstgemeinstes Angebot: »Sehr geehrte Familie Ulbricht Bin am Kauf Ihrer Immobilie interessiert. Zahle Ihnen 1 Mio DM Bei Interesse rufen Sie mich bitte an«

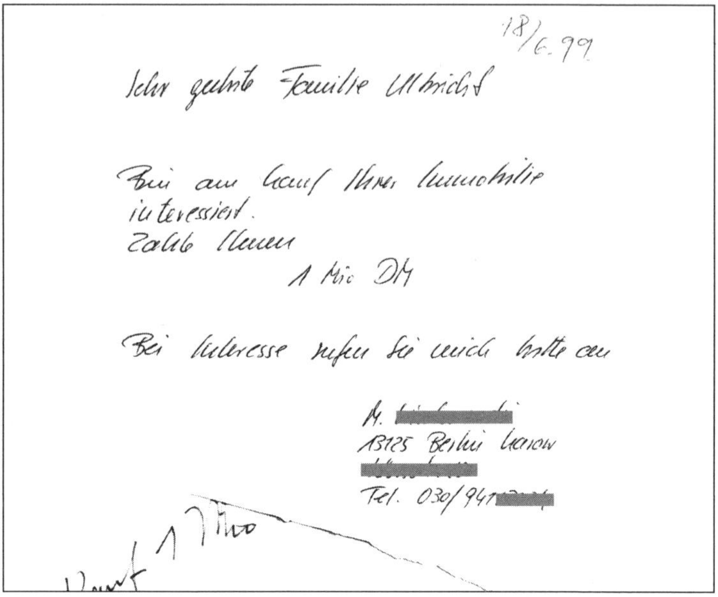
18/6.99

Sehr geehrte Familie Ulbricht

Bin am Kauf Ihrer Immobilie interessiert.
Zahle Ihnen
1 Mio DM

Bei Interesse rufen Sie mich bitte an

M. [redacted]
13125 Berlin Karow
[redacted]
Tel. 030/941[redacted]

1 Mio

Berlin, 5. August 1999

»Sehr geehrte Frau Ulbricht,
ich weiß, daß Sie eigentlich nicht mir Journalisten reden. Aus verschiedenen Gründen kann ich Ihre Abneigung auch verstehen. Trotzdem möchte ich Sie fragen, ob Sie nicht doch für ein Gespräch zur Verfügung stehen würden. Es geht nicht um Beschuldigungen oder verspätete Abrechnungen, sondern um die Geschichte Ihres Lebens. Gerade für die Generation der jungen Ostdeutschen, zu der ich persönlich zähle, wäre Ihre Lebensgeschichte von höchstem Interesse. Gibt es doch heute nur noch wenige, die wie Sie Geschichte persönlich erlebt und mitgestaltet haben. Vielleicht haben Sie ja doch etwas Zeit und Lust, über Ihre vielen interessanten Erlebnisse und Erfahrungen zu sprechen.
Gerade jetzt – zehn Jahre nach dem Mauerfall – fände ich es wichtig, daß auch die Stimme der früheren politischen Elite der DDR gehört und ernst genommen wird. Es würde mich deshalb sehr freuen, wenn Sie mir ein wenig Zeit einräumen könnten. Es wäre schön, wenn Sie mir antworten würden.
Mit freundlichen Grüßen
Jana S.«
*(Handschriftlicher Vermerk Lotte Ulbrichts:* persönlich überbracht, 5.8.99 – *d. Hrsg.)*

Detmold, 21. Januar 2000

»Sehr geehrte Frau Ulbricht,
ich bin Student und interessiere mich sehr für die deutsche Geschichte. Haben Sie noch einen oder mehrere handgeschriebene Briefe Ihres Mannes, die Sie mir für 50,- bis 100,-/pro Stück verkaufen könnten?
Ich bin nächste Woche Donnerstag wieder in Berlin (alle vier Wochen) und könnte Ihnen die Schreiben gleich bar bezahlen.
Sie würden mir als Handschriftensammler eine große Freunde machen (keine Veröffentlichung oder so was), und vielleicht können Sie das Geld ja auch brauchen.
Mich würden auch Autographen von anderen Staatsleuten an Ihren Mann interessieren, z. B. von O. Grotewohl, Pieck … u. v. m. Ich hoffe auf Antwort und grüße Sie herzlichst
Ihr Thomas H.«

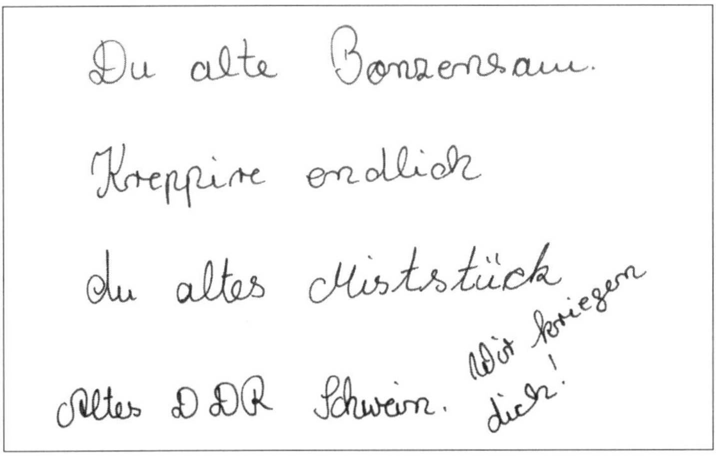
Du alte Bonzensau.
Krepiere endlich
du altes Miststück
Altes DDR Schwein.
Wir kriegen dich!

Auch solcher Dreck fand sich in Lotte Ulbrichts Post. Diese Karte ohne Absender ging am 26. März 2001 ein: Am gleichen Tage hatte BILD den untenstehenden Beitrag veröffentlicht

Bild
Brandenburg

**Zwei Demos**
EBERSWALDE. 300 Neonazis sind am Sonnabend durch Eberswalde (Barnim) marschiert. An dem vom „Jungen Nationalen Spektrum“ veranstalteten Aufmarsch beteiligten sich Berliner und Personen aus ganz Brandenburg. Zu einer Gegendemonstration waren knapp 200 Menschen gekommen. Beide Züge begegneten sich zweimal.

**Niveau in der Schule sinkt**
POTSDAM. Der Verband Brandenburgischer Realschullehrer lehnt die von Bildungsminister Steffen Reiche (SPD) geplante Schaffung von Sekundarschulen ab. Mit dieser neuen Schulform werde das Niveau im mittleren Bildungsbereich erheblich verringert, sagte der Vorsitzende des Verbands.

# Lotte Ulbricht: „Mir geht's gut!“

## Im April wird Walters Witwe 98. Sterben will sie noch lange nicht

Der Gatte war stahlhart. Sie aber ist härter. **Lotte Ulbricht. Die First Lady des deutschen Stalinismus.** Weil sie einen Krankenhausbesuch verweigerte, munkelte man im Klinikum Buch: **Mit der geht's zu Ende. Die will zu Hause sterben.** Ach, wirklich? BILD macht den Klingeltest…

Niederschönhausen, Majakowski-Ring 12. Ein gelber Eisenzaun sichert die Villa; an der Pforte prangt selbstbewusst: Ulbricht. Daneben ein Bitte-Schild am Briefkasten: „Bitte keine Reklame einwerfen.“ Kleine Konzession an den Kapitalismus.

Fünf Minuten nach dem Klingeln geht die Tür auf.

…**cker, alle.** Der SPIEGEL schrieb: „Ist ganz klar im Kopf, weiß alles und schweigt eisern.“

**Verstecken aber tut sie sich nicht.** Ruft 20 Meter über den Gartenzaun weg: „Mir geht's gut, wirklich gut. Glauben Sie mir!“ Und, als Grundsatz-Kommuniqué: „Ich will mit niemandem sprechen. Ich habe Ihnen nichts mitzuteilen.“ Dreht sich um, klappt per Krücke die Tür zu.

Mitzuteilen hat dafür Mario Frank (42) was. Der gebürtige Rostocker hat jahrelang das Leben des SED-Spitzbarts erforscht; jetzt ist das Werk erschienen: **„Walter Ulbricht. Eine deutsche Biografie“** (Siedler, 48 Mark). Hat dafür sogar die Akten der Kommunistischen Internationale in Moskau durchwühlt. „Ulbrichts Traum war der Sowjetstaat in Deutschland.“ Lotte hat mitgeträumt.

**Geblieben – sind Witze.** Etwa auf der Internet-Seite der „Freien Republik Laputa“, Volkskommissariat für Spitzbartpflege“ …

Ein offizielles Foto, 1968

Leverkusen, 29. Mai 2001

»Sehr verehrte Lotte Ulbricht,
viele haben mich gewarnt, die meisten haben mich für verrückt erklärt und alle haben müde lächelnd abgewunken. Der Grund für die Reaktionen meiner Freunde und Kollegen war meine Ankündigung, mich mit Ihnen in Verbindung setzen zu wollen. ›Laß es bleiben‹, hieß es, ›sie sagt nichts, und Journalisten sind auch nicht gerade ihre bevorzugten Gesprächspartner‹.
Das weiß ich alles, ich weiß auch, daß Sie nichts mehr sagen wollen ... und versuche es dennoch. Mehr als eine Abfuhr, so denke ich jedenfalls, kann ich mir nicht holen, und vielleicht habe ich ja doch eine Chance.
Ich bin freie Journalistin und arbeite derzeit für den Mitteldeutschen Rundfunk an einer Reportage über die Geschichte des Hotels ›Rennsteig‹ in Oberhof. Das Hotel wird, nachdem es fast 10 Jahre dem Verfall preisgegeben war, abgerissen. Nach 1989 gab es in Sachen ›Rennsteig‹ nur noch Mißmanagement, dubiose Neu-Eigentümer, eine machtlose Treuhand, eine willige, aber mittellose Kommune, in keinem Fall aber tragbare Ideen und Investitionen, die das Hotel vor dem Abriß hätten bewahren kön-

nen. In neun Monaten kommen die Bagger und alles was bleibt, sind eine kahle Ortsmitte und die Erinnerungen.
Während der Recherchen zu Oberhof und dem Bau des Hotels bin ich durch verschiedene Leute, u. a. den ehemaligen Bürgermeister, Herrn Hackel, immer wieder mit der persönlichen Vorliebe und Verbundenheit Ihres verstorbenen Gatten zu diesem Landstrich konfrontiert worden. Letztlich konnte mir keiner so richtig erklären, warum es Walter Ulbricht so oft nach Oberhof gezogen hat und warum er ausgerechnet auf die Gestaltung dieses Örtchens so nachhaltigen Einfluß ausgeübt hat.
Darüber würde ich mich gerne mit Ihnen unterhalten. Wie gesagt, ich arbeite an einer Reportage und die lebt von den Eindrücken, von dem, was die Leute erlebt oder gesagt haben. Ich möchte mich nicht nur damit zufrieden geben, was ›Dritte‹ zu bestimmten Sachverhalten meinen, wenn ich eine erste Wahl habe.
Deshalb meine ganz herzliche Bitte an Sie, mir doch ein paar Minuten mit Ihnen einzuräumen. Ich komme, wann immer Sie Zeit hätten, nach Berlin. Ich brauche nur ein bißchen Vorwarnzeit, da ich drei Kinder habe und deren Betreuung vorab sichern müßte.
Zum Schluß möchte ich Ihnen noch mitteilen, was mich eigentlich recht zuversichtlich stimmt und auch veranlaßt hat, es mit diesem Brief zu versuchen.
Als fünfjähriges Mädchen habe ich überall stolz erzählt, daß ich fast Lotte und Walter Ulbricht getroffen habe. Mein Vater ist damals Kaufhallen-Leiter in Halle-Neustadt gewesen und ›Staatsbesuch‹ hatte sich angesagt. Ich war total sauer, daß ich nicht dabeisein durfte, denn alle berichteten amüsante Details von diesem Vormittag in der Kaufhalle, und, so hieß es, Sie seien besonders angenehm und lustig. Diese Erzählungen haben mich damals ungemein fasziniert. ›Wenn ich groß bin‹, dachte ich, ›kann ich auch die ganzen wichtige Leute treffen‹. Das blieb ein Kleinmädchentraum, aber diese Begebenheit habe ich nicht vergessen, und vermutlich scheint es mir deshalb so selbstverständlich, Ihnen, nach inzwischen 33 Jahren, zu schreiben.
Vielleicht schaffe ich es ja jetzt, Sie zu treffen. Darauf hoffend verbleibe ich mit freundlichen Grüßen
Anka R.«

»Ich war total sauer, daß ich nicht dabeisein durfte, denn alle berichteten amüsante Details von diesem Vormittag in der Kaufhalle, und, so hieß es, Sie seien besonders angenehm und lustig.«
Lotte Ulbricht 1962/63 in Dresden

April 1997.
Die 94jährige Lotte Ulbricht am Eingang zu ihrem Haus

# Abschied von Lotte Ulbricht

Die meisten Menschenleben scheinen »plötzlich und unerwartet« zu enden – glaubte man den Todesanzeigen. Das stimmt natürlich nicht, sofern es sich nicht um einen Unglücksfall handelte. Bei jedem Menschen beginnt die biologische Uhr bei der Geburt zu ticken. Uns ist ein bestimmtes Quantum an Zeit gegeben. Ist es verbraucht, sind es auch unsere Sinne und unser Körper.

Lotte Ulbricht hatte ein Alter erreicht, das man gemeinhin als gesegnet bezeichnet. 80 Jahre sind heute kaum eine Hürde, 90 quittiert man mit Respekt, und wenn es auf die 100 zugeht, stiehlt sich Bewunderung ins Auge der Jüngeren. Allerdings relativiert sich das, wenn man den Preis des Alterns betrachtet. Auch Lotte Ulbrichts letzte Jahre waren belastend. Der Körper schmerzte und kündigte zunehmend den Dienst auf – und der wache Verstand mußte diesen Abbau tatenlos registrieren.

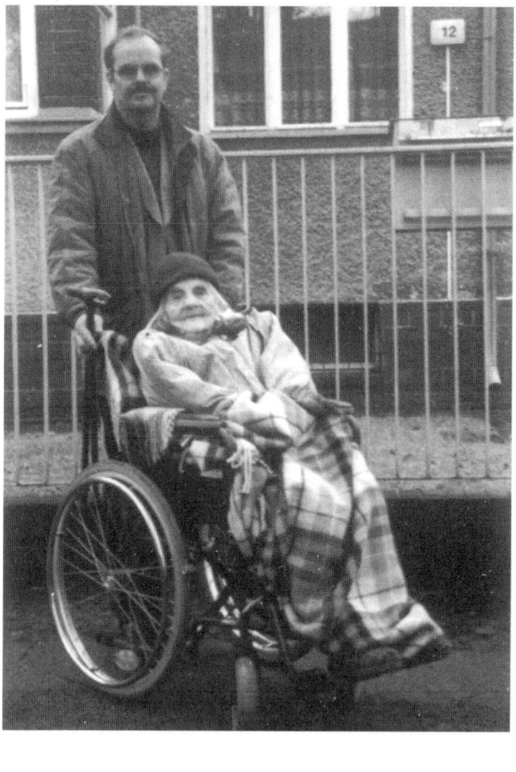


Februar 2002: letzte Aufnahme von Lotte Ulbricht vor ihrem Hause (mit Michael Pardon), etwa drei bis vier Wochen vor ihrem Ableben – zwischen den beiden Bildern auf dieser Seite liegen genau fünf Jahre

Februar 2000

Im Frühsommer 2001 war sie mit einem Schwächeanfall ins Krankenhaus gebracht worden. Sie war im Garten gestürzt und konnte sich nicht mehr mit eigener Kraft erheben. So lag sie denn die ganze Nacht, ehe die Nachbarn ihre Hilferufe vernahmen und den Rettunsgdienst riefen.

Die Unterkühlung war bald überstanden. Aber Wiederholung nicht unmöglich. Andere gehen unter solchen Umständen ins Heim, um sich sicher zu wähnen. Daß dies auch nur eine Illusion ist, weiß man inzwischen aus einschlägigen Berichten. Lotte Ulbricht schien dieses zu kennen und zog es darum vor, daheim ihren Lebenslauf zu beschließen. Nein, versicherte sie allen, sie bleibe. Einen Umzug in ein Heim verweigerte sie auch dann noch, als sie längst zum Pflegefall geworden war. Dreimal am Tag schauten die freundlichen Mitarbeiterinnen der Diakonie Niederschönhausen vorbei. Uschi Seidler, die ihr – nicht ahnend, wie alt Lotte Ulbricht werden würde – vor langer Zeit einmal erklärt hatte, sie wolle für sie bis ans Ende ihrer Tage sorgen, war, als sie selbst 65 geworden, vom Angebot der Vollversorgung zurückgetreten. Sie besorgte ihr aber weiter die Wäsche und die Post, die Geldangelegenheiten und andere Gänge. Doch eine Rundumversorgung ging über ihre Kraft. Zumal sie nicht nur ein paar Häuser, sondern etliche Straßen weiter wohnte.

So bemerkte sie auch nicht, als Lotte Ulbricht irgendwann an einem Abend im Februar 2002 in ihrer Bibliothek von der Leiter stürzte. Dabei schlug sie sich den Arm auf. So fand sie morgens die Frühschwester von der Diakonie. Man brachte sie wieder mit Blaulicht nach Buch ins Krankenhaus. Doch noch schneller als der Notarzt trafen die Paparazzi ein, um von der Hilflosen Fotos zu machen. Unerheblich, ob der Polizeifunk abgehört oder dort die Nachricht durchgesteckt wurde: Widerlich ist solches allemal. Nach einigen Tagen kehrte sie zurück. Denn Lotte Ulbricht war nicht krank, sondern nur alt.

Aber sie wurde nun zusehends schwächer, aß und trank wohl auch ungenügend. Dabei empfing sie noch Besucher. Schließlich dämmerte sie eines Nachts friedlich hinüber. Eingewickelt in ihr Bettzeug wie immer, mit einem leichten Lächeln im Gesicht, unter

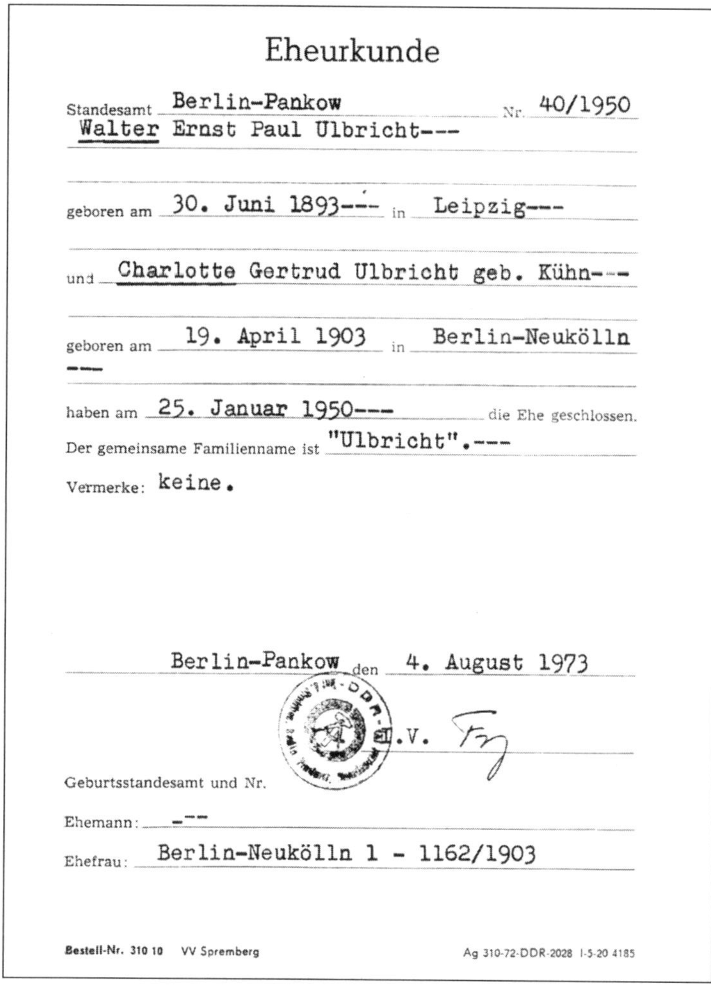

Eheurkunde

Standesamt Berlin-Pankow Nr. 40/1950

Walter Ernst Paul Ulbricht---

geboren am 30. Juni 1893--- in Leipzig---

und Charlotte Gertrud Ulbricht geb. Kühn---

geboren am 19. April 1903 in Berlin-Neukölln ---

haben am 25. Januar 1950--- die Ehe geschlossen.

Der gemeinsame Familienname ist "Ulbricht".---

Vermerke: keine.

Berlin-Pankow den 4. August 1973

I.V.

Geburtsstandesamt und Nr.

Ehemann: ---

Ehefrau: Berlin-Neukölln 1 - 1162/1903

Bestell-Nr. 310 10 VV Spremberg Ag 310-72-DDR-2028 I-5-20 4185

Eheurkunde von Lotte und Walter Ulbricht.
Die Ehe wurde am 25. Januar 1950 in Berlin-Pankow geschlossen und neuerlich am 4. August 1973, drei Tage nach Ulbrichts Ableben, in Pankow beurkundet

dem Bild von Walter, ihrer einzigen und großen Liebe. Der Arzt stellte am 27. März 2002 fest, daß morgens gegen 4 Uhr ihr Herz aufgehört hatte zu schlagen.

Das Haus war geordnet. Der Hocker in der Küche, wo sie gelegentlich saß, stand korrekt im rechten Winkel. Von dort sah sie den Vögeln zu, die sich im Futterhäuschen vorm Fenster balgten. Im Wohnzimmer, wo sie ihr Essen einnahm, stand alles an seinem Platz. Die Orden und Medaillen in ihren roten Schächtelchen waren säuberlich im Schranksafe gestapelt. Da hatte sie zwar jüngst den Schlüssel verschusselt, aber der Mann von Inge Pardon wurde gebeten, das Schloß in ihrem Beisein zu knacken. Als

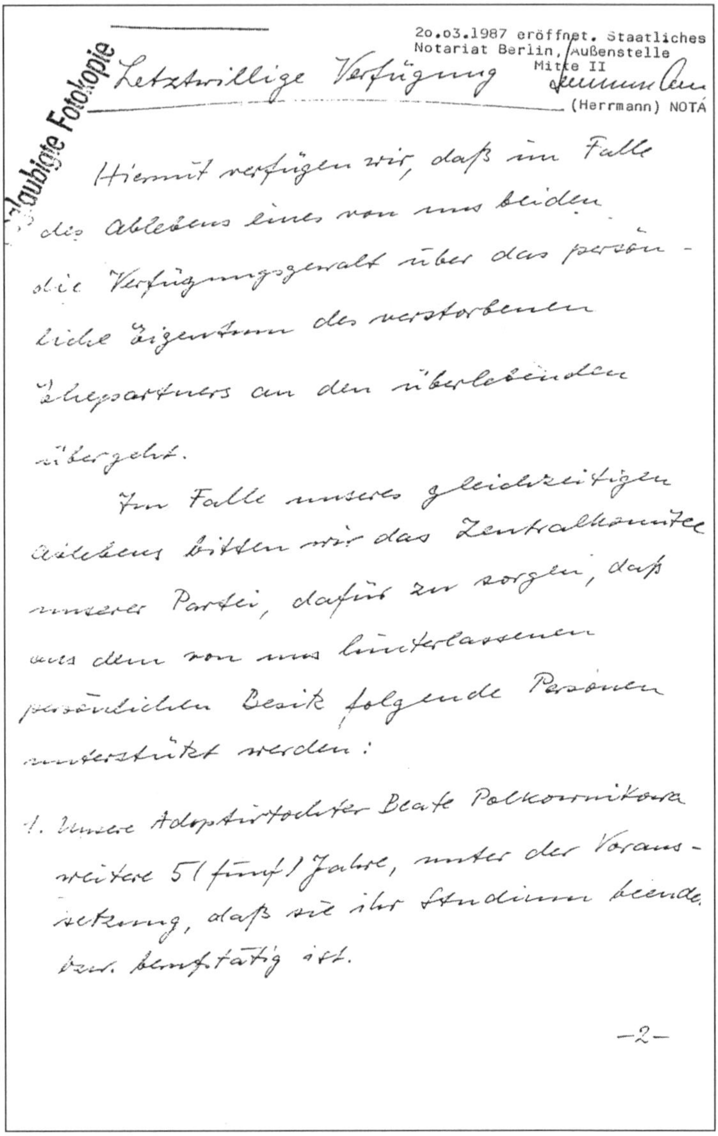
20.03.1987 eröffnet. Staatliches Notariat Berlin, Außenstelle Mitte II

(Herrmann) NOTÁ

…laubigte Fotokopie

Letztwillige Verfügung

Hiermit verfügen wir, daß im Falle des Ablebens eines von uns beiden die Verfügungsgewalt über das persönliche Eigentum des verstorbenen Ehepartners an den überlebenden übergeht.

Im Falle unseres gleichzeitigen Ablebens bitten wir das Zentralkomitee unserer Partei, dafür zu sorgen, daß aus dem von uns hinterlassenen persönlichen Besitz folgende Personen unterstützt werden:

1. Unsere Adoptivtochter Beate Polkownikowa weitere 5 (fünf) Jahre, unter der Voraussetzung, daß sie ihr Studium beendet bzw. berufstätig ist.

-2-

Walter und Lotte Ulbricht setzten gemeinsam diese »Letztwillige Verfügung« am 28. Juni 1971 auf. Sie wurde am 20. März 1987, fast 14 Jahre nach dem Ableben Ulbrichts, vom Staatlichen Notariat Berlin, Außenstelle Mitte II, eröffnet

dies getan, hatte er den Raum zu verlassen. Man schaute nicht in fremder Leute Tresor, auch wenn man diesen geöffnet hatte und auch sonst irgendwie zur Familie gehörte.

Uschi Seidler, die sich im letzten Jahrzehnt sehr um sie kümmerte, »aus Mitleid«, wie sie sagte, war die gute Seele. Wenn Lotte Ulbricht rief – und das konnte auch mitten in der Nacht sein –,

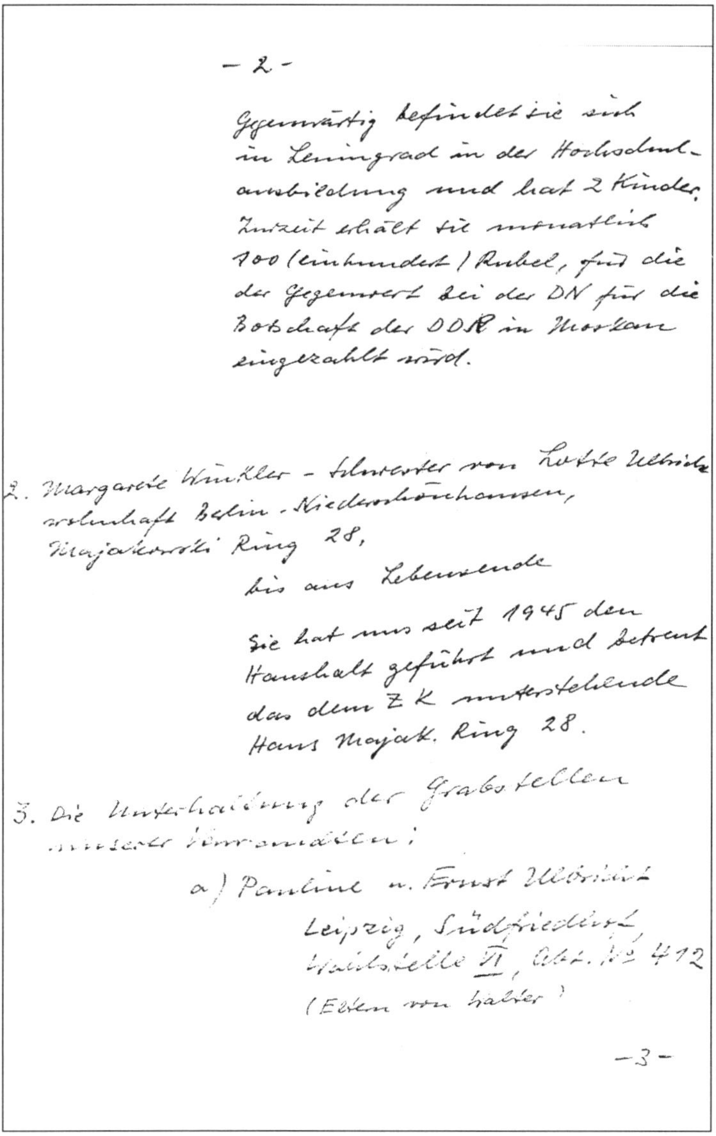


schwang sie sich aufs Fahrrad und fuhr in den Majakowskiring. Nicht minder rasch kamen Uschi oder Michael Benjamin, die es etwas näher hatten. Die Freundschaft war älteren Datums und rührte noch aus DDR-Tagen. So teilte man denn nicht nur die Zeit, sondern oft auch das Essen miteinander. Lotte Ulbricht machte sich an manchem Fest- und Feiertag auf den dreiminüti-

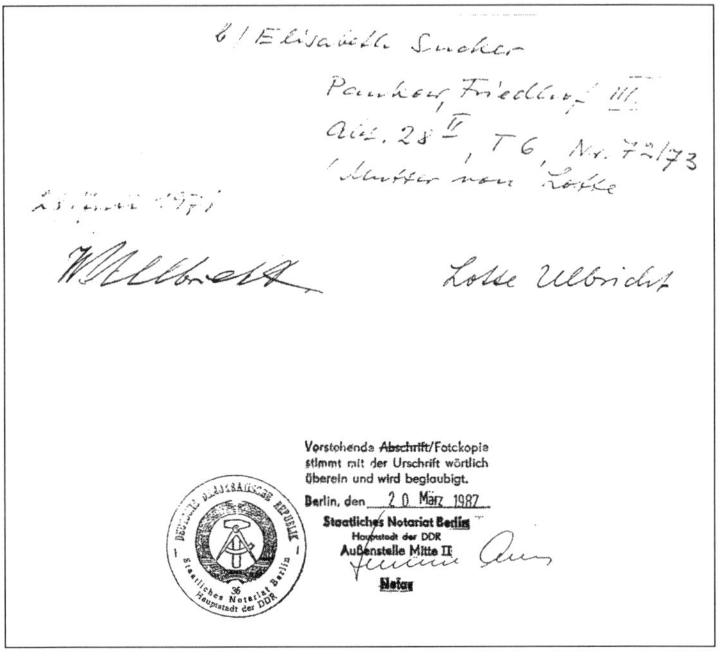
Lotte Ulbricht

Vorstehende ~~Abschrift~~/Fotokopie stimmt mit der Urschrift wörtlich überein und wird beglaubigt.

Berlin, den 20. März 1987

Staatliches Notariat Berlin
Hauptstadt der DDR
Außenstelle Mitte II
Notar

Deutsche Demokratische Republik
Staatliches Notariat Berlin
Hauptstadt der DDR
36

gen Fußweg, um an der Festtafel im Hause Benjamin Platz zu nehmen. Oder diese brachten etwas vorbei. Der Professor begleitete sie auch ins Schauspielhaus oder besorgte nötige Gänge, die ihr zunehmend schwerer fielen. Ob aber er den Vorschlag machte, wohin sie ihr letzter Gang führen sollte, steht dahin.

Natürlich gehörte die Asche einer Sozialistin, zumal einer solchen, auf den Friedhof der Sozialisten. Dorthin, wo auch ihr Mann beigesetzt wurde. Doch da war sie energisch wie stets: Nein, sie sei nicht so bedeutend, daß man sie dort beisetze. Sie wolle anonym bestattet werden.

So verfügte sie also in ihrem handschriftlich am 20. März 1996 aufgesetzten Testament: »Ich wünsche mir eine Wiesenbestattung und, wenn möglich, bei der Bestattung das Abspielen des Trompetensolos ›Silencio‹ in der Ausführung von Prof. Güttler.«

Der Pointe und des vermeintlichen Konfliktes wegen kommentierte die Presse, sie habe zu ihrem Mann nicht gewollt. Sie muß es geahnt haben. So erklärte sie vorab: In der Gedenkstätte der Sozialisten sei nur Platz für die Führer der Partei, sie sei nur deren Dienerin gewesen. Das war sie wohl. Dennoch geht, wie meist, auch diese Deutung an der Realität vorbei.

»Ich bin Preuße«, hatte sie gesagt. (Nebenbei: Etlichen ihrer Freundinnen stieß diese Selbstcharakterisierung dumpf auf. Weil sie nicht »Preußin« gesagt hatte.) Damit hob sie aber nicht auf ihre Gesinnung ab, sondern auf den mit stoischem Gleichmaß abgewickelten Tagesablauf.

8 Uhr: Wecken, danach zehn bis fünfzehn Minuten Frühsport (in den letzten Jahren im Bett)

Danach: waschen und ankleiden

Sodann: Frühstück, und das bedeutete jeden Tag 1 Scheibe Graubrot mit Butter, 1 Schälchen Magerquark (in das sie nur gelegentlich etwas Schnittlauch gab), 2 Tassen Kaffee (türkisch. Wenn man nicht die Krümel spüre, sei es kein Kaffee, behauptete sie), 1 Glas Milch und 1 Löffel Honig pur. (In den letzten Jahren wurde aus dem Löffel oft ein ganzes 125g-Glas, dessen Verzehr, da sie nicht mehr gut sehen konnte, den Tisch arg in Mitleidenschaft zog. Gleichwohl versagte sie sich sonst den Genuß süßer Sachen. Die seien ungesund, sagte sie. Aber wenn man ihr ein paar weiße Rafaello-Kügelchen mitbrachte, waren diese blitzschnell verspeist.)

An den Wochenenden wurde das Graubrot gegen Weißbrot mit Konfitüre getauscht – »damit ich merke, daß Sonntag ist«.

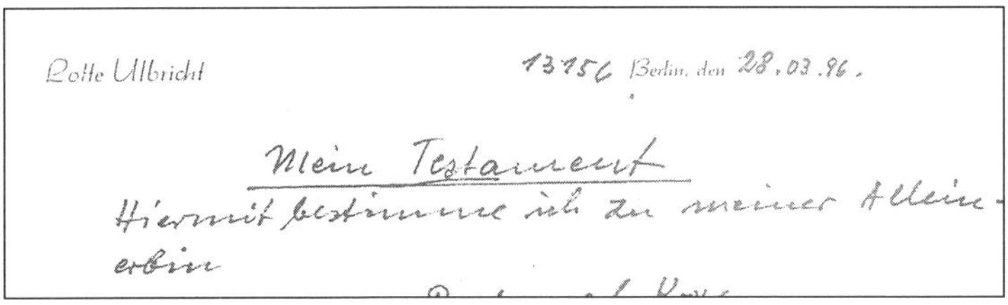
Lotte Ulbricht 13156 Berlin, den 28.03.96.

Mein Testament

Hiermit bestimme ich zu meiner Alleinerbin

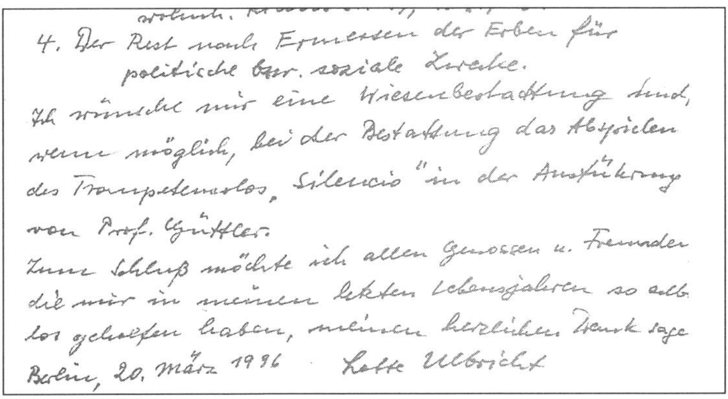
4. Der Rest nach Ermessen der Erben für politische bzw. soziale Zwecke.

Ich wünsche mir eine Wiesenbestattung und, wenn möglich, bei der Bestattung das Abspielen des Trompetensolos „Silencio" in der Ausführung von Prof. Güttler.

Zum Schluß möchte ich allen Genossen u. Freunden die mir in meinen letzten Lebensjahren so selbstlos geholfen haben, meinen herzlichen Dank sage

Berlin, 20. März 1996 Lotte Ulbricht

Auszug aus dem persönlichen Testament Lotte Ulbrichts vom 20. März 1996

Porträt in den 90er Jahren

Dem Frühstück schloß sich das Zeitungsstudium an. Sie war nur auf ein Blatt abonniert, und gab jemand in ihrer Umgebung Kunde, daß er (oder sie) diese oder jene Gazette aus dem Westteil Berlins gelesen habe, setzte es Kopfschütteln oder einen mißbilligenden Blick. Brachte man ihr aber einen ausgeschnittenen Beitrag aus eben jenen Zeitungen, von dem man annahm, er könnte sie interessieren, las sie ihn mit sichtlichem Wohlgefallen.

Neben dem »Neuen Deutschland« akzeptierte sie keine andere Zeitung, auch dann nicht, als dieses immer beliebiger wurde, also genau das vermissen ließ, was sie so schätzte: die deutliche Ansage. Und sie studierte das Blatt wie seit Jahrzehnten mit Rotstift (für Unterstreichungen) und im starren Ablauf: politischer Teil,

Leitartikel, Feuilleton. Da sie (»zum Nachlesen«) die Tagespresse nach der Lektüre beiseite legte (auch weil sie grundsätzlich nichts freiwillig wegwarf), stapelten sich im Zimmer die alten Zeitungen.

Nach der Zeitung las sie Bücher. Nicht nur politische, ein weit gefächertes Spektrum: Sebastian Haffners »Leben eines Deutschen« verschlang sie, »Herbst 89« von Egon Krenz (mit Signum vom 1.9.99). Sie las Werner Eberleins Memoiren »Geboren am 9. November« und sah sich genötigt, ihn nach 23 Uhr wegen eines Satzes ans Telefon zu rufen. Nein, sie habe nicht den dominierenden Part bei den Ulbrichts gespielt, widersprach sie, und Eberlein antwortete ruhig, er habe nur seine persönliche Meinung gesagt und halte dies für zulässig. Daraufhin erklärte Lotte Ulbricht wie gewohnt resolut, nun sei er für sie gestorben. Das hinderte Werner Eberlein jedoch nicht, an ihrer Beisetzung teilzunehmen.

Es ist nicht bekannt, ob Eberlein auch mit ihr das Gespräch über ihre zeitweilige gemeinsame Heimat gesucht hat. Mit Ulbricht, für den er dolmetschte, hat er sich nicht darüber unterhalten. Hugo Eberlein, Ulbrichts Kampfgefährte, gehörte zu jenen, die Stalins Terror zum Opfer fielen. Andere, die mit Lotte Ulb-

Das HO-Kaufhaus am Berliner Alexanderplatz – hier bei einem Besuch von Chruschtschow im Jahre 1963. Im Hintergrund das noch im Bau befindliche Haus des Lehrers. Lotte Ulbricht reklamierte für sich die Erfindung des Begriffs »Handesorganisation«, als HO

richt über die dunklen Seiten der Sowjetunion sprachen, berichteten, daß sie »keine Luft« an diese Frage gelassen habe, was wohl soviel bedeutete wie: Die Sowjetunion war ein Pionier des Menschheitsfortschritts und basta. Für sie galt unverändert das »russische Wunder«. Aus feudaler Finsternis sei das Land binnen weniger Jahrzehnte zur Industrie- und Weltmacht aufgestiegen, und das aus eigener Kraft. Nur das zähle. Stalin sah sie durchaus kritisch, aber er war eben nur einer – und nicht ein System politischer Machtausübung. Selbst als schon die UdSSR zerbrochen war und Rußland einen Trinker als neuen Zaren ausrief, der nun wirklich die Bezeichnung »Renegat« verdient hatte, wies sie noch immer jedes üble Wort an diese Adresse in die Schranken. Die Solidarität wurzelte tief. Sie war uneingeschränkt und unverbrüchlich. Wer über sieben Jahrzehnte den Anfeindungen des Imperialismus ausgesetzt war, brauchte auch jetzt Beistand. Und dabei übersah sie, daß diese Sympathie nicht nur nicht nötig, sondern gänzlich deplaziert war. Der Kreml hatte nicht nur das Personal, sondern auch das Lager gewechselt. Willkommen im Klub der Kapitalisten und Kriminellen.

Es gab Konstanten im Leben von Lotte Ulbricht. Das war so eine. Man mag darüber den Kopf schütteln oder es bewundern: Hilfreich ist solches Beharren allemal, um sich in einer immer verworreneren Welt zurechtzufinden. Es gibt ja doch »ewige Wahrheiten«. Regen fällt immer von oben nach unten, und wer viel hat, will noch mehr besitzen.

Gegen 11 Uhr erschien Irmgard Rothaar, mit der sie eine Stunde spazierenging. Jeden Tag, so lange sie eben noch laufen konnte. Später genoß sie die frische Luft vom Rollstuhl aus.

12 Uhr gab es Mittagessen. Das hatte ihr Inge Bastik bereitet. In den letzten Jahren kam das Essen auf Rädern von der Volkssolidarität bzw. die Diakonie-Schwestern sorgten dafür. Zuweilen bereitete sie es sich auch selbst zu.

Nach dem Mittagessen ruhte sie von 13 bis 15 Uhr. Dazu legte sie sich auch ins Bett. Die Ruhepausen wurden mit den Jahren immer länger. Danach nahm sie einen Kaffee und einige Kekse. Anschließend las sie wieder, führte Gespräche oder besprach mit ihren Vertrauten Dinge, die zu regeln waren. 17 Uhr ging der Fernseher an. Nicht vorher. Und vor diesem saß sie, bis der Schlaf sie übermannte. Ihr besonderes Augenmerk, wen wundert's, galt den Nachrichten- und Magazinsendungen. Sie sah gern Naturfil-

18. September 1995: Lotte Ulbricht mit Uschi Seidler und zwei anderen Kurpatienten in Bad Elster

me, aber auch Spielfilme verschmähte sie nicht. Nur die privaten Kanäle mied sie. Wegen der entsetzlichen Werbung.

Ihre seinerzeit gegenüber Eberhard Fensch geäußerte Befürchtung über eine mögliche Entwicklung dieses Mediums hatte sich erfüllt. Sie sah die Proportionen zwischen Information, Bildung und Unterhaltung deutlich verschoben. Nichts gegen ein wenig Zertreuung. Aber wenn sich die Aufnahme der Wirklichkeit darauf reduzierte, war das erkennbar zu wenig. Und auch gefährlich. Sie glaubte die Gefahren und Folgen massenhafter Verdummung zu kennen.

Zwischendurch, so gegen 19 Uhr, gab es das Abendessen. Es war so spartanisch wie die anderen Mahlzeiten. Meist nahm sie ein warmes Süppchen zu sich. Ganz traditionell: auf Hühnerbrühenbasis. Und sehr gesundheitsbewußt: mit viel Gemüse. Möhren ausgenommen. Die mochte sie überhaupt nicht. Die Abneigung schien anhaltend zu sein und tiefer zu wurzeln als die gegen Speiseeis. Da konnte sie ja doch mitunter schwach werden. Aber Mohrrüben: nein, nein und nochmals nein.

Ab Mitte 2000 konnte sie nur noch mit der Lupe lesen, und das Fernsehen nahm sie auch nur mit den Ohren wahr. Dennoch erlosch das grundsätzliche Interesse an der Politik nicht. Sie bewegte sich fest im Koordinatensystem tradierte Positionen, womit

Lotte Ulbricht bei einer Zusammenkunft der PDS-Basis am 1. Mai 1992

sie im Grundsätzlichen richtig lag. Bevor die Türme in Manhatten einstürzten und Afghanistan in den Mittelpunkt des Weltinteresses rückte, erklärte sie mit felsenfester Überzeugung, die Amerikaner marschieren nach Kabul, und der Krieg werde auch Deutschland erreichen. So sollte es auch kommen.

Auch wenn sie Schröder Kohl vorzog, stand ihr Urteil über die SPD fest: Steigbügelhalter. Das hatte die KPD schon Ende der 20er Jahre behauptet und auf dem VII. Weltkongreß der Komintern als falsche Bewertung selbstkritisch und schamhaft zu den Akten gelegt. Doch im Alter kehrte sie wieder, nach einer Reihe weiterer Enttäuschungen, zu jener Ursprungsthese zurück. Wiewohl sie auch hier eine gewisse Inkonsequenz offenbarte: Dem Begehren der wiedergegründeten KPD, sich ihr anzuschließen, gab sie nicht nach. (»Die hat keine Chance.«) Sie blieb bis zuletzt in der PDS und deren treuer Wähler.

Die Partei des demokratischen Sozialismus war aus der SED hervorgegangen, und die Einheitspartei wiederum war das Werk von Walter gewesen. Schon deshalb blieb sie bei der Fahne. Doch die Politik der PDS mochte sie nicht sonderlich. Deren Weg in die Parlamente lehnte sie ab (obgleich sie letztlich dafür stimmte). Wer sich auf die Spielregeln des bürgerlichen Staates einließe, würde dessen Opfer, argwohnte sie. Sie favorisierte eindeutig den Massenprotest auf der Straße. Und ihr paßte der »theoretische Kram« nicht, womit sich die Partei angeblich befaßte. Dazu wäre *jetzt* nicht die Zeit. So kam es, daß sie Sahra Wagenknecht, die Vertreterin der Kommunistischen Plattform, zwar bewunderte, wie sie etwa in Talkshows und bei anderen Fernsehauftritten souverän ihre Positionen vertrat. Aber auch das war ihr zu theoretisch. Es müsse mehr »für die Arbeiter« getan werden, sagte Lotte Ulbricht. Sie zog die Straßenschlacht eindeutig dem Wortgefecht vor. Womit mit Straßenschlacht nicht der Barrikadenkampf gemeint war, sondern die elementare Auseinandersetzung um sozialen Fortschritt.

Und auch in ihren Urteilen über die jeweils herrschenden Führer der Partei war sie ganz Traditionalist. Man schoß nicht auf gekrönte Häupter! Nie hörte man von ihr ein abfälliges Wort über Honecker. Als dieser Anfang 1990 durch die DDR gehetzt wurde, weil niemand dem Gestürzten Obdach geben wollte, rief ein besonders origineller Journalist über ihren Gartenzaun, ob sie ihn nicht beherbergen wolle. Sie schlug wütend und wortlos die Tür

Die Zuneigung wurde von der PDS-Führung nicht erwidert. Ob MfS oder Lotte Ulbricht, Egon Krenz oder andere einstige SED-Funktionäre: Ihre Stimme nahm man gern, nicht aber deren Bekenntnis. Die Heuchelei war offensichtlich.
Als die neue Vorsitzende anfragen ließ, ob man Lotte Ulbricht unterstützen könne, freute sich diese und meinte, es wäre schön, wenn jemand ein-, zweimal die Woche vorbeikäme, um ihr die Zeitung vorzulesen, sie könne dies nicht mehr selbst. Als sich nach vier Wochen nichts tat, ließ sie im Büro Zimmer anrufen. Dort hieß es, man habe bei der zuständigen PDS-Basisgruppe nachgefragt, und dort habe es geheißen: Da könnte ja jeder kommen!

August 1998 an ihrer Tür – die meist offenstand

zu und erklärte hinter derselben ihren Vertrauten: »Natürlich würde ich den Erich aufnehmen.« Es gab Solidarität und Großmut jenseits aller Verletzungen und Demütigungen.

Umso enttäuschter gab sie sich, daß Margot Honecker sich nicht aus dem Exil bei ihr meldete. Sie wartete auf ein Zeichen. Und stellte sich die Frage nicht, ob nicht auch sie den ersten Schritt gehen könnte. Das, so schien es, gestattete ihr Stolz nicht. Oder es wäre ihr nicht in der Ordnung erschienen.

Gysi mochte sie nicht. Zu intellektuell, ein Winkeladvokat. Bisky stand ihr näher. Der war in ihren Augen solide, verläßlich, berechenbar. Gorbatschow: ein Verräter. Castro: ein Idol. Für Fidel schwärmte sie wie ein junges Mädchen. Ende der 70er Jahre hatte sie die Zuckerrohrinsel besucht. Davon zehrte sie bis ans Ende ihrer Tage. Das strahlende Bild der Erinnerung ließ sie nicht durch Berichte trüben, die ihr andere lieferten. So erzählte ihr Uschi Seidler von einer Zigarrenfabrik, die sie in den 90er Jahren während des Urlaubs besucht hatte. Die Frauen hätten in stickiger Luft dicht bei dicht in einer Halle gesessen, und zwischen den Reihen seien die Vorarbeiter oder Brigadiere wie Aufseher auf und ab gelaufen. Es habe nur noch gefehlt, daß sie die Peitsche geschwungen hätten, meinte Uschi Seidler. »Das siehst Du falsch«, hatte Lotte Ulbricht reagiert. Das Embargo des Westens und der Zusammenbruch des Ostens hätten Kuba in tiefe Not gestürzt. Und trotzdem schlage Kuba noch immer viele Staaten in der Dritten Welt in sozialen Belangen um Längen. Gleichwohl nötigte die kapitalistische Welt dem geschwächten Kuba Dinge auf und trotzte Zugeständnisse ab, die weder sozialistisch noch fortschrittlich waren.

Lotte Ulbricht liebte das Land und die Leute, den mitgebrachten Strohhut behandelte sie wie eine Reliquie. Alles, was Fidel tat, war gut. Sie nahm die Isolierung wahr, nicht aber die Folgen dieser imperialistischen Politik. Als wirke Not weniger dramatisch, beurteilte man sie nur klassenmäßig.

Egon Krenz, der letzte Generalsekretär des ZK der SED, kam wenige Stunden vor ihrem Tod noch einmal mit Blumen zu Besuch. Sie konnte schon nicht mehr sprechen, nahm ihn aber noch wahr.

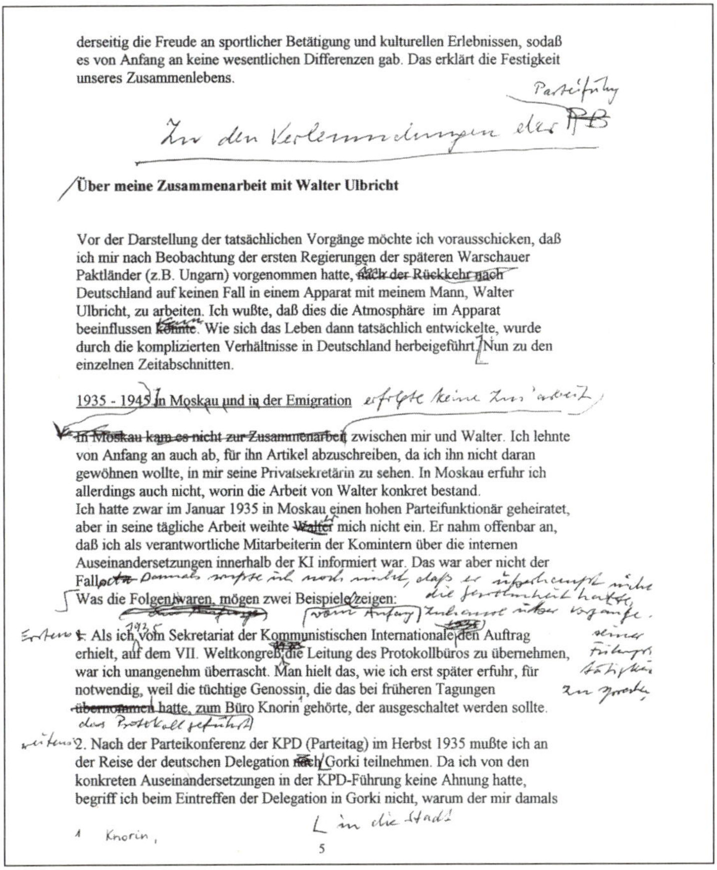

derseitig die Freude an sportlicher Betätigung und kulturellen Erlebnissen, sodaß es von Anfang an keine wesentlichen Differenzen gab. Das erklärt die Festigkeit unseres Zusammenlebens.

Zu den Verleumdungen der PB

**Über meine Zusammenarbeit mit Walter Ulbricht**

Vor der Darstellung der tatsächlichen Vorgänge möchte ich vorausschicken, daß ich mir nach Beobachtung der ersten Regierungen der späteren Warschauer Paktländer (z.B. Ungarn) vorgenommen hatte, ~~nach der Rückkehr nach~~ Deutschland auf keinen Fall in einem Apparat mit meinem Mann, Walter Ulbricht, zu arbeiten. Ich wußte, daß dies die Atmosphäre im Apparat beeinflussen ~~könnte~~ kann. Wie sich das Leben dann tatsächlich entwickelte, wurde durch die komplizierten Verhältnisse in Deutschland herbeigeführt. Nun zu den einzelnen Zeitabschnitten.

1935 - 1945 In Moskau und in der Emigration

~~In Moskau kam es nicht zur Zusammenarbeit~~ zwischen mir und Walter. Ich lehnte von Anfang an auch ab, für ihn Artikel abzuschreiben, da ich ihn nicht daran gewöhnen wollte, in mir seine Privatsekretärin zu sehen. In Moskau erfuhr ich allerdings auch nicht, worin die Arbeit von Walter konkret bestand.
Ich hatte zwar im Januar 1935 in Moskau einen hohen Parteifunktionär geheiratet, aber in seine tägliche Arbeit weihte ~~Walter~~ er mich nicht ein. Er nahm offenbar an, daß ich als verantwortliche Mitarbeiterin der Komintern über die internen Auseinandersetzungen innerhalb der KI informiert war. Das war aber nicht der Fall.
Was die Folgen waren, mögen zwei Beispiele zeigen:

1. Als ich vom Sekretariat der Kommunistischen Internationale den Auftrag erhielt, auf dem VII. Weltkongreß die Leitung des Protokollbüros zu übernehmen, war ich unangenehm überrascht. Man hielt das, wie ich erst später erfuhr, für notwendig, weil die tüchtige Genossin, die das bei früheren Tagungen ~~übernommen hatte~~, zum Büro Knorin gehörte, der ausgeschaltet werden sollte.

2. Nach der Parteikonferenz der KPD (Parteitag) im Herbst 1935 mußte ich an der Reise der deutschen Delegation ~~nach~~ Gorki teilnehmen. Da ich von den konkreten Auseinandersetzungen in der KPD-Führung keine Ahnung hatte, begriff ich beim Eintreffen der Delegation in Gorki nicht, warum der mir damals

1 Knorin,

5

1996 begann Lotte Ulbricht Erinnerungen zu diktieren. Bereits nach den ersten Seiten offenbarten sich die Probleme

Eingang zum Grundstück Majakowskiring 12 am Tag, als Lotte Ulbricht starb

Als Politiker schätzte sie ihn nicht sonderlich, wohl aber den Menschen Krenz. Sie waren sich irgendwie ähnlich. Es wird nicht nur die unmittelbare Nachbarschaft gewesen sein, die ihn veranlaßte, bei ihr zuweilen vorbeizuschauen. Damit war er der einzige aus der früheren Führung, der Charakter zeigte. Sie nahmen in jener Stunde schweigend voneinander Abschied. Zu behaupten, dies wäre eine inszenierte Geste gewesen, ist niederträchtig. Manche Symbole entstehen ohne Vorsatz. Und ein Pfarrer am Totenlager von Lotte Ulbricht wäre wohl mehr als ungewöhnlich gewesen.

Schlicht wie ihr ganzes Leben, so war auch das Ende. Ohne großes Pathos teilten »die Enkel, Freunde und Genossen« per Annonce mit, daß »unsere Oma und Genossin Lotte Ulbricht friedlich und für immer eingeschlafen« sei.

Nach einem kampferfüllten Leben,
durch Höhen und Tiefen – Freude und Leid,
ist unsere Oma und Genossin

**Lotte Ulbricht**

friedlich und für immer eingeschlafen.

Sie hatte die Hoffnung auf eine bessere Welt
nie aufgegeben.

In Dankbarkeit und Trauer
**die Enkel**
**Freunde und Genossen**

Die Beisetzung findet am Donnerstag, dem 18. 4. 2002, 13.00 Uhr in der Kapelle des städt. Friedhofs Weißensee, Roelckestr. 48–51, 13086 Berlin statt.

Lotte liebte Blumen, hätte sich aber auch sehr über eine Spende für „Cuba si" gefreut. Konto-Nr. 132 222 10, BLZ 100 500 00 Berliner Sparkasse, Kennwort: Lotte Ulbricht

Traueranzeige

Nachdem die Nachricht öffentlich war, ehrten sie Unbekannte auf unterschiedliche Weise: Die einen legten Blumen an die Pforte und auf den Sockel am Tor, die anderen klauten das Namensschild oder vollzogen die mediale Hinrichtung. »Lotte Ulbricht † Ihr Leben zwischen dem Diktator und Pittiplatsch« titelte eine Zeitung mit großen Lettern.

Einen Tag vor ihrem 99. Geburtstag fand die Trauerfeier statt. Etwa 600 Menschen waren zum Friedhof in Weißensee gekommen, nicht gerechnet die Vertreter der Presse. Selbst die sogenannten Qualitätszeitungen höhnten anderentags »Klassentreffen statt Klassenkampf«. Hatten man erwartet, daß der Tod Lotte Ulbrichts den Auftakt für eine Revolution lieferte?

Ursula Benjamin hielt die Trauerrede. Und diese war nicht etwa

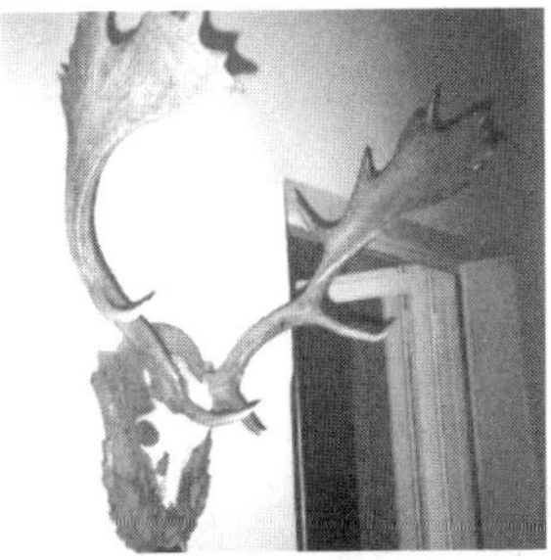

Das Haus ist verwaist. Die Jagdtrophäe an der Wand ging auf Walter Ulbrichts Konto. Die meisten Ordensschachteln waren leer. Sie gebe lieber mit der warmen Hand als mit der kalten, erklärte Lotte Ulbricht ihre Neigung, andere zu beschenken

so entstanden, wie die meisten Abschiedsworte zu entstehen pflegen. Auch hier hatte Lotte Ulbricht dem unkontrollierten Zufall entgegengewirkt. Seit einiger Zeit hatte sie mit Uschi Benjamin an der Rede »gearbeitet«. Man sprach darüber, was hinein sollte und was nicht. Hinterher, als der Text auf dem Papier stand und in die Öffentlichkeit ging, waren sich ihre Freunde uneins. Hätte man die Lücken, die offenkundig von Lotte Ulbricht bewußt gelassen worden waren, bestehen lassen dürfen? Erich Wendt beispielsweise, mit dem sie im Berlin der 20er Jahre aus pragmatischen Erwägungen zusammengelebt hatte, kam nicht vor. Da war der Zwiespalt zwischen historischer Wahrheit und privater Verfügung. Auflösbar war er schon. Aber mochte man ihn auch auflösen? Durfte man es überhaupt?

»Vor fast genau zwei Jahren hat mich Genossin Lotte Ulbricht gebeten, ihren letzten Weg mit Worten zu begleiten. Wie bei allem in ihrem Leben wollte sie auch hier mit entscheiden – und zu meinen ersten Überlegungen erhielt ich ihre persönlichen Bemerkungen«, so begann Usula Benjamin.

»Das Leben Lotte Ulbrichts war aufs engste mit dem Kampf der

Rund 200 Trauergäste folgten der blauen Urne von Lotte Ulbricht.

Berliner Zeitung

deutschen Arbeiterbewegung für Frieden, Fortschritt und Sozialismus verbunden.

Am 19. April 1903 wurde Lotte Kühn in Rixdorf als jüngstes von drei Kindern geboren. Sie wuchs in sehr ärmlichen Verhältnissen auf. Ihren Vater, Albert Kühn, zog es aus Landsberg an der Warthe, die Mutter aus Schlesien, in die Reichshauptstadt Berlin, in der der Kapitalismus schnell expandierte. Hier fanden sich der ungelernte Arbeiter und das Dienstmädchen Elisabeth Bressel. Rixdorf war einer der am schnellsten wachsenden Proletariervororte Berlins – inmitten des heutigen Neukölln gelegen. Mietskasernen schossen aus dem Boden. Die Familie Kühn mit drei Kindern war Trockenwohner* auf 18 Quadratmeter. Das junge Paar hatte es nicht leicht.

Als Lotte 14 Jahre alt war, starb der Vater. Die Mutter war nun Alleinernährerin – mit Heimarbeit, dann mit einem Seifenladen, schließlich, während des Krieges, als Briefträgerin.

Von der Mutter, die lediglich vier Schulklassen besucht hatte, erwarb Lotte den unstillbaren Drang nach Bildung und Wissen. Lotte berichtete voller Stolz von ihrer Mutter. Ihr verdankte sie die Liebe zur Arbeit, zum Lernen, die Beharrlichkeit, eine begonnene Sache stets zu Ende zu führen und den unverwüstlichen Optimismus, der sie nie verließ.

Lotte Kühn wurde patriotisch erzogen. Schon die Schule im Kaiserreich sorgte dafür. ›Ich lernte patriotische Gedichte, strickte Wollsocken für die Soldaten und schickte Briefe ins Feld«, sagte sie.

Die Novemberrevolution 1918 nahm die 16jährige nicht recht wahr. Dann aber – explosionsartig, wie sie sich erinnerte – änderte sich das. 1919 wurde ein bestimmendes Jahr in ihrem Leben.

* In Berlin wurden Wohnungen unmittelbar nach Fertigstellung vermietet, obgleich der Mörtel noch nicht trocken war. Der Trocknungsprozeß wurde durch die Anwesenheit von Menschen beschleunigt. Diese aber wurden dadurch meist krank

Die Familie Kühn, etwa 1908

Eigentlich wollte sie Lehrerin werden. Aber für ein Studium hatte die Familie kein Geld. So lernte sie nach der Realschule Stenotypistin bei Prager & Söhne. Als junges Gewerkschaftsmitglied kündigte sie dort aber bald, weil sie sich nicht schikanieren lassen wollte. Aus ihrer nächsten Arbeitsstelle, der Firma Weiß & Co., wurde sie allerdings gefeuert: wegen kommunistischer Agitation.

Lotte Kühn war 1919 ins politische Leben getreten. Ihr Bruder Bruno brachte sie mit der Freien Sozialistischen Jugend in Verbindung. Sie wurde Mitglied, betrieb Agitation, verteilte Flugblätter.

Bruno Kühn, ein überzeugter Kommunist und Spanienkämpfer, wurde 1944 von den Faschisten ermordet.

Das Jahr 1919 sollte auch in anderer Richtung für ihr Leben bestimmend werden. Im Sommer begann sie in einem Zirkel in Schöneberg das ›Kommunistische Manifest‹ und Lenins ›Staat und Revolution‹ zu studieren. Sie blieb Zeit ihres Lebens eine Lernende.

Im Januar 1922 nahm sie am ersten Lehrgang der Kommunistischen Jugendinternationale teil. Es folgen in den 30er Jahren Besuche der Akademie für Marxismus-Leninismus sowie der Kommunistischen Universität in Moskau. Noch mit 51 Jahren nahm sie ein Studium am Institut für Gesellschaftswissenschaften beim ZK der SED auf und erwarb 1959 ein Diplom als Gesellschaftswissenschaftlerin.

1920 gehörte Lotte Kühn zu den eifrigsten Verfechtern der Umwandlung der Freien Sozialistischen Jugend in den Kommunistischen Jugendverband. Sie übernahm die Leitung der Gruppe in Neukölln.

Nachdem sie wegen ihrer politischen Arbeit gekündigt worden war, wurde die Jungkommunistin Lotte Kühn Parteiarbeiterin und blieb es für ihr weiteres Leben. Als Stenotypistin begann sie in der Zentrale der KPD zu arbeiten. Die junge Lotte Kühn ging immer dort hin, wo das Leben pulsierte. Neues anpacken, gefordert sein – das brauchte sie. So begann sie ihre Arbeit unter den jungen Berg- und Hüttenarbeitern in Essen. 1921 übernahm sie dort die organisatorische Leitung des Kommunistischen Jugendverbandes im Bezirk. Im gleichen Jahr trat sie der KPD bei.

Die Zeit in Essen besaß für Lottes politische Entwicklung große Bedeutung. Es waren stürmische Jahre, und noch nach Jahrzehnten erinnerte sie sich: ›Diese Arbeit verhalf mir zu der Erkenntnis, daß wir in der Berliner Organisation zu eng waren. Besuche in Cafés, Tanzvergnügen, ja das Moderne überhaupt, galten als unmoralisch. Hier im Ruhrgebiet war alles erlaubt. Andererseits brodelten im Jugendverband Rheinland-Westfalen Nord unterschiedliche Auffassungen, so daß man gezwungen war, sich als Funktionär entsprechend der Parteilinie einen richtigen Standpunkt zu erarbeiten. In Berlin war man sehr radikal, wollte noch die Revolution organisieren, als die Bedingungen schon längst nicht mehr existierten.‹

Großen Eindruck hinterließ bei ihr die Demonstration aus Anlaß der Ermordung Walther Rathenaus* in Essen. Zum ersten Mal seit dem Kapp-Putsch** vereinte diese Anhänger von KPD und SPD.

Lotte Kühn erwies sich als fähige Organisatorin. Ob im Unterbezirk des KJVD Berlin-Neukölln, wohin sie in der Weimarer Zeit

* Walther Rathenau (1867-1922), Großindustrieller (seit 1915 Präsident der AEG), seit 1922 Reichsaußenminister, der in Rapallo mit Sowjetrußland einen Vertrag schloß. Er wurde als liberaler Jude von Offizieren der Organisation Consul am 24. Juni in Berlin erschossen. Rathenau war auch schriftstellerisch tätig und gehörte zu den meistgelesenen Autoren seiner Zeit

** Teile der Armee unter Führung von General v. Lüttwitz und Politikern wie Wolfgang Kapp (»Dt. Vaterlandspartei«) versuchten zwischen dem 13. und 17. März 1920 die sozialdemokratisch geführte Regierung der Weimarer Republik zu stürzen. Ein Generalstreik vereitelte den Anschlag auf die junge Demokratie

immer wieder zurückkehrte, oder im Berliner Zentralvorstand des KJVD und in der Gewerkschaftsleitung im ZK der KPD. 1924 war sie als Sekretärin in der Reichstagsfraktion der KPD tätig. Während des zeitweiligen Verbots der KPD nach dem Hamburger Aufstand im Oktober 1923 arbeitete sie illegal. In der zweiten Hälfte der 20er Jahre, nach ihrer Rückkehr aus Moskau, wurde sie Bezirksverordnete der KPD im Bezirk Friedrichshain. Sie unterstützte die Arbeit der Parteizellen, so im Vieh- und Schlachthof, wo sie einen Streik organisierte, später bei Aschinger und bei Schultheiß. Sie half Wohnzellen der KPD aufzubauen und gehörte einer Agit-Prop-Kommission an.

In jenen Jahren nahm sie auch an den heftigen innerparteilichen Auseinandersetzungen teil.

Lotte Ulbricht war eine überzeugte und aktive Internationalistin. Sie war eine glühende Freundin der Sowjetunion. 1922 wurde sie zur Vorbereitung des III. Weltkongresses der Kommunistischen Jugendinternationale nach Moskau delegiert. Dort hatte sie prägende Erlebnisse. Als Gast nahm sie an der Eröffnung des IV. Kongresses der Komintern teil und hörte Lenin. Sie schrieb später über diese Zeit: ›In Moskau, dafür sorgten die russischen Komsomolzen in der KJI, konnte ich an Komsomolveranstaltungen, Jugendforen und atheistischen Demonstrationen teilnehmen.‹ Sie erzählte auch, welchen Eindruck die Dokumente aus der Feder von Marx und Engels auf sie machten, die sie beim Besuch des Marx-Engels-Institutes sah – besonders das kleine Notizheft, in dem Marx seine Feuerbachthesen niedergeschrieben hatte.

1927 wurde Moskau von einer schweren Typhusepidemie* heimgesucht. Auch Lotte erkrankte und teilte mit über 200 Patienten einen der eilig hergerichteten Krankensäle der Stadt.

Danach kehrte sie nach Deutschland zurück. Sie arbeitete als Sekretärin in der Handelsvertretung der UdSSR in Berlin und lernte bei Maria Fjodorowa, einer Freundin Gorkis, intensiv russisch.

1931 ging sie nach Moskau als verantwortliche Mitarbeiterin der Komintern. Sie war 1935 dabei, als Georgi Dimitroff auf dem VII. Weltkongreß der Komintern die Orientierung der Kommunisten auf die Volksfrontpolitik begründete.

Die Jahre in der Sowjetunion waren nicht nur Jahre des sozialistischen Aufbaus, sondern auch Jahre der innerparteilichen Auseinandersetzungen und der von Stalin zu verantwortenden Verfolgung und Ermordung vieler unschuldiger Genossen. Von diesen

* Typhus war eine damals häufig auftretende Infektionskrankheit, die hauptsächlich durch verunreinigte Nahrungsmittel (Salmonellen) oder unsauberes Trinkwasser verursacht wurde. Nach zehn Tagen treten hohes Fieber, Durchfall und fleckenförmiger Hautausschlag auf

Ereignissen erfuhr sie erst im Ausland, wo sie im Herbst 1935 bis 1938 Mitarbeiterin der operativen Leitung der KPD war. Sie fuhr unter anderem als Kurier in die Niederlande und arbeitete eine längere Zeit in Paris und Prag. Erst nach intensiver Überprüfung konnte sie 1938 nach Moskau zurückkehren. Dort arbeitete sie als Setzerin in einer Druckerei für internationale Literatur und später wieder in der Komintern.

Über die Kriegsjahre in der UdSSR hat sie nie viel gesprochen. Wir wissen aber, daß das Leben der deutschen Emigranten nicht leicht war und daß sie gemeinsam mit Walter Ulbricht unter den deutschen Kriegsgefangenen intensive Aufklärungsarbeit leistete.

Walter Ulbricht lernte sie 1935 näher kennen. Sie selbst sagte darüber, es sei die klassische Liebe auf den ersten Blick gewesen. Sie hatte über Jahrzehnte Bestand. In einem sehr persönlichen Brief an

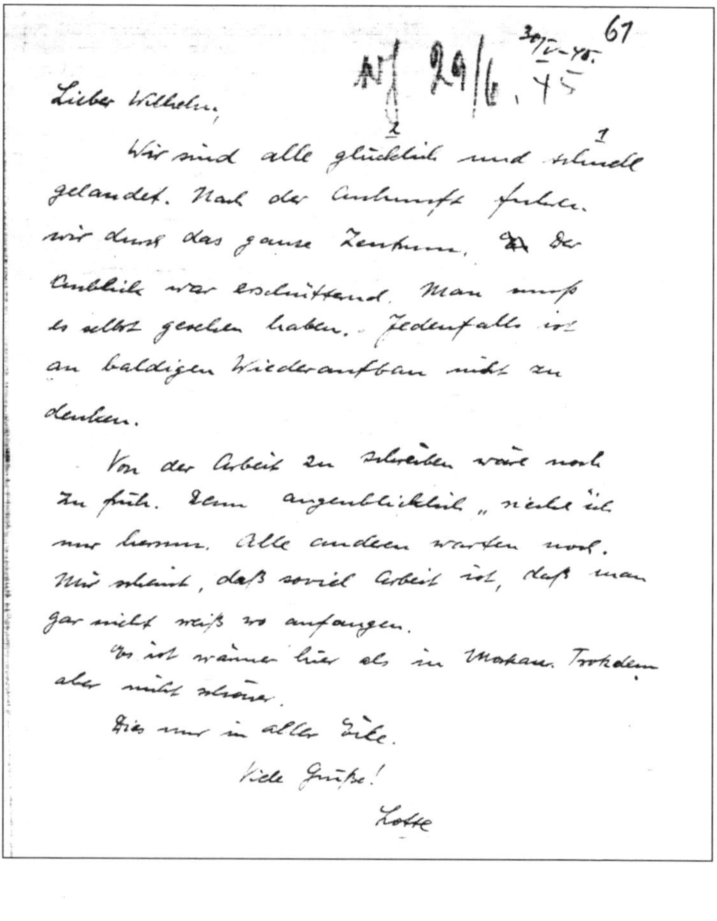
61
30/V-45
Nr 29/6.45

Lieber Wilhelm,

Wir sind alle glücklich und schnell gelandet. Nach der Ankunft fuhren wir durch das ganze Zentrum. Der Anblick war erschütternd. Man muß es selbst gesehen haben. Jedenfalls ist an baldigen Wiederaufbau nicht zu denken.

Von der Arbeit zu schreiben wäre noch zu früh. Denn augenblicklich „rieche" ich nur herum. Alle anderen warten noch. Mir scheint, daß soviel Arbeit ist, daß man gar nicht weiß wo anfangen.

Es ist wärmer hier als in Moskau. Trotzdem aber nicht schöner.

Dies nur in aller Eile.

Viele Grüße!

Lotte

Brief Lotte Ulbrichts an Wilhelm Pieck in Moskau nach ihrer Ankunft in Berlin im Mai 1945

Wilhelm Pieck schrieb Walter Ulbricht im April 1935: ›… in der persönlichen Frage habe ich letztlich doch Glück gehabt. Du wirst verstehen, daß ich viele persönliche Angelegenheiten mit meiner jetzigen Frau, Lotte Kühn, zu besprechen habe. Es wäre mir lieb, wenn Du behilflich sein könntest, daß sie kurz hierher kommt.‹

1950 ›legalisierten‹ Lotte und Walter Ulbricht ihre Lebensgemeinschaft standesamtlich.

Mit Walter Ulbricht verband sie eine auf gegenseitiger Liebe, Achtung und politischer Gemeinsamkeit gegründete Lebenskameradschaft, die sich auch in schwierigen Situationen bewährte. Sie war ihm stets eine treue und gute Gefährtin und wirkte zeitweise auch als seine persönliche Mitarbeiterin.

Nach der Niederlage des Faschismus kehrte sie mit der zweiten Gruppe deutscher Kommunisten nach Deutschland zurück. Walter Ulbricht schrieb über jene Zeit in seinem Letzten Willen: ›Nach dem Sieg der Sowjetarmee in Berlin, als ich von der SU den Auftrag erhielt, antifaschistisch-demokratische Verwaltungsorgane zu organisieren, wurde Lotte Verbindungsmann zum sowjetischen Oberkommando bzw. zum Politstellvertreter im Militärrat. Sie hat damals einen großen Beitrag zur richtigen Durchführung der Befehle unter den deutschen Werktätigen geleistet.‹

Vielleicht beantworten schon diese Worte die immer wieder gestellte Frage zum Verhältnis der beiden zueinander und zu ihrem Einfluß auf seine Entscheidungen.

Vehement betonte Lotte in Gesprächen, daß sie eigene Verantwortung zu tragen hatte und gleichberechtigt neben ihm stand.

Sie war Hauptreferentin im ZK der KPD, dann der SED in Berlin und arbeitete sehr intensiv über viele Jahre in der Frauenkommission beim Politbüro der SED. Die Frauenarbeit war es, die ihr besonders am Herzen lag, und bei der sie nicht nur aktiv im Parteiapparat, sondern auch in zahlreichen Begegnungen mit den Frauen der DDR wirkte. Sie hatte maßgeblichen Anteil bei der Bildung und Organisierung von Frauenausschüssen, die sie nicht selten auch gegen Unverständnis und Gleichgültigkeit in Schutz nehmen mußte.

Von November 1959 bis 1973 war sie wissenschaftliche Mitarbeiterin am Institut für Marximus-Leninismus beim ZK der SED in der Abteilung Geschichte der Partei und der deutschen Arbeiterbewegung. Dort arbeitete sie mit an der Herausgabe der Reden und Schriften Walter Ulbrichts.

Beide nutzten die wenige ihnen zur Verfügung stehende Freizeit nicht nur für Theater- und Konzertbesuche, sondern auch für Wanderungen, Ski- und Schlittschuhlaufen, Tischtennisspielen und für den täglichen Frühsport, um die Leistungsfähigkeit zu erhalten. Bis ins hohe Alter sah man Lotte bei ihrer Frühgymnastik.

Das Jahr 1973 war für Lotte Ulbricht ein besonders schweres. Mit Walter Ulbrichts Tod schied sie aus ihren Parteifunktionen aus. Und wie so oft trennte sich mancher auftragsgemäß von ihr. Aber sie hatte es gelernt, sich Schwierigkeiten und Veränderungen in den Lebensumständen zu stellen. Sie blieb eine wache, parteiverbundene, aber stets kritische Begleiterin der Politik der Partei.

So lernte ich sie in unserer WPO am Majakowskiring, später der Basisgruppe der PDS, persönlich kennen und schätzen. Dort erlebte sie auch die Wende 1989.

Morgen wäre sie nun 99 Jahre alt geworden. Es war ein erfülltes Leben. Ein Leben in einem Jahrhundert mit all seinen Widersprüchen, Kriegen, Verzweiflungen und Hoffnungen. Sie lebte aktiv und bewußt.

Sie hat das Kaiserreich, die Weimarer Republik, den Faschismus und den gescheiterten Versuch des Aufbaus des Sozialismus sowie, wie sie es selbst formulierte, den Beginn der geschichtlichen Wiederholung erlebt. (...)

Welch Unsinn wurde über ihre letzten Lebensjahre geschrieben. So lange sie physisch dazu in der Lage war, nahm sie am politischen Leben ihrer Basisgruppe teil. Sie informierte sich in Presse, Rundfunk und Fernsehen sehr gründlich. Sie diskutierte gern und leidenschaftlich mit all ihren Besuchern, sehr gern auch mit meinem Mann Michael*, über Probleme der Gegenwart, aber auch über das von ihr gelebte und mitgestaltete vergangene Jahrhundert. Manchmal auch gewürzt mit interessanten Episoden, über die dann gemeinsam gelacht wurde.

* Prof. Dr. Michael Benjamin (1932-2000), Philosoph, Kommunistische Plattform der PDS

Die Frage Krieg/Frieden bewegte sie bis zum Schluß. Hier vertrat sie fest die Position der PDS.

Ihr kritischer Blick und ihre reichen Lebenserfahrungen haben vielen Mut gemacht und darin bestärkt, auch die neuen Verhältnisse zu meistern. Lotte Ulbricht meinte dazu: ›Man darf die Neugier aufs Leben, wie es weiter geht, nie verlieren. Sonst würde man sich selbst und unsere gerechte Sache aufgeben.‹

Lotte Ulbricht las nicht nur gern und viel, sie hörte hingebungsvoll Musik. Jeder Besuch im Schauspielhaus – noch bis 2001 – war für sie ein Erlebnis.

Wenn die Medien heute darüber schreiben, daß sie niemals nach der Wende westlichen Boden betreten habe, entspricht das, wie vieles, nicht der Wahrheit. Noch 1991 und 1992 – fast 90jährig – unternahm Lotte Ulbricht mit Freunden Busreisen an Rhein und Mosel. Begeistert erzählte sie von den neuen Begegnungen mit zahlreichen Orten der Vergangenheit, als Emigrantin in Frankreich und speziell in Paris, vom Besuch im Louvre und vom Friedhof Père Lachaise, wo Freunde aus den gemeinsamen Exiljahren ihre letzte Ruhestätte fanden. Nicht wenige der Mitreisenden, auch aus dem westlichen Teil Berlins, werden sich an die interessanten Gespräche mit Lotte Ulbricht in Paris erinnern.

Die letzte Fahrt mit Freunden unternahm sie 1994. Damals besuchte sie Heidelberg, um selbst zu prüfen, ob sie auch weiterhin den Belastungen einer längeren Reise* gewachsen sei.

* 1992 war die Nichte Annelie erstmals in Berlin gewesen. In der Folgezeit brachte sie wiederholt eine Besuchsreise nach Texas ins Gespräch. Möglich, daß ein kausaler Zusammenhang bestand

Lotte Ulbricht lebte ein intensives Leben. Sie stellte hohe Anforderungen an sich selbst, erwartete solches aber auch von allen anderen. Das machte sie nicht immer zu einem leichten Partner. Das können besonders ihre engsten Vertrauten, ihre Mitstreiter aus langer gemeinsamer Arbeit und besonders auch ihre Enkelkinder bestätigen.

Lotte und Walter Ulbricht adoptierten Ende der 40er Jahre die kleine Beate. Mit übervollem Herzen unterstützte Lottes Schwester Grete Winkler die Familie.

Lotte Ulbricht im August 1998 in ihrer Wohnung

Beate und Grete Winkler in Bad Elster, Juli 1952

Beate wuchs mit den Vor- und Nachteilen einer Funktionärsfamilie auf. Das prägte ihr Leben und endete letztlich tragisch und wirkte auch nachhaltig auf ihre Kinder Patricia und André.

Lotte Ulbricht freute sich über jeden Besuch ihrer Enkelkinder, es fiel ihr aber schwer, ihnen das persönlich zu zeigen. Nach Begegnungen mit ihnen erzählte sie immer ausführlich, wie sehr sie diese Besuche mochte.

In ihrem Testament schrieb Lotte Ulbricht: ›Zum Schluß möchte ich allen Genossen und Freunden, die mir in meinen letzten Lebensjahren so selbstlos geholfen haben, meinen herzlichen Dank sagen.‹

Stellvertretend für die vielen Freunde möchte ich in ihrem Sinne danken: Uschi Seidler, die ihr fast zehn Jahre den Haushalt organisierte und zur engsten Vertrauten wurde; Inge Bastik, die über lange Zeit für Lottes leibliches Wohl sorgte; Christa Schollain, die seit fast 20 Jahren die Familienbande zusammenhielt; Frau Rothaar, die über viele Jahre Lotte Ulbricht spazieren fuhr und ihr damit die Möglichkeit gab, weiterhin am öffentlichen Leben teilzunehmen.

Besondern Dank gebührt Heinz Franke, der sie bis zu ihrem Lebensende betreute. Und Prof. Heine. Er war nicht nur ihr Leibarzt, sondern auch begehrter Gesprächspartner.

Inge Pardon und Elisabeth Ittershagen waren für sie streitbare Diskussionspartner und halfen bei der Aufarbeitung des politischen Nachlasses von Walter Ulbricht.

Nennen müßte ich unbedingt Gisela Höppner, Dr. Ilse Suruneli, die Tochter ihrer engen Freundin Emmi Dölling, Schälikes aus Dresden, deren Eltern bereits gute Freunde von Lotte Ulbricht waren, Bodo Quart und ihre treue Seele Ida.

Wenn wir heute Abschied nehmen von Genossin Lotte Ulbricht, dann verabschieden wir uns von einer Kommunistin, die in unwandelbarer Treue bis zum letzten Tag zu ihren Idealen gestanden hat.«

Nach Uschi Benjamin ergriff auch Egon Krenz das Wort. Der letzte Generalsekretär, den das ZK der SED hatte, war am 18. Oktober 1989 in der Nachfolge Erich Honeckers in dieses Amt gewählt worden. Für seine Teilnahme an der Trauerfeier mußte

Egon Krenz bei seinem letzten Gruß

er Hafturlaub beantragen: Das einstige DDR-Staatsoberhaupt war für die Toten an der Staatsgrenze in Mithaftung genommen worden. Krenz sagte: »Liebe Genossin Lotte, als wir uns zwei Tage vor Deinem Tod trafen, ahnten wir beide, daß es unsere letzte Begegnung sein würde. Oft hatten wir in den letzten Jahren über den Sinn des Lebens gesprochen. Du hast ein sinnerfülltes Leben gelebt. In Dir vereinten sich die Erfahrungen eines Jahrhunderts mit unseren hoffnungsvollen Siegen und unseren bitteren Niederlagen.

Wir, die Dich kannten, schätzen, daß Du Deinen sozialistischen Idealen, derentwegen Du in den 20er Jahren des vorigen Jahrhunderts Jungkommunistin wurdest, Dein Leben lang treu geblieben bist.

Dies war so, als Dich die Faschisten ins Exil trieben.

Es war so, als Du an der Seite von Walter für ein neues, für ein einheitliches und antifaschistisches Deutschland gekämpft, als Du für das Werden und Wachsen der DDR gearbeitet hast.

Und daran hat sich auch nichts geändert, als Dir eigene Genossen Kränkungen zufügten. Dir war unsere Sache wichtiger als kleinlicher Streit um Prestige.

Auch nach 1989 bliebst Du Deiner Überzeugung treu. Du hast

Das »Schleifenprotokoll« der AHORN GRIENEISEN GBG Bestattungsgesellschaft mbH vermerkte: »Als letzter Gruß, Deine Enkel Patricia und André«, »Unserer lieben Tante als letzten Gruß Annelie und Lee Thompson, Texas«, »Ein letzter Gruß von Uschi, Inge und Heinz«, »Lotte Ulbricht in Verbundenheit, Hans Modrow, Ehrenvorsitzender der PDS«, »In stillem Gedenken, Partei des Demokratischen Sozialismus«, »Zum ehrenden Gedenken alle Zeit an Lotte Ulbricht. Mit Kampfesgrüßen Kommunistische Partei Deutschlands«, »Unserer Lotte zum Gedenken. Freundeskreis Ernst-Thälmann-Gedenkstätte Ziegenhals«, »In Erinnerung und mit stillen Grüßen Frank Brandenburg«

mit uns die Meinung geteilt, daß der Untergang eines bestimmten Modells des Sozialismus nicht der Tod der sozialistischen Idee ist.

Wir, Deine Freunde und Genossen, verabschieden uns von Dir in der Gewißheit, daß sich niemand, der sich für die DDR eingesetzt hat, seines Lebens schämen muß.

Unser aller Leben war nicht umsonst.

Du wirst uns fehlen.«

Kriegsjahr 1917: das Konfirmationsbild von Lotte Kühn

Nachdem die Urne versenkt, die Grube mit einer Grasnarbe verschlossen und die Freunde und Genossen wieder nach Hause gefahren waren, begannen die Mühlen der Bürokratie zu arbeiten.

Uschi Seidler, von Lotte Ulbricht am 2. Juli 1997 per notarieller Erklärung mit einer »Altersvorsorgevollmacht« ausgestattet, kündigte beim Bundesvermögensamt Berlin II den Mietvertrag für das Haus. Lotte Ulbricht hatte – was sie später selbst als »riesengroßen Fehler« bezeichnete – den aus DDR-Zeiten stammenden Mietver-

In der Tendenz überstiegen die monatlichen Ausgaben die Einnahmen. Übers Jahr hätte Lotte Ulbricht das Haus aufgeben müssen

trag für das Einfamilienhaus Majakowskring 12 ohne jede Not gekündigt und durch einen neuen des Bundesvermögensamtes, das 1990 die Ministerrats-Immobilie übernommen hatte, ersetzen lassen. Das hatte zur Folge, daß Lotte Ulbricht schließlich 1.417 DM Miete zahlte. Zweimonatlich holten sich die Gasag an die 800 DM und die Bewag um die 500 DM, denn das Haus war groß und kalt und mußte mit Gas und Elektroenergie beheizt werden. Hinzu kamen an die 150 DM im Monat für die Straßenreinigung, die Front maß 45 Meter.

Die Kündigung wurde abgelehnt, weil Uschi Seidler nach Ansicht der Behörde dazu nicht befugt war, eine solche auszusprechen. Nachdem dies von einem Anwalt aber als rechtmäßig bestätigt wurde, bestand man dennoch auf einem halben Jahr Kündigungsfrist, worauf der Anwalt in einem weiteren Brief darauf aufmerksam machen mußte, daß die Kündigung am 4. April beim Bundesvermögensamt eingangen sei, also zum dritten Werkttag des Kalendermonats. Damit sei die Kündigung »zum Ablauf des übernächsten Monats« zulässig.

Daraufhin ließ man Uschi Seidler am 17. Mai wissen, »nach nochmaliger Prüfung erkenne ich Ihre Kündigung des Mietverhältnisses über das EFH im Majakowskiring 12 vom 02. 04. 2002 zum 30.06. 2002 an. Ich bitte Sie, mir das Einfamilienhaus einschließlich Garage mit allem Zubehör zu diesem Zeitpunkt vollständig geräumt in ordungsgemäßen Zustand besenrein mit allen Schlüsseln zurückzugeben. Die nach dem Mietvertrag dem Mieter obliegenden Schönheitsreparaturen müssen – soweit erforderlich – noch während der verbleibenden Mietzeit durchgeführt werden.«

Und die Betriebskosten liefen weiter.

Zum besseren Verständnis der Situationen sollten noch einmal die Vermögensverhältnisse von Lotte Ulbricht erklärt werden.

Lotte Ulbricht bekam als gelernte Stenotypistin eine beachtliche Altersrente – immerhin hatte sie bis zum 70. Lebensjahr gearbeitet. Hinzu kamen die Ehrenpension als Verfolgte des Naziregimes und Pflegegeld. Alles in allem waren das 4.472 DM, seit Januar etwas über 2.200 Euro. Das zehrten die monatlichen Betriebskosten nahezu vollständig auf: Zu den oben genannten Posten kamen noch 2.050,59 Euro für die Betreuung duch die Diakonie (die monatliche Rechnung umfaßte stets neun Positionen und reichte von »Großer Toilette« bis »Haushaltsbesuchspauschale«) und ein kleines

Salär für jene unermüdlichen guten Geister, die ihr sonst noch zur Hand gingen.

In jenem Monat, als Lotte Ulbricht starb, waren auf ihrem Konto ganze 17.102 Euro. Davon gingen in den folgenden Monaten die Miete ab, die Beisetzung kostete 3.630 Euro (ein Irrtum zu meinen, anonyme Bestattungen seien preiswerter). Dann bekam der Anwalt, den man sich wegen der Auseinandersetzung mit dem Bundesvermögensamt nehmen mußte, sein Honorar laut BRAGO. Das waren etwas über 2.000 Euro.

Am 31. Juli 2002 waren noch 3.657 Euro auf dem Konto.

Inzwischen jedoch hatte das Bundesvermögensamt in Gestalt von Frau T. per Schreiben mitgeteilt:

»Anläßlich der Besichtigung am 23. Mai 2002 habe ich festgestellt, daß die o. g. Wohnung folgende Schäden aufweist:

Die Forderungen wurden aufgemacht, obgleich absehbar war, daß die Immobilie umgehend verkauft und der neue Besitzer ganz gewiß das Objekt nach seinem Gusto umbauen würde

1. alle Zimmer, Küche, Flure, Bad, WC und Wintergarten sind renovierungsbedürftig;

2. auf dem vollflächig gelegten textilen Fußbodenbelag im gesamten Wohnbereich und den Fluren zeigen sich große Abnutzungserscheinungen

3. auf dem Balkon befindet sich vertrocknetes Laub

4. Keller: im gesamten Keller sind Feuchtigkeitsschäden zu erkennen (feuchte Wände, Putzabplatzungen

5. Garten: Rasen wurde längere Zeit nicht gemäht

6. Die Garage ist mit Gartengeräten und Ausstattungsgegenständen vollgestellt.

Gemäß § 2 Abs. 8 des Mietvertrages vom 01./20.07.1992 und Nr. 5 (2) der Allgemeinen Vertragsbestimmungen zum Mietvertrag sind Sie verpflichtet, während der verbleibenden Mietzeit diese Schäden zu beseitigen. Dazu sind folgende Arbeiten notwendig:

zu 1. Fachgerechte Durchführung der Schönheitsreparaturen in allen Zimmern der Wohnung einschließlich Küche, Flure, Bad, WC und Wintergarten. Die Schönheitsreperaturen umfassen das Tapezieren und Anstreichen der Wände und Decken, das Streichen der Fußbodenleisten und Türschwellen, Heizkörper (ohne Verkleidung) einschließlich Heizrohre, der Innentüren sowie der Fenster und Außentüren von innen. Bohrlöcher sind vor der Renovierung zu verschließen.

zu 2. Die Mietsache war bei Mietbeginn durch die Vermieterin mit textilem Fußbodenbelag ausgestattet. Die Vermieterin verzichtet aufgrund des Alters und des hohen Abnutzungsgrades des Belages auf eine Grundreinigung. Der textile Bodenbelag ist staubsaugerrein zu übergeben.

zu 3. Das Laub vom Balkon ist zu entfernen und der Abfluß freizumachen.

zu 4. Aufgrund der Feuchtigkeitsschäden im Keller ist dieser zu beräumen.

zu 5. Der Rasen ist vor Rückgabe des Mietobjektes noch einmal zu mähen.

zu 6. Beräumung der Garage und besenrein herrichten.

Für die ordnungsgemäße Ausführung dieser Arbeiten setze ich Ihnen eine Frist bis zum 30. Juni 2002. Die Durchführung dieser Arbeiten werde ich im Zusammenhang mit der Rückgabe des Mietobjektes überprüfen. Falls Sie die Arbeiten nicht bis zu diesem Zeitpunkt ordnungsgemäß durchführen, mache ich Sie schon jetzt darauf aufmerksam, daß Sie dadurch entstehende Schäden, wie z. B. einen Mietausfallschaden infolge einer erst später möglichen Neuvermietung zu ersetzen haben.

Mit freundlichen Grüßen

im Auftrag (...)«

Der Vorgang ist exemplarisch und verdient daher besondere Aufmerksamkeit.

Lotte Ulbricht bekam das Haus Majakowskiring 12 nach dem Tode Walter Ulbrichts vom Ministerrat zugewiesen. Als Staatseigentum der DDR fiel es am 3. Oktober 1990 dem Bundesvermögensamt zu. Das hatte zunächst wenig Konsequenzen für die Mieterin, denn sie war im Besitz eines rechtsgültigen Mietvertrages – sie mußte lediglich ihre Miete, die natürlich umgehend stieg, auf ein anderes Konto überweisen. Ohne Konsultation mit Dritten, die ihr vielleicht die Rechtslage erläutert hätten, ließ sich die 89jährige arglistig täuschen und einen neuen Mietvertrag aufschwatzen. Und nun tat »die Vermieterin« – das Bundesvermögensamt – so, als habe ihr »das Mietobjekt« schon immer gehört, als hätte sie den Fußbodenbelag verlegt und nicht weiland die Handwerker des Ministerrates. Als habe das Bundesvermögensamt der Mieterin beim Einzug ins Haus 1973 erklärt, was Lotte Ulbricht zu tun habe, wenn sie knapp dreißig Jahre später wieder auszöge. Vor allen Dingen, daß sie den Rasen ordentlich zu mähen hätte, wenn sie denn gehe.

Man forderte eine Totalsanierung des Hauses, das man zwar nicht gebaut, wohl aber durch glückliche Fügung am Tag der deutschen Einheit wie so vieles andere auch unverdient geschenkt bekommen hatte.

In einem weiteren Schreiben vom 18. Juli 2002 – durch Boten dem Rechtsanwalt zugestellt – wurde neuerlich die »fachgerechte Durchführung« aller aufgelisteten Arbeiten verlangt, ergänzt durch weitere Wünsche (»Abnahme der Gardinen von allen Fenstern, Ausbau der Möbel aus der Bibliothek«).

Und daß eine deutsche Behörde es immer ernst meint, wenn es um Geld geht, machte das Ende des Schreibens auch dem letzten Zweifler bewußt: »Bei den Rücknahmeverhandlungen haben Sie als Bevollmächtigter für die Rückgabe der Wohnung die Durchführung der genannten Arbeiten abgelehnt. Es wurde vereinbart, daß die Durchführung der genannten Arbeiten in der o. g. Wohnung durch die Vermieterin/den Bund auf Kosten des Mieters ausgeführt werden und diese als Schadensersatz in Höhe der für die Durchführung dieser Arbeiten notwendigen Kosten gegenüber den Erben geltend gemacht werden. Ich habe mein zuständiges Bundesbauamt beauftragt, eine Kostenermittlung für die genannten Arbeiten vorzunehmen. Sobald mir dieses vorliegt, werde ich Sie umgehend über die Höhe meiner Gesamtforderung informieren.

Mit freundlichen Grüßen

im Auftrag (...)«

Für die geforderte Renovierung hätten die verbliebenen 3.657 Euro nicht ausgereicht. Also mußten die von Lotte Ulbricht testamentarisch zu ihren Erben berufenen Personen das Testament ausschlagen. Uschi Seidler, mit der Abwicklung der Nachlaßangelegenheiten betraut, übergab alle Unterlagen einschließlich des Geldes an einen vom Amtsgericht Pankow-Weißensee bestellten Nachlaßverwalter. Damit war der Vorgang juristisch sauber beendet.

Auch Punkt 4 des Ulbricht-Testamentes hatte sich somit erledigt: »Der Rest nach Ermessen der Erben für politische bzw. soziale Zwecke«.

Es gab weder einen Rest noch überhaupt etwas zu verteilen.

# Inhalt